AF122877

E-Book inside

Mit dem Kauf dieses Buchs erhalten Sie das zugehörige E-Book gratis. Sie können dabei aus zwei Dateiformaten wählen: EPUB (gängiges Format für E-Reader und Tablets) und PDF (für PC und Laptop). So kommen Sie an Ihr kostenloses E-Book:

Rufen Sie im Internet diese Website auf:
↗ http://www.junfermann.de/ebook-inside

Geben Sie den unten stehenden Code in das dafür vorgesehene Feld ein und klicken Sie → Code einlösen. Nach Eingabe Ihrer E-Mail-Adresse und Auswahl des E-Book-Formats erhalten Sie sofort einen Download-Link für das gewünschte E-Book an Ihre E-Mail-Adresse.

Bitte beachten Sie, dass der Code für Sie personalisiert wird und nur einmal gültig ist. Die Datei müssen Sie zunächst auf Ihrem Computer speichern, bevor Sie sie auf ein mobiles Endgerät überspielen können.

CWITYBMF

Sven Sohr & Indrani Alina Wilms
Lebe anders!
Life Coaching mit Achtsamkeit
und Positiver Psychologie

www.junfermann.de

blogweise.junfermann.de

www.facebook.com/junfermann

twitter.com/junfermann

www.youtube.com/user/Junfermann

www.instagram.com/junfermannverlag

SVEN SOHR & INDRANI ALINA WILMS

LEBE ANDERS!

LIFE COACHING MIT ACHTSAMKEIT
UND POSITIVER PSYCHOLOGIE

Junfermann Verlag
Paderborn
2023

Copyright	© Junfermann Verlag, Paderborn 2023
Coverfoto	© 2013 llaszlo/Shutterstock. No use without permission.
Satz	Peter Marwitz, Kiel (etherial.de)
Bibliografische Information der Deutschen Nationalbibliothek	Die Deutsche Nationalbibliothek verzeichnet diese Publikation in der Deutschen Nationalbibliografie; detaillierte bibliografische Daten sind im Internet über ↗ http://dnb.d-nb.de abrufbar.

ISBN 978-3-7495-0453-4

Dieses Buch erscheint parallel als E-Book
ISBN: 978-3-7495-0454-1 (EPUB),
ISBN: 978-3-7495-0455-8(PDF).

Inhalt

Welcome 11
Vorwort der Autorin 13
Vorwort des Autors 15

1. Life Coaching 17
1.1 Philosophische Perspektiven: Weisheit lieben 18
  Philosophen in der Antike 18
  Philosophen der Aufklärung 19
  Philosophen der Postmoderne 20
  Philosophie der Wissenschaft 21
  Philosophische Gottesbeweise 22
  Weisheit der Weltreligionen 23
  Life Coaching als Lebenskunst 24
1.2 Psychologische Perspektiven: Mentale Stärke 27
  Die Lehre von der Seele 27
  Psychologie und Therapie 28
  Persönlichkeitsentwicklung 29
  Die Psychologie des Selbst 30
  Grundlegende Experimente 31
  Stressige Lebensereignisse 32
  Mentale Stärke in Prüfungen 33
1.3 Kommunikative Perspektiven: Zuhören lernen 35
  Modelle der Kommunikation 35
  Vom Umgang mit Konflikten 36
  Bindung und Freundschaft 37
  Liebe und Partnerschaft 38
  Trennung und Trauern 39
  Die Kunst des Zuhörens 40
  Digitale Kommunikation 41
1.4 Perspektiven der Gesundheit: Körper und Seele 43
  Gesundheit als Gut 43
  Physische Gesundheit 44
  Psychische Gesundheit 45
  Emotionale Gesundheit 46

	Soziale Gesundheit	47
	Sexuelle Gesundheit	48
	Spirituelle Gesundheit.	49
1.5	Perspektiven der Ernährung: Achtsam essen	51
	Grundlagen	51
	Unterernährt	52
	Überernährt	53
	Fleischesser	54
	Vegetarier	55
	Veganer	56
	Fazit	57
1.6	Perspektiven aus dem Sport: Bewegung tut gut	59
	Sport ist kein Mord	59
	Flow-Forschung	60
	Naturwandern	61
	Berge versetzen	62
	Team-Spirit	63
	Sport-Ethik	63
	Walk and Talk	64
1.7	Nachhaltige Perspektiven: Über den Tag hinaus	67
	Was ist (nicht) nachhaltig?	67
	Diagnose der Katastrophe	68
	Ursachen der Katastrophe	69
	Wege aus der Katastrophe	70
	Zukunftsfähige Lebensstile	71
	Ökologisches Engagement	72
	Das ökologische Gewissen	72
2.	**Achtsamkeit**	**75**
	Achtsamkeit ist was nicht? Achtsamkeit ist was? Achtsamkeit ist	76
2.1	Mit allen Sinnen im Hier und Jetzt leben	78
	Jetzt	78
	Hier	79
	Die Unmöglichkeit, zu scheitern	80
	Mit allen Sinnen	80
	Wenn das Denken die Sinneserfahrung einschränkt	82
	Achtsames Heiraten	83

	Achtsames Essen	83
	Dein dominanter Sinn	84
	Das „Full" in Mindfulness	85
2.2	Lebensführung im Garten der Achtsamkeit	89
	Den Garten der Achtsamkeit kultivieren............................	89
	Mono statt Multi	90
	Frei von Wertung im Dukkha-Rad des Lebens.......................	91
	Es ist, wie es ist!...	91
	Heilsamer Umgang mit Dreck, Matsch und Leid des Lebens...........	92
	Ausstieg aus Diskrepanzorientierung................................	92
	Gesellschaftliche Bewertung	93
	Nährendes versus Zehrendes	94
2.3	Achtsamkeit mit Tieren und in der Natur	97
	Metaphern aus der Natur	97
	Achtsamkeit in der Natur..	98
	Achtsamkeit mit Tieren	99
	Der Hund als besserer Mensch	99
	Überwältigende Momente der Achtsamkeit mit Tieren	100
2.4	Achtsamkeit in menschlichen Beziehungen	105
2.5	Achtsamkeit im Umgang mit Glück und Leid	109
	Mit den Worten Buddhas..	110
2.6	Achtsam führen in Bildung, Medien und Business	114
	Zeiten des Geführtwerdens im Verhältnis zur Lebensspanne.........	114
	Selbstformung und Selbstführung	114
	Falsche Fakten und vorsätzliche Deutung in der Gesellschaft	115
	Grundvoraussetzungen achtsamer Führung	116
	Inhalte achtsamer Führung in der Bildung	117
	Plädoyer für Achtsamkeit als Schulfach	118
	Inhalte achtsamer Führung in den Medien	119
	Trash-TV	119
	Neurologische Hyperstimulation	120
	Inhalte achtsamer Führung in der Wirtschaft......................	120
2.7	Visionen für eine Achtsame Gesellschaft	124
3.	**Positive Psychologie**	**127**
3.1	Positiver Ausblick – Zeitenwende...................................	128
	Positive Psychologie als moderne Idee..............................	128

	Philosophische und spirituelle Wurzeln. 129
	Die Entwicklung psychologischer Schulen 130
	Die späte Geburt der Positiven Psychologie 131
	Internationale und nationale Highlights 132
	Positive Psychologie kritisch betrachtet. 133
	Plädoyer für eine positive Zeitenwende 134
3.2	Positive Business – anders arbeiten. 136
	Die Realität der Führer. 136
	Die Realität der Geführten. 137
	Zur Philosophie von Führung. 138
	Historische Führungsforschung 139
	Positive Unternehmensmodelle. 140
	Feelgood-Team-Management 141
	Zeitwohlstand als Vision 141
3.3	Positive Coaching – kraftvoll begleiten 144
	Life Coaching. 144
	Humanistisches Coaching 145
	Systemisches Coaching. 146
	Business-Coaching 147
	Positives Coaching 148
	Zukunfts-Coaching. 149
	Charisma-Coaching 150
3.4	Positive Diagnostik – Stärken erkennen. 152
	Klassische Diagnostik. 152
	Negative Diagnostik. 153
	Positive Identität 154
	Stärken-Diagnostik. 155
	Werte-Diagnostik 156
	Sinn-Diagnostik. 157
	Authentizität. 157
3.5	Positive Education – anders wachsen. 160
	Pränatale Zeit. 160
	Eltern-Coaching 161
	Sensible Resilienz. 162
	Schlüssel zum Leben. 163
	Schulen des Lebens 164
	Wege zur Weisheit. 165

		Die Nonnenstudie 166
3.6		Positive Rhetorik – Signale senden 168
		Ethische Kommunikation 168
		Empathische Kommunikation 169
		Positive Kommunikation 170
		Klassische Rhetorik 171
		Kardial-Rhetorik 172
		Positive Rhetorik 172
		Zivilcourage 173
3.7		Positive Zukünfte – Werte leben 176
		Dankbarkeit 176
		Hoffnung 177
		Kreativität 178
		Nächstenliebe 179
		Spiritualität 180
		Verantwortung 181
		Wohlbefinden 182
4.	**Synthese als Essenz** 185	
5.	**Epiloge** 189	
5.1	Epilog des Autors 189	
5.2	Epilog der Autorin 199	
6.	**Finale im Dialog** 205	

Literatur 217
Die Autoren 224

Welcome

Liebe Leserinnen und liebe Leser,

wie sollen wir leben? Diese Schlüsselfrage der Ethik betrifft alle Menschen, nahezu jeden Tag. In den letzten Jahren erlebten und erleben wir einige grundlegende Veränderungen. Unser Buch sensibilisiert für die konstruktiven Potenziale von drei modernen Disziplinen in Theorie und Praxis:

- Life Coaching (Sven Sohr, Kapitel 1)
- Achtsamkeit (Alina Wilms, Kapitel 2)
- Positive Psychologie (Sven Sohr, Kapitel 3)

Alle drei Disziplinen werden mit wichtigen Erkenntnissen und über 60 Fallbeispielen anwendungsorientiert präsentiert, bevor sie in Kapitel 4 (Sven Sohr) in eine Synthese als Essenz münden. Auf dieser Basis reflektieren wir in den Kapiteln 5.1 (Sven Sohr) und 5.2 (Alina Wilms) in Selbstinterviews die Konsequenzen für unser Leben, bevor wir uns über die praktischen Folgen im gemeinsamen Dialog (Kapitel 6) austauschen. Autorin und Autor erklären sich jeweils für ihre eigenen Texte allein verantwortlich.

Beim Schreiben wurde uns mehr denn je bewusst, wie nicht nur die einzelnen Themen zusammenhängen, sondern auch die Interaktionen von individuellem Tun und kollektiven Entwicklungen. So gesehen ist das Persönliche immer auch politisch.

Abschließend wollen wir uns herzlich beim Team des Junfermann-Verlags für die angenehme Zusammenarbeit bedanken. Möge das Buch zum Nachdenken und alternativen Handeln anregen.

Soest – Berlin, Frühjahr 2023
Indrani Alina Wilms und Sven Sohr

Vorwort der Autorin

„Ich bin ich!"
(Dr. Debabrata Das Gupta, 1936–2021)

Schon in früher Kindheit philosophierte ich mit meinem weisen Vater darüber, wie ich mein Sein definieren kann, wer ich bin. Ich bin Kind und Mutter, Lehrende und Lernende, Deutsche und Inderin, Wessi und Ossi, hinduistisch geprägte Buddhistin und zugleich getaufte Christin und naturwissenschaftlich orientierte Glaubensskeptikerin. Qua Geburt bin ich eine Das Gupta, durch Heirat eine Wilms. Mein Vorname ist Indrani und Alina.

Wie ein jeder Mensch bin ich so individuell, dass man mich in viele Kategorien einordnen kann. Doch die Summe aller Kategorien vermag nicht die Essenz meines Seins zu definieren, denn ich bin ich und doch ein unbedeutend verschwindendes Teilchen des Universellen, das bemüht ist, dem Sein mehr Raum als dem Ich zu geben.

Zu meinen prägendsten beruflichen Stationen gehören der Aufbau einer neuen Abteilung für den britischen Gesundheitsdienst NHS, die Leitung der Stabsabteilung von Deutschlands größter Forensischer Psychiatrie, die Konzipierung und gesamtkoordinierende Leitung der psychologischen Nachsorge des Erfurter Gutenberg-Massenmords; sowohl Anerkennungen als Psycho- und Lehrtherapeutin, Supervisorin und Doktorin als auch die Berufung zur Professorin und die Wahl zur Dekanin.

Aktuell engagiere ich mich als CEO für Dr. Wilms Expertise Psychological Consulting, als Matchmaker und Managing Consultant einer Managementberatung. London und die University of Oxford, an der ich mich als erste Deutsche für Achtsamkeit qualifizieren durfte, prägten mein akademisches Leben über zehn Jahre. Ein Herzensprojekt ist eine mit meinem Vater und dem örtlichen Rotary Club in Kalkutta gegründete Schule für Kinder aus den Slums.

Meinem über den Tod hinaus geliebten Vater danke ich für seine spirituellen Anregungen und seine unermüdliche väterliche Pflichterfüllung. Ralf, meinem Ehemann und zugleich größtem Lebensgeschenk, danke ich für nunmehr fast 22 Ehejahre und für seine Toleranz, mit einem so vielschichtigen Wesen gemeinsam zu (er)leben, das einen klassisch westfälischen Juristen mit der für ihn ungewohnten Welt der Achtsamkeit durchaus in seinem SEIN herausfordern kann. Meinen geliebten Söhnen Magnus und Tristan danke ich für ihre tiefschürfenden Fragen, die mich immer wieder zur

Reflexion anregen und durch die auch die sprichwörtliche Henne vom geschlüpften Ei lernen darf.

Über konstruktives Feedforward freut sich dr.alina.wilms@arcor.de!

Vorwort des Autors

„Be yourself – no matter what they say."
(Sting)

„Wer bin ich – und wenn ja, wie viele?" fragte der Philosoph Richard David Precht. Ich bin Sven Sohr – Mensch, Mann, Vater, Psychologe, Philosoph, Coach, Autor und Weltbürger. In meinem Job als Professor für Life Coaching und Positive Psychologie an der Deutschen Hochschule für Gesundheit und Sport in Berlin konnte ich mich in den letzten Jahren mit vielen Fragen beschäftigen, die ich in diesem Buch teilen will. Dabei gehen 30 Jahre Berufserfahrungen als Psychologe in verschiedenen Rollen ein, nicht nur als Coach, sondern auch als Moderator, Mediator, Supervisor oder Trainer.

Neben zahlreichen Menschen danke ich für ihre persönlichen Beiträge insbesondere:

- Meiner Studentin Sofia Hill – sie verfasste in ihrem ersten Semester die beste philosophische Studienarbeit, die ich bisher gelesen habe, und inspirierte mich mit einigen Blogbeiträgen, die im Kapitel zur Positiven Psychologie als Entree der Unterkapitel eingeflossen sind.
- Meinem Kollegen Oliver Tonndorf – ich war gerade auf der Suche nach einem Dozenten für Ernährung und Sport im Life Coaching, als ich ihm zuerst in der Kirche und nur wenige Minuten später in einer Eisdiele begegnete, wo er mir überraschend erklärte: „Ich bin übrigens Dozent für Ernährung und Sport." Von ihm stammen die Fallbeispiele in Kapitel 1.5 über Ernährung.
- Meiner Tochter Luna – sie war im finalen Buchstadium mein Fitness-Coach und berührt mich seit über 15 Jahren mit ihrer außergewöhnlichen Empathie.

Eine Besonderheit des Buchs besteht darin, dass auch bislang nicht veröffentlichte und innovative „wissenschaftliche Qualifikationsarbeiten" der jungen und hierzulande einzigartigen Studiengänge „Life Coaching" (Bachelor) und „Positive Psychologie" (Master) eingeflossen sind. Darüber hinaus bietet das Literaturverzeichnis mit über 200 Quellen viele Chancen zur Vertiefung.

Unsere unterschiedlichen Identitäten erstrecken sich auch auf die Zeitperspektiven. Selbst wenn wir im Kern immer derselbe Mensch bleiben, sind wir heute anders als gestern. Fragen wir uns, wer wir morgen sein möchten? Möge das Buch motivieren, anders zu leben.

Über Feedback freut sich Sven (mail@sensor-zukunftscoaching.de)!

1. Life Coaching

> *„Verstehen kann man das Leben nur rückwärts,*
> *doch leben muss man es vorwärts."*
> (Søren Kierkegaard)

„Life Coaching" wird im Folgenden in sieben Dimensionen präsentiert:

- Dimension 1, „Philosophische Perspektiven", stellt grundlegende Fragen nach dem Woher, Wohin und Warum – von den Antworten, die wir auf sie erhalten, hängen unsere Entscheidungen ab.
- Dimension 2, „Psychologische Perspektiven", stellt die Gegenstände der Psychologie vor und ihre Bedeutung für ein Life Coaching zur Entwicklung mentaler Stärke.
- Dimension 3, „Kommunikative Perspektiven", thematisiert, ausgehend von Modellen der Kommunikation, grundlegende Fragen des Lebens, von der Liebe bis zum Tod.
- Dimension 4, „Perspektiven der Gesundheit", versteht Gesundheit multidimensional aus einer physischen, psychischen, emotionalen, sozialen, sexuellen und spirituellen Sicht.
- Dimension 5, „Perspektiven der Ernährung", fragt nach zeitlosen Basics der Ernährung, großen Herausforderungen und nach der Sinnhaftigkeit alternativer Ernährungsformen.
- Dimension 6, „Perspektiven aus dem Sport", hinterfragt die These, dass Sport Mord sei, um für die Geschenke Bewegung, Teamspirit und Flow-Erleben zu begeistern.
- Dimension 7, „Nachhaltige Perspektiven", widmet sich der Frage der Nachhaltigkeit, um nach Diagnosen und Ursachen der Naturzerstörung zu suchen und nach Alternativen.

Die Psychoanalyse versucht, unser Leben rückwärts betrachtet zu verstehen. Im Life Coaching geht es um Entscheidungen für die Zukunft.

1.1 Philosophische Perspektiven: Weisheit lieben

„Ich weiß, dass ich nichts weiß."
(Sokrates)

Die „Liebe zur Weisheit" ist Gegenstand der Philosophie, die als die Königin der Wissenschaften gilt, denn sie stellt grundlegende Fragen des Lebens nach unserem Sinn.

Seltsamerweise führt die moderne Philosophie heute eher ein Schattendasein, teilweise vielleicht auch selbst verschuldet, wie manche Autoren bemerken: „Mit unermüdlicher Geduld und gleichmäßiger Ausdauer löst die Philosophie der Gegenwart oft Probleme, die keiner hat. Daher mag sie noch so viele Fragen richtig beantworten, das kann Belanglosigkeit und Verstiegenheit nicht ausgleichen. Denn selbst wahre Antworten wiegen nichts, wenn niemand nach ihnen fragt" (Wetz 1994).

Moderne Philosophie hat den Ruf, sinnlos zu sein und muss um ihre Existenzberechtigung kämpfen. Doch sagt dieser Befund nicht vielleicht mehr über die Moderne als über die Philosophie aus? Zu allen Zeiten fragten sich die Menschen, wer sie sind, woher sie kommen und wohin sie gehen. Aber heute leben wir in einer Zeit, in der es zunehmend Spezialisierungen gibt und unser Blick für das große Ganze immer mehr verloren zu gehen scheint (Sohr 2015). Eine Wissenschaft, die sich mit der Liebe zur Weisheit beschäftigt, droht so ihre Daseinsberechtigung zu verlieren. Was aber passiert mit Gesellschaften, in denen immer weniger Menschen wissen, wer sie sind, woher sie kommen und wohin sie gehen?

Life Coaching ist auch eine Einladung, uns diesen Fragen zu stellen, die uns spätestens wieder einholen, wenn wir unser Lebensende nicht mehr verdrängen. Viele Menschen geben sich im Life Coaching auf die Frage nach ihrer „existenziellen Intelligenz" – laut Gardner (1991) die Fähigkeit, eine Antwort auf die Frage nach dem Sinn des Lebens zu finden – die Note „mangelhaft" oder „ungenügend". Doch wenn wir auf diese Frage keine Antwort finden, machen auch alle anderen Coaching-Fragen keinen Sinn mehr. So kann es sich lohnen, von der Weisheit der Philosophie zu lernen.

Philosophen in der Antike

Wer sich mit westlicher und östlicher Philosophie beschäftigt, stellt überraschend fest, dass sich ganz ähnliche Weisheiten und Erkenntnisse unabhängig voneinander und parallel entwickelt haben, denn vor mehr als 2.500 Jahren gab es noch kein weltweites technisches Netzwerk, um sich über viele tausend Kilometer miteinander austauschen zu können.

Die beiden bekanntesten Philosophen des Ostens waren Konfuzius und Laotse – nach ihnen wurde der Konfuzianismus und der Taoismus benannt. Beide lebten im 6. Jahrhundert vor Christus. Während Konfuzius eher im Diesseits unterwegs war und auch politisch nach dem rechten Weg suchte („Wenn man sein Land regieren will, muss man als Erstes seine Familie in Ordnung halten"), galt Laotse eher als Asket, der nicht von dieser Welt war. So beginnt sein Hauptwerk *Tao te king* mit dem Credo: „Das Namenlose ist der Ursprung der Welt des Himmels und der Erde". Der Weise wirke durch sein „Nicht-Tun" – nicht zu verwechseln mit „nichts tun". Er unterlässt aber alle unnötigen Eingriffe in das Geschehen. Denn „wissen, dass man nichts weiß, ist das Höchste".

Reisen wir von China nach Griechenland, so treffen wir dort mit Sokrates den vielleicht ersten Life Coach der Weltgeschichte an. Er wurde dafür berühmt, dass er mit seiner sogenannten Hebammenkunst die Jugend auf der Straße in Gespräche verwickelte, um ihnen durch „Sokratisches Fragen" ihr Nicht-Wissen zu zeigen. Mit seiner Kunst galt er als weisester Mensch der Antike, weil er als einziger wusste, dass er nichts weiß. Sein Schüler Platon schrieb alles auf und sorgte dafür, dass die Dialoge von Sokrates für die Nachwelt bis heute erhalten sind. Sokrates ertrug sowohl seine Frau Xanthippe wie auch seine Armut mit stoischer Gelassenheit. Er galt als ein einfacher Mann, der seine Prinzipien auch lebte: „Wie zahlreich sind die Dinge, derer ich nicht bedarf." Er folgte stets seiner inneren Stimme, und als er auch in seiner Todesstunde nicht bereit war, seine grundlegenden Überzeugungen zu verleugnen, trug er im Umgang mit seinem Tod – weltgeschichtlich gesehen – zur Geburt des Gewissens bei. Philosophie lehrt nach Sokrates auch das Sterben. Seinem asketischen Vorbild folgte auf radikale Art und Weise Diogenes, der in einer Tonne lebte – im Reinen mit sich und der Welt.

Philosophen der Aufklärung

In der *Berlinischen Monatsschrift* erklärte Kant 1784: „Aufklärung ist der Ausgang des Menschen aus seiner selbstverschuldeten Unmündigkeit. Unmündigkeit ist das Unvermögen, sich seines Verstandes ohne Leitung eines anderen zu bedienen. Habe Mut, dich deines eigenen Verstandes zu bedienen – der Wahlspruch der Aufklärung."

Zunächst waren es die britischen Empiristen, die den Zug der Aufklärung ins Rollen brachten, angefangen bei Bacon (1561–1626); er rief die Beherrschung der Natur als Ziel der Wissenschaft aus, denn „Wissen ist Macht". Es folgten Hobbes (1588–1679), mit einem eher pessimistischen Weltbild („Der Mensch ist dem Menschen ein Wolf", der vor dem „Krieg aller gegen alle" zu schützen sei), Locke (1632–1704) als Vater des

Liberalismus und Hauptvertreter des Empirismus, und Hume (1711–1776), der beim Menschen neben egoistischer Ratio auch warme Gefühle entdecken konnte.

Unter den französischen Aufklärern ragte ebenfalls ein Trio heraus, angefangen bei Descartes (1596–1650), ein Materialist und Rationalist („Ich denke, also bin ich"). Er spaltete alle Gefühle ab und förderte so maßgeblich den Siegeszug von Naturwissenschaften und Technik. Zwei weitere Philosophen bekriegten einander: Das war zum einen Voltaire (1694–1778), der begütert auf einem Schloss lebte und aufgrund seiner Reisen als einer der wirksamsten Missionare der Aufklärung galt, und es war zum anderen Rousseau (1712–1778), der für die Freiheit und den Naturzustand plädierte – ein romantischer Protest im Widerstand zur Aufklärung.

In Deutschland dominierten im 19. Jahrhundert drei Nihilisten. Zu ihnen gehörten Feuerbach (1804–1872), ein radikaler Kritiker der Religion, der in Gott ein ‚Gespenst' sah („Der Mensch ist das Maß aller Dinge"); Marx (1818–1883), der den Schritt vom Idealismus zum Materialismus vollzog („Das Sein bestimmt das Bewusstsein"), und Nietzsche (1844–1900), dem es um eine „Umwertung aller Werte" weg von der christlichen „Sklavenmoral" hin zu einer „Herrenmoral" ging. Als Antisemit forderte er die „Vernichtung Millionen Missratener", weshalb er nach seinem Tod zu einem NS-Philosophen mutierte.

Die drei zuletzt genannten Philosophen starben übrigens alle einen sehr qualvollen Tod.

Philosophen der Postmoderne

Unter den Philosophen des 20. Jahrhunderts erscheinen aus Life-Coaching-Perspektive zwei Strömungen als besonders bedeutsam. Zum einen die französischen Existentialisten, zu denen wiederum vor allem drei Vertreter gehören: Laut Sartre (1905–1980) ist der Mensch ohne Gott in die volle Verantwortung seiner Existenz geworfen und er müsse versuchen, dem Leben einen Sinn zu geben. Sartres Freund Camus (1913–1960) konnte dem Leben keinen Sinn abgewinnen, und für die Sinnlosigkeit fand er das absurde Bild aus dem antiken Mythos von Sisyphos, der dazu verdammt ist, einen Stein immer wieder den Berg hinaufzuwälzen. Als Nietzsche-Nachfolger sprach auch Foucault (1926–1984) vom „Tod Gottes", wobei er seine persönliche Mission als „intellektueller Zerstörer von Evidenzen" formulierte.

Eine andere philosophische Strömung setzte sich mit der Herausforderung der Technik auseinander. Zu nennen ist hier zunächst Heidegger (1889–1976), der den modernen Menschen in seiner „Seins-Vergessenheit" in die Irre gehen sah; angesichts technischer Entwicklungen sei seine Katastrophe vorprogrammiert („Nur ein Gott kann uns noch retten"). Außerdem Bloch (1885–1977), der mit der Technik eine Heilserwartung verband. In seinem mehr als 1.500 Seiten umfassenden Hauptwerk rief er das *Prinzip Hoffnung* aus.

In der zweiten Hälfte des 20. Jahrhunderts setzten sich zwei weitere Philosophen äußerst kritisch mit der Technik auseinander: Jonas (1903–1993) unternahm mit seinem 1979 erschienenen *Prinzip Verantwortung* den philosophischen „Versuch einer Ethik für die technische Zivilisation". Basierend auf der These, die Verheißung der modernen Technik sei in existenzielle Drohungen umgeschlagen, kritisierte Jonas die Hybris des Menschen und forderte in Anlehnung an Kant einen neuen ethischen Imperativ im Sinne einer „Zukunftsverantwortung". Noch deutlicher war der mit Jonas befreundete Anders (1902–1992); beide waren sie Heidegger-Schüler. Der Endzeitphilosoph Anders konstatierte aufgrund der wachsenden Wahrscheinlichkeit eines atomaren und ökologischen Suizids die *Antiquiertheit des Menschen*. Für uns als „emotionale Analphabeten" sah Anders es als dringendes Gebot der Stunde: „Deine Aufgabe besteht darin, deine moralische Phantasie zu erweitern!"

Philosophie der Wissenschaft

Was ist Wissenschaft? Und wie gelangen wir zu unseren Erkenntnissen? Mit diesen forschungsphilosophischen Fragen beschäftigt sich die Wissenschaftsphilosophie als Wissenschaft von der Wissenschaft. Trotz einiger ernüchternder Konsequenzen, etwa die Atombombe oder die Umweltzerstörung, genießt Wissenschaft nach wie vor ein hohes Ansehen – und das, obwohl sie uns bis heute keine klaren Antworten geben kann, was Wissenschaft ist.

Der wohl einflussreichste Wissenschaftstheoretiker war Sir Karl Popper. Von ihm stammt die skeptische Beobachtung: „Wissenschaft baut nicht auf Felsengrund. Es ist eher ein Sumpfland, über dem sich die kühne Konstruktion ihrer Theorien erhebt." Laut Popper kann es keine gesicherten Wahrheiten geben. Selbst nach der Beobachtung von 99 weißen Schwänen ist es nicht ausgeschlossen, eines Tages auch einem schwarzen Schwan zu begegnen. Ziel von Wissenschaft sei es, sich der Wahrheit durch Versuch und Irrtum so gut wie möglich zu nähern. Politisch plädierte Popper daher folgerichtig 1945 für eine „offene Gesellschaft" – ohne die geistige Beschränkung einer Diktatur.

In seinem Essay *The structure of scientific revolutions* wies der Soziologe Thomas Kuhn 1962 nach, dass unsere traditionelle Beschreibung von Wissenschaften, der zufolge es einen kontinuierlichen Erkenntnisfortschritt gibt, nicht der Wirklichkeit entspricht. Nach Kuhn ist wirkliche Weiterentwicklung erst möglich, wenn eine überalterte Theorie im Zuge wissenschaftlicher Revolutionen zugunsten neuer Perspektiven aufgegeben wird. Ein historisches Beispiel für einen Paradigmenwechsel ist die Einsicht, dass die Erde keine Scheibe ist. Ein aktueller Paradigmenwechsel ist die zunehmende Einsicht, dass wir eine nachhaltige Perspektive brauchen, wenn wir als Gattung überleben wollen.

Eine noch radikalere Infragestellung wissenschaftlicher Autoritäten bietet Feyerabend, ein Schüler von Popper. In seiner anarchistischen Erkenntnistheorie bezweifelt er 1976 die Überlegenheit der Wissenschaft gegenüber anderen Erkenntnisquellen. Er plädiert *Wider den Methodenzwang* für das pluralistische Prinzip „anything goes". Unbeliebt machte er sich bei seinen Kollegen, als er Professoren als „engstirnige Egomanen" bezeichnete, die oft mehr an sich als an die Wohlfahrt der Menschen denken würden.

Philosophische Gottesbeweise

Im Life Coaching geht es um das ganze Leben, also auch um die ganz großen Fragen unseres Seins. Woher kommen wir? Wohin gehen wir? Gibt es eine göttliche Kraft als Ursprung und Ziel unserer Existenz? Wo Wissenschaft an ihre Grenzen kommt, hören Philosophen nicht auf, Fragen zu stellen, um Antworten zu suchen und auch zu finden.

Der Philosophie verdanken wir diverse „Gottesbeweise". Einige sind kosmologisch: Gott als letzte Ursache, denn aus nichts kann nichts entstehen, wie bei Thomas von Aquin, der Grundgedanken von Sokrates und Platon aufgreift. Andere sind teleologisch: Die Schönheit der Schöpfung als einmaliges Wunder kann kein Zufall sein, sondern setzt göttliche Genialität voraus, wie Aristoteles argumentiert. Oder sie sind moralisch: Ohne eine jenseitige göttliche Gerechtigkeit erscheint das Leid dieser Welt sinnlos, wie Kant proklamierte. Er nahm einen weisen Welturheber „ohne allen Zweifel" an, damit gutes und schlechtes Handeln in jedem Fall nachhaltige Konsequenzen haben.

Demzufolge empfahl Voltaire: „Es ist höchste Weisheit, von einem Gott auszugehen, der straft und belohnt" und bereicherte den Diskurs um den romantischen Gottesbeweis – samt unterhaltsamer Logik: „Denn wer eine schöne Frau küsst, muss ein wohltätiges höchstes Wesen anerkennen." Sogar Descartes war sich in dieser Frage ausnahmsweise mit Voltaire einig, bevorzugte jedoch den ontologischen Gottesbeweis:

Demnach gibt es eine eingepflanzte Idee Gottes, die uns Menschen angeboren ist. Gottes Existenz sei daher zwingend, sonst gäbe es seine Idee gar nicht. Keine Gottesbeweise brauchte der Mathematiker Blaise Pascal, um trotzdem an Gott zu glauben, denn „es ist das Herz, das Gott fühlt, nicht die Vernunft". Die philosophische Aufgabe sei es, sich dem Glauben zu beugen, denn die Philosophie könne uns kein Heil bieten.

Atheisten sind unter den klassischen Philosophen dagegen selten – das prominenteste Beispiel ist der Nihilist Nietzsche. Er forderte den „Selbstmord der Moral" („Gott ist tot").

Bilanzierend ist festzuhalten, dass es bei der Gottesfrage einen breiten Konsens unter den meisten bekannten Philosophen gibt. Sie offenbaren eine starke Ehrfurcht vor der Schöpfung und dem Schöpfer, den sie annehmen. Hier trifft sich übrigens Philosophie auch mit vielen großen Naturwissenschaftlern, z.B. Albert Einstein oder Max Planck.

Weisheit der Weltreligionen

Retrospektiv lehrt die Beschäftigung von Life Coaches mit der Philosophie bis heute (Rosa 2022): Bei der Frage nach dem Sinn des Lebens brauchen wir die Religion. Es ist deshalb sinnvoll, sich mit den fünf Weltreligionen auseinanderzusetzen, um Gemeinsamkeiten und Unterschiede festzustellen. Als wichtigste Gemeinsamkeit fällt ein ethischer Kern auf, mit ähnlichen Grundwerten sowie eine Bejahung des Lebens.

Dennoch dominieren bei einer genaueren Betrachtung die Unterschiede, was sich exemplarisch an der Gottesfrage zeigt. Neben den monotheistischen Transzendenzreligionen Judentum, Christentum und Islam gibt es mit dem Hinduismus und dem Buddhismus im asiatischen Raum auch Religionen, die entweder von vielen oder von keinen Göttern ausgehen. Doch auch im monotheistischen Glauben gibt es stark unterschiedliche Gottesbilder. Im Alten Testament des Judentums begegnet uns häufig ein strafender Gott. Weisheit bedeutet daher, Ehrfurcht vor Gott zu haben. Die jüdische Religion basiert auf vielen Begründern und Propheten, von Abraham über Noah bis Mose. Der bekannteste Jude ist Jesus. Anders als im Christentum gilt er jedoch im Judentum nur als einer unter vielen Propheten. Für Christen ist Jesus der Sohn Gottes und als Erlöser die Brücke zu Gott. Die christliche Ethik der Nächstenliebe, zusammengefasst in der *Bergpredigt*, geht nicht nur über das jüdische Prinzip von „Auge um Auge, Zahn um Zahn" hinaus, sondern umfasst auch die Feindesliebe, die es so in keiner anderen Religion gibt. Im Zentrum des Christentums steht die Liebe Gottes. Im Islam dagegen ist das Verhältnis von Gott zu den Menschen eher distanziert. Der religiöse Alltag ist stark reglementiert, insbesondere mit der Pflicht, fünfmal am Tag zu beten. Die größten Unterschiede zwischen christlicher und islamischer Religion offenbaren sich jedoch in den Persönlichkeiten ihrer beiden Propheten, Jesus und Mohammed. Auch zeigen sich deutlich verschiedene Auffassungen über den Umgang mit Frauen oder Andersgläubigen sowie hinsichtlich Liebe und Hass.

Als fundamentale „Rückbindungen" sind Religionen auch für ein erfolgreiches Life Coaching elementar. Sie bieten Menschen nicht nur in Krisenzeiten eine Art Rückgrat, sondern geben auch Antworten auf Fragen nach dem Sinn und Ziel des Lebens.

Life Coaching als Lebenskunst

„An ihren Früchten sollt ihr sie erkennen" (Matthäus 7, 20). Diese Botschaft von Jesus ist auch im Life Coaching wegweisend. Viel wichtiger als hehre Worte sind unsere Taten. Letztlich geht es darum, wie wir unsere Werte in der Praxis leben: „Walk your Talk!"

Der moderne Mensch ist heute mit einer Fülle von Angeboten und Herausforderungen konfrontiert, die ihn leicht überfordern können. In fast allen Lebensbereichen nehmen die vermeintlichen Optionen zu. Man denke beispielsweise an die Möglichkeiten, ein Studium an einer Hochschule aufzunehmen. Jährlich kommen allein in Deutschland Hunderte neuer Angebote hinzu, im Jahr 2021 waren es bereits 21.000 Studiengänge. Nicht nur im Berufsleben, auch im Privatleben scheint der Markt der Möglichkeiten immer diversifizierter zu werden. Wer früher eine Lebenspartnerin suchte, traf in Nähe des Wohnumfelds, in der Dorfkneipe, vielleicht die eine oder die andere Kandidatin. Wer heute im Internet surft, hat scheinbar jederzeit die Möglichkeit, unter Tausenden von Singles einen neuen Partner oder eine neue Partnerin zu finden. Das macht die Entscheidung nicht leichter.

So wächst auch das Angebot von philosophischen Lebensberatern und Life Coaches. Doch wie ist es möglich, im gefühlten Überangebot die „Spreu vom Weizen" zu trennen, um den „Wald vor lauter Bäumen" zu kennen und sich nicht zu verlaufen? Schon beim Blick in die Literatur lassen sich Differenzen in der Seriosität von Angeboten erahnen. Hier gibt es beispielsweise populäre Bücher, die scheinbar von Expertinnen und Experten auf dem Gebiet der Positiven Psychologie geschrieben wurden, etwa von Viktoria Lakefield[1], mit Empfehlungen wie „Erzählen Sie Menschen einfach, was

---

1 Es ist zunehmend das Phänomen der „Fake-Literatur" zu beobachten. Unter einem beliebigen Namen werden Inhalte zu populären Themen angeboten. Wer immer das Buch *Positive Psychologie. Der Schlüssel zu Optimismus, Selbstliebe und Energie!* geschrieben hat: Viktoria Lakefield war es nicht – es gibt sie nicht.

sie hören möchten, solche Menschen lassen sich problemlos beeinflussen." Alternativ gibt es aber auch Philosophen bzw. Life Coaches, wie z.B. Wilhelm Schmid, die wissenschaftlich fundierte und lebenspraktische Bücher über Themen wie Liebe, Gelassenheit, Glück, Sinn, Heimat oder über Selbstfreundschaft schreiben.

Ein guter Life Coach sollte idealerweise auch über ein wissenschaftliches Studium und eine reiche Lebenserfahrung verfügen, wobei er – und das ist wesentlich wichtiger als Methoden, Tools und Techniken – selbst eine Haltung haben sollte, um Halt geben zu können.

Life Coaching PRAXIS

Wie kann sich Weisheit bei lebenserfahrenen Menschen artikulieren?

Einzel-Coaching: Eine jüdische Dame stand vor ihrem 70. Geburtstag. Sie konnte auf ein bewegtes Leben zurückblicken. Was könnte sie ihren Kindern und Enkeln hinterlassen? Ich lud sie ein, das Buch ihres Lebens zu schreiben. So trafen wir uns ein Jahr lang einmal im Monat. Schon nach wenigen Fragen sprudelte es aus ihr heraus. Das Tonband lief mit. Nach einem Jahr hielt sie stolz ein 100-seitiges Buch in den Händen, dem sie den Titel *Mut zur Veränderung* gegeben hatte. Mit diesem Geschenk überraschte sie an ihrem runden Geburtstag ihre Nachkommen, aber das größte Geschenk machte sie damit sich selbst: „Ich fühle mich so erleichtert, denn mir ist ein Stein vom Herzen gefallen."

Einzel-Coaching: Kurz vor seinem 75. Geburtstag, der zugleich sein 50. Hochzeitstag war, entschloss sich ein Mann, im Coaching das Buch seines Lebens zu schreiben. Auch in diesem Fall trafen wir uns ein Jahr lang einmal im Monat, und anschließend hielt auch er ein Buch in den Händen, dem er den Titel *Der Weg ist das Ziel* gegeben hatte. Auf 150 Seiten fanden sich seine vielen Erinnerungen, Erfahrungen und Erkenntnisse, die er als friedensbewegter und engagierter Arzt sein Leben lang gesammelt hatte. Im Vorwort formulierte er eine Bitte an die Nachwelt: „Beschäftigt Euch mit den großen Fragen des Lebens und haltet mal inne, um zu fragen: Was ist im Leben wirklich wichtig?"

Einzel-Coaching: Ein Mann kam ein Jahr vor seinem 60. Geburtstag zum Coaching, weil er im Versuch, ein Studium zu vollenden, kurz vor dem Examen gescheitert war. Nun suchte er nach einem grundlegenden Neuanfang. Was war ihm wirklich wichtig? Zuerst verließ er seine negativ besetzte Wahlheimat, um in die Heimat seiner Kindheit zurückzukehren. Hier traf er alte Freunde und pflegte seine Mutter bis zu ihrem Tod. Schließlich entdeckte auch er sein Potenzial als Autor und schrieb einen Liebesroman.

Fazit: Auch im Alter kann Life Coaching sehr wertvoll sein, um Weisheit zu erleben.

Einladung zur Reflexion

Was ist deine Lebensweisheit? Kannst du sie in wenige Worte fassen?

1.2 Psychologische Perspektiven: Mentale Stärke

„Nur ein Mensch kann wissen, ob das, was ich mache, offen, ehrlich und gesund ist, und dieser Mensch bin ich."
(Carl Rogers)

Die Psychologie ist, nach der Philosophie, eine zweite „Schwester" im Life Coaching.

Gegenstand der Psychologie ist die „Lehre von der Seele", aber die moderne Psychologie will von der Seele nichts mehr wissen. Wie kam es dazu? Dieser Frage werden wir zum Auftakt dieses Kapitels nachgehen. Womit beschäftigt sich die Psychologie heute? Was ist ihr wissenschaftlicher Auftrag? Und welche weiteren Fragen ergeben sich daraus?

- Psychotherapie gehört zu den „höchsten" Zielen der Psychologie. Letztlich geht es um Fragen der „Heilung" – ein Aspekt, der auch im Life Coaching mitschwingen kann.
- Eine weitere Schlüsselfrage beschäftigt sich mit der Entwicklung der Persönlichkeit. Welche grundlegenden Themen und hilfreichen Theorien sind hierbei zu beachten?
- Im Gegensatz zu unserer Umwelt, die wir meistens nur bedingt verändern können, haben wir viele Möglichkeiten, an uns selbst zu arbeiten. Was ist dabei wichtig?
- In der Geschichte der Psychologie gibt es einige klassische Experimente, die die Art und Weise verändert haben, wie wir Menschen wahrnehmen. Einige der spannendsten Beispiele, insbesondere aus der Sozialpsychologie, wollen wir in Erinnerung rufen.
- Neben unserer normalen biologisch geprägten Entwicklung gibt es einige Ereignisse, welche die Psychologie als „kritisch" bezeichnet, auch weil sie viel Stress auslösen. Sind sie nur negativ oder bieten sie eventuell auch positive Entwicklungschancen?
- Schließlich geht es im Life Coaching auch um die Entwicklung mentaler Stärke. Was heißt das genau und in welchen Situationen wird sie besonders wirksam?

Die Lehre von der Seele

Der Glaube an die Seele ist so alt wie die Menschheit – und auch heute noch wird er von vielen Menschen auf der Welt geteilt. Auch die Psychologie trägt den Begriff der Seele in ihrem Namen. Friedrich Albert Lange (1866) spricht in seiner *Geschichte des Materialismus* von einer „Psychologie ohne Seele", also von einer seelenlosen Wissenschaft. Ist das vielleicht heute das größtes Problem der Psychologie?

Für die Menschen in der Antike war die Seele eine Tatsache. In der griechischen Mythologie war *Psyche* sogar eine Göttin und zugleich die Geliebte von Amor, dem Gott der Liebe. So gesehen ist die Psychologie die Wissenschaft von der Liebe. Ebenfalls in der Romantik, etwa vom Ende des 18. bis zur Mitte des 19. Jahrhunderts, kam der Seele eine sehr positive Bedeutung zu. Sie verkörperte einen immensen Gefühlsreichtum und die Einheit mit der Natur. Das lässt sich z.B. in Eichendorffs Gedicht *Mondnacht* (1837) erkennen, das mit den Worten schließt: „Und meine Seele spannte ihre Flügel aus, flog durch die stillen Lande, als flöge sie nach Haus."

Von der Antike über das Mittelalter bis zum Humanismus galt die Seele grundsätzlich als unsterblich, und auch heute gilt das noch in vielen Religionen. Doch mit der Aufklärung und dem Beginn der modernen Naturwissenschaften wurde sie zu einer Störvariablen, nach dem Motto: „Was wir nicht sehen können, gibt es nicht." Diese Vorstellung dominiert bis heute an den Hochschulen, wo Psychologie für Studierende zu einer Frage der Statistik mutiert, die sich für den Menschen als Mittelwert interessiert.

Die moderne Psychologie wird definiert als Wissenschaft vom Erleben und Verhalten, das sie vor allem beschreiben, erklären, kontrollieren, vorhersagen und verändern will. Hierbei handelt es sich um ein stark westlich geprägtes Verständnis von Wissenschaft. In anderen Kulturen spielt der Aspekt des Verstehens die wichtigste Rolle. Tatsächlich ging mit dem Verlust der Seele ein tieferes Verstehen des Menschen verloren, welches es wiederzuentdecken gilt. Und für viele Studierende ist die Seele immer noch präsent, wie eigene Umfragen offenbaren. Die vielfältigen Antworten auf die Frage, was die „Seele" sei, reichen von „eine CD, auf der alles gespeichert ist" über „was keiner sieht, jeder hat und ohne das er nicht existieren kann" bis zum „Teil des Göttlichen" (Sohr 2006).

Psychologie und Therapie

Wie wir bereits am Beispiel der Philosophie sehen konnten, hängt der „Marktwert" jeder Wissenschaft davon ab, ob ein Bedarf wahrgenommen wird. Und der Bedarf an einer Disziplin unterliegt offensichtlich auch historischen Schwankungen.

Die erste Diplom-Prüfungsordnung für Psychologie entstand 1941, damals noch mit dem Fach „Völkerpsychologie". Nach dem Zweiten Weltkrieg war das Elend allseits sehr groß, nicht nur Häuser lagen in Trümmern, auch Menschen waren tief geschädigt. So verwundert es nicht, dass die Klinische Psychologie, die sich mit den „Störungen" des Menschen befasst, zur vorherrschenden Anwendungsdisziplin wurde – auch mit einem hohen Bedarf an wissenschaftlichen Fachleuten.

Zu stark erforschten Gegenständen der Klinischen Psychologie gehören Themen wie Ängste, Depressionen, Süchte, Suizid und Traumata. Aus Life-Coaching-Perspektive besteht die Gefahr, dass Menschen in Schubladen gepackt und pathologisiert werden. So kann jemand wie Donald Trump sogar amerikanischer Präsident werden, obwohl er nach Ansicht vieler Psychiater krank und gemeingefährlich ist. Und es gibt Menschen wie die junge schwedische Klimaaktivistin Greta Thunberg. Mit ihrer Autismus-Diagnose gilt sie klinisch gesehen als krank, obwohl sie sich wie kaum ein anderer für den Erhalt der Erde engagiert. All diese Themen sind auch Gegenstände der Psychotherapie, wo sie – je nach Schule – unterschiedlich behandelt werden. Zu den bekanntesten Therapieansätzen gehören die Psychoanalyse, die Verhaltenstherapie und die Gesprächspsychotherapie, denen jeweils unterschiedliche Menschenbilder zugrunde liegen (mehr dazu in Kapitel 3).

Aus Life-Coaching-Perspektive ist die Frage besonders spannend, wovon es abhängt, ob Psychotherapie hilfreich ist. Klaus Grawe (2000) entdeckte die folgenden **fünf Wirkfaktoren**:

1. therapeutische Beziehung,
2. Problemaktualisierung,
3. motivationale Klärung,
4. Ressourcenaktivierung,
5. Problembewältigung.

All diese Komponenten sind unter guten Bedingungen auch im Coaching realisierbar.

Persönlichkeitsentwicklung

Die Entwicklung von Persönlichkeiten ist eines der wichtigsten Ziele unseres Bildungssystems. Ein gutes Life Coaching lädt dazu ein, die eigene Persönlichkeit weiterzuentwickeln.

Persönlichkeits- und Entwicklungspsychologie gehören zu den wichtigsten Grundlagendisziplinen der Psychologie. Die Persönlichkeitspsychologie erforscht die interindividuellen Unterschiede, also die Frage, wie sich zwei Menschen in einer Eigenschaft unterscheiden. Die Entwicklungspsychologie interessiert sich für die intraindividuellen Unterschiede, also für die Frage, wie sich ein Mensch im Lauf des Lebens verändert.

Persönlichkeitsmodelle gibt es seit der Antike, wo man von vier Persönlichkeitstypen ausging: cholerisch, melancholisch, phlegmatisch und sanguinisch. Teilweise spiegeln sich diese Grundtypen auch heute noch indirekt in modernen Modellen der

Persönlichkeitspsychologie wider, etwa im „BIG-5"-Ansatz, der von fünf zentralen Eigenschaften ausgeht: Extraversion, Neurotizismus, Gewissenhaftigkeit, Verträglichkeit und Offenheit für Erfahrungen. Humanistische Ansätze hingegen stehen der Idee solcher Zuschreibungen eher kritisch gegenüber. So betont z.B. Gordon Allport mit seinem ideographischen Ansatz die Einzigartigkeit jedes Individuums.

In der Entwicklungspsychologie gibt es Theorien, um den menschlichen Lebenslauf zu beschreiben. Bei Freud z.B. sind es fünf Phasen der Entwicklung im Kindes- und Jugendalter: oral, anal, phallisch, Latenz und genital. Erikson geht von acht Phasen aus und bezieht auch Entwicklungen im Erwachsenenleben mit ein (von der Entwicklung des Urvertrauens in der frühen Kindheit über die Identitätsentwicklung in der Jugend bis zur Entwicklung von Integrität und Weisheit im Alter). Kohlberg, der sich mit der Moralentwicklung beschäftigt hat, identifizierte sechs Stufen. Allerdings erreichen nur wenige Menschen die höchste Stufe.

Moderne Entwicklungspsychologen wie Baltes (1990) gehen von einer lebenslangen Persönlichkeitsentwicklung aus – passend zur Weisheit des türkischen Sprichworts: „Egal, an welchem Punkt eines Irrwegs du umkehrst, es ist immer ein Gewinn."

Die Psychologie des Selbst

Wie wichtig unser Selbstverständnis ist, hat Rogers (1973) eindrucksvoll in seinem Buch *Entwicklung der Persönlichkeit* beschrieben. Allerdings hat der Begriff des „Selbst" viele verwandte Komponenten. Um die Zusammenhänge zu verstehen ist es deshalb hilfreich, die verschiedenen Dimensionen zu erkennen.

Grundsätzlich unterscheidet man zwischen einer kognitiven und einer emotionalen Komponente. Die kognitive Komponente symbolisiert das Selbstkonzept, das unser Wissen über uns beschreibt. Die emotionale Komponente ist das Selbstwertgefühl, was die subjektive Bewertung unserer Persönlichkeit umfasst. Die beiden Komponenten enthalten weitere Haltungen, die unser Handeln beeinflussen (vgl. Mogritz 2022):

- Die Selbstwirksamkeit als kognitive Komponente spiegelt unsere Erwartung, dass wir bestimmte Handlungen erfolgreich ausführen können.
- Das Selbstbewusstsein hat sowohl eine kognitive (sich seiner selbst bewusst sein) als auch eine emotionale Komponente (als eine bewertete Ausprägung im Sinn von Selbstvertrauen in die eigenen Fähigkeiten).
- Das Selbstwertgefühl als emotionale Komponente lässt uns glauben, dass wir liebenswert sind und als Mensch einen Wert an sich haben.

- Die Selbstachtung als emotionale Komponente meint die Achtung vor uns selbst bzw. das Gefühl für die eigene menschliche Würde.
- Das Selbstmitgefühl als emotionale Komponente ist ein jüngeres Konzept (vgl. Kap. 3 zur Positiven Psychologie), das Freundlichkeit gegenüber uns selbst beschreibt.

So setzt sich unser Selbstverständnis aus grundlegenden Glaubenssätzen zusammen, also aus tief verankerten Annahmen über uns selbst und die Welt um uns herum. Oft bilden sie sich schon in unserer Kindheit heraus und verstärken sich im Lauf des Lebens. Sind wir in der Lage, sie zu erkennen, können wir auch versuchen, negative in positive Affirmationen zu transformieren, um von einem „Fixed Mindset" zu einem „Growth Mindset" zu kommen (z.B. „Ich bin lernfähig" statt „Ich kann das nicht"). Dennoch gibt es für Entwicklungspotenziale natürlich auch individuelle Grenzen.

Grundlegende Experimente

Die Sozialpsychologie ist eine weitere wichtige Grundlagendisziplin, die sich mit unserem Erleben und Verhalten in Gegenwart anderer Menschen beschäftigt. Hierzu gab es einige aufschlussreiche Experimente, von denen ich nachfolgend eine kleine Auswahl präsentiere, die nachdenklich stimmen mag:

- 1956 ging Solomon Asch in seinem Experiment der Frage nach, welchen Einfluss die Gruppe auf das Individuum ausübt. Nachdem sechs Personen die offensichtliche Länge von Linien bewusst falsch eingeschätzt hatten, sollten die Versuchspersonen eine Einschätzung abgeben. Nur ein Viertel ließ sich von den falschen Angaben nicht beeindrucken und schätzte die Linien fehlerfrei ein.
- 1963 untersuchte Stanley Milgram in seinem Experiment, wie sich Menschen unter Autoritätsdruck verhalten. In seiner international vielfach replizierten Studie erteilten zwei Drittel der Versuchspersonen (in Deutschland 85 %!) in der Lehrerrolle ihren vermeintlichen Schülern auf Anweisung eines mit weißem Kittel bekleideten Versuchsleiters (in der Realität absolut tödliche) Elektroschocks von 450 Volt.
- 1971 führte Philipp Zimbardo ein Experiment durch, bei dem sich Teilnehmer in der Rolle als Gefängniswärter absolut menschenverachtend gegenüber den Insassen verhielten. Das Experiment musste vorzeitig abgebrochen werden.
- 1993 suchte Eva Fogelman nach Persönlichkeitsmerkmalen und Motiven von Menschen, die während des Nationalsozialismus unter Einsatz ihres Lebens aktiv an der Rettung von Juden beteiligt waren. Unter den Rettern waren vor allem Menschen mit einem lebendigen Gewissen und einem Kern an Werten, die bereits in

der Kindheit vermittelt wurden. Rückblickend nannten manche Retter ihr Engagement „die beste Erfahrung meines Lebens".

Bilanzierend zeigen die Experimente: Unter Konformitäts- und Autoritätsdruck ist die Mehrheit der Menschen manipulierbar. Zugleich ist das Verhalten nicht deterministisch, denn in allen Experimenten offenbart sich eine Minderheit, die den Mut hat, gegen den Strom zu schwimmen, um den eigenen Werten treu zu bleiben.

Stressige Lebensereignisse

Im digitalen Zeitalter nimmt Stress immer mehr zu. Die Weltgesundheitsorganisation spricht gar von einem der größten Gesundheitsrisiken des 21. Jahrhunderts. Den Begriff „Stress" prägte 1936 der kanadisch-österreichische Arzt Hans Selye mit einem bio-medizinischen Modell. Er verstand Stress als eine Anforderung an den Organismus, die bei allen Menschen gleich wirke. In seinem psycho-sozialen Modell konnte der amerikanische Psychologe Richard Lazarus jedoch 1974 nachweisen, dass es signifikante individuelle Unterschiede in der Bewältigung von Stress gibt. Generell erweist es sich als hilfreich, Stress nicht als Bedrohung, sondern als Herausforderung wahrzunehmen. So gibt es in der Regel zwei Wege, mit dem Stress umzugehen: Den Stressor möglichst direkt angehen (= problemorientiertes Coping) oder eine andere Haltung einnehmen (= emotionsorientiertes Coping). Wer z.B. Angst vor einer Prüfung hat, kann die Prüfung absagen (problemorientiertes Coping), mehr lernen (problemorientiertes Coping) oder die Prüfung positiver sehen (emotionsorientiertes Coping).

Ein diagnostisches Instrument der Stressforschung ist die *Student Stress Scale* von Zimbardo (2004), die das Stresspotenzial kritischer Lebensereignisse auf einer Skala von 0 bis 100 angibt. Nachfolgend einige Beispiele von starken Stressoren:

- 100 Tod eines engen Familienmitglieds
- 65 Scheidung der Eltern
- 63 Krankheit
- 58 Hochzeit
- 50 Kündigung

Das stressreichste Ereignis im Leben eines Menschen ist der Tod eines nahestehenden Menschen, gefolgt von Scheidung und Krankheit. Spannend ist, dass sogar Ereignisse, welche die meisten Menschen als positiv einschätzen, viel Stress auslösen können (wie z.B. eine Hochzeit). Erfahrungen im Life Coaching zeigen, dass Krisen auch Chancen zur Weiterentwicklung sein können, etwa im Sinne eines posttraumatischen Wachstums. In Luft auflösen lässt sich Stress allerdings nicht.

Mentale Stärke in Prüfungen

Was ist mentale Stärke? Das Ergebnis individueller Überzeugungen und Einstellungen, die dazu führen, dass wir Herausforderungen erfolgreich meistern. Nicht nur im Sport ist mentale Stärke häufig entscheidend für den Ausgang eines Wettkampfs, sondern sie kommt auch in vielen anderen Situationen unseres Lebens zum Tragen, z.B. in Prüfungen. Unser Leben ist voll von Prüfungen, ohne dass uns das immer so bewusst ist, z.B. in Gesundheits- und Beziehungsfragen. Wir verstehen Prüfungen meist im engeren Sinne, vor allem als Qualifikationsprüfungen, z.B. in beruflichen Zusammenhängen. Doch auch von dieser Art von Prüfungen gibt es im Lauf des Lebens relativ viele zu bestehen, sei es in Schule, Ausbildung, Studium oder Bewerbung. Und erfahrungsgemäß hat die Art und Weise, wie wir uns auf eine Prüfung vorbereiten meist einen bedeutsamen Einfluss auf das Ergebnis. Deshalb überrascht es sehr, dass es nur wenige Bücher zum Thema Prüfungs-Coaching gibt – und die wenigen, die es gibt, kommen eher angststeigernd daher.

Ein Beispiel: Auf dem Cover von *Beat it! Der Prüfungscoach für Studium und Karriere*[2] findet sich ein Männchen mit Boxhandschuhen, das einem sehr gefährlichen Drachen die Zähne ausschlägt. Prüfer werden im Buch dämonisiert, und am Ende fragen die Autoren, ob die Angst vor den Prüfungsdrachen irgendwann verschwindet. Eine versöhnliche Antwort bleibt Fehlanzeige: „Besser sie rechnen nicht damit. Drachen können immer beißen." Auch andere Bücher tragen traurige Titel wie z.B. *Blackout, Bauchweh und kein Bock*[3].

Auf der Grundlage der Positiven Psychologie und meiner jahrzehntelangen Erfahrungen als Prüfer und Prüfling habe ich ein POWER-Modell in fünf Schritten entwickelt:

P – Passion (Visualisierung einer Zielvision mit Leidenschaft)
O – Overview (Antizipation der Vorbereitung mit Trainingsplan)
W – Work (die Vorbereitung endet einige Tage vor der Prüfung)
E – Energy (fokussierte Antizipation der Prüfung mit Vorfreude)
R – Reflect (Rückschau, Regeneration und Rituale des Feierns)

Das Modell hat sich in meiner Coaching-Praxis als sehr erfolgreich erwiesen, wie die folgenden Beispiele zeigen.

---

2   Böss-Ostendorf, A. & Senft, H. (2005): *Beat it! Der Prüfungscoach für Studium*. Frankfurt a.M.: Campus.
3   Nolle, T. (2021): *Blackout, Bauchweh und kein Bock*. Heidelberg. Carl-Auer-Verlag.

Life Coaching PRAXIS

Was kann ein Prüfungs-Coaching bewirken?

Einzel-Coaching: Ein junger Mann, Mitte 20, kam mit großer Angst vor den mündlichen Examensprüfungen in die Praxis; sie sollten in wenigen Wochen stattfinden. Mit schriftlichen Prüfungen hatte er keine Probleme, doch allein die Vorstellung, vor dem Prüfer frei zu sprechen, führte zu Schweißausbrüchen. Im Coaching simulierten wir alle möglichen Interaktionen, und ich spielte den Prüfer. Der schüchterne Mann bestand schließlich alle Prüfungen mit Bestnote und schloss sein Studium erfolgreich ab.

Einzel-Coaching: Ein anderer junger Mann, Anfang 20, stand vor der finalen Prüfung seiner Ausbildung. Auch er machte einen intellektuell fähigen Eindruck, litt jedoch nach eigener Aussage an „Panikattacken und Albträumen". Da diese jedoch zum Zeitpunkt des Kennenlernens nur einmal aufgetreten waren, fokussierten wir uns auf die inhaltliche Vorbereitung. Er formulierte ein mutiges Ziel: „Ich möchte nicht nur bestehen, sondern der Beste sein!" Tatsächlich wurde er Jahrgangsbester und von seinem Arbeitgeber erhielt er, neben einem Arbeitsvertrag, eine Prämie als Belohnung.

Einzel-Coaching: Ein mittelalter Mann – von Beruf „Vorarbeiter" – kam in meine Praxis. Er war schon zweimal durch eine Weiterbildungsprüfung gefallen. Seine Freundin beschimpfte ihn als „Versager". Sie hatte auch keinerlei Verständnis, wenn er sich mit seiner Prüfung statt mit ihr beschäftigte. Im Coaching beschloss er als Erstes, sich von ihr zu trennen. Danach ging es ihm besser. Ein Jahr lang bereiteten wir uns auf die Prüfung vor, die er bestand. Bei den gescheiterten Anläufen hatte er in allen Disziplinen nur 10–30 % erzielt, jetzt waren es knapp über 50 %. „Ich könnte schreien vor Glück!", schrieb er mir in einer Mail. Inzwischen ist er auch glücklich verheiratet.

Fazit: Allen Beispielen ist gemeinsam, dass die Vorbereitungen auf die Prüfungen in einer konzentrierten, doch lustvollen Atmosphäre stattfanden – in der freudigen Erwartung, nach dem Bestehen zu feiern. Positive Psychologie ist für Prüfungen hilfreich.

Einladung zur Reflexion

Was sind deine wichtigsten Glaubenssätze? Schreib sie auf!

1.3 Kommunikative Perspektiven: Zuhören lernen

*„Deine Präsenz ist das kostbarste Geschenk,
das du einem Menschen machen kannst."*
(Marshall B. Rosenberg)

Die Kunst der Kommunikation ist nicht nur das Mittel des Coaches im Life Coaching, sondern meistens auch das zentrale Thema seitens des Coachees; bei fast jedem Coachinganlass spielt Kommunikation eine bedeutsame Rolle. Im Studiengang *Life Coaching* ist sie Gegenstand von Modulen wie „Kommunikation und Gesprächsführung", „Beratung und Coaching" oder „Konfliktmanagement und Mediation". In diesem Kapitel beleuchte ich Perspektiven der Kommunikation auf vielfältige Art und Weise.

- Zunächst werden einige grundlegende Modelle der Kommunikation vorgestellt.
- Darauf aufbauend geht es um die konstruktive Bewältigung von Konflikten.

Die dann folgenden Seiten sind drei zentralen Kommunikationsfeldern gewidmet:

- Erstens der Frage, wie Bindungen entstehen und Freundschaften bestehen.
- Zweitens der Frage, wie nachhaltige Liebe und Partnerschaft gedeihen können.
- Und drittens der Frage, was das Wesen von Trennung und Trauern ausmacht.
- Dann schauen wir uns als Schlüssel der Kommunikation die Kunst des Zuhörens an.
- Schließlich werden die Herausforderungen reflektiert, die sich durch eine sich rasant ausbreitende digitale Kommunikation ergeben.

Wie immer finden sich am Ende des Kapitels Fallbeispiele zur Selbstreflexion.

Modelle der Kommunikation

Kommunikationsfähigkeit ist nicht nur die wichtigste Schlüsselkompetenz im Berufsleben, sondern sie ist auch für unser privates Glück entscheidend (Sohr 2005). Menschen, die sich mit Kommunikationspsychologie beschäftigen, kommen wahrscheinlich um zwei grundlegende Modelle nicht herum:

- Das Modell des amerikanischen Psychologen Paul Watzlawick (1969): Im weltweit ersten Lehrbuch der Kommunikation postulierte er fünf Axiome, von denen speziell die ersten beiden bekannt wurden: „Man kann nicht nicht kommunizieren" und „Jede Kommunikation hat einen Inhalts- und einen Beziehungsaspekt".

- Darauf aufbauend entwickelte der Hamburger Psychologe Friedemann Schulz von Thun (1981) sein Modell von den vier Botschaften einer Nachricht. Er erweiterte die Aspekte Inhalt und Beziehung von Watzlawick noch um die Aspekte Selbstoffenbarung und Appell, die in jeder Nachricht mitschwingen.

Im 20. Jahrhundert gab es auch einige Frauen, die wichtige Beiträge zum Verständnis von Kommunikation speziell in Gruppen geleistet haben, wie die Familientherapeutin Virginia Satir, die das Ideal einer kongruenten Kommunikation vertrat: Mit unseren Worten befinden wir uns im Einklang mit unseren Gefühlen. Die Psychoanalytikerin Ruth Cohn postulierte mit ihrem Modell der *Themenzentrierten Interaktion (TZI)* einige Regeln, z.B. „ich" statt „man" zu sagen. Dabei ging sie vom Postulat „Störungen haben Vorrang" aus, um Konfliktdynamiken vorzubeugen.

Jüngere Ansätze, die im Rahmen der Positiven Psychologie noch vorgestellt werden, sind die *Positive Kommunikation* (Auhagen 2006), die *Empathische Kommunikation* (Newberg 2013) und die *Gewaltfreie Kommunikation* (Rosenberg 2001). Die meisten Psychologen, die einen humanistischen Ansatz vertreten, wurden insbesondere von Carl Rogers inspiriert, dem vielleicht wichtigsten Kommunikationspsychologen und Psychotherapeuten. In drei Grundhaltungen – Kongruenz, Akzeptanz und Empathie – erkannte er die Basis für alle geglückten Kommunikationen und Beziehungen.

Vom Umgang mit Konflikten

Konflikte (lat. *confligere* = zusammentreffen) resultieren auf verschiedenen Ebenen aus Interaktionen: auf der Mikroebene (z.B. unter Eheleuten), auf der Mesoebene (z.B. unter Kollegen) und auf der Makroebene (z.B. unter Nationen). Konfliktmanagement ist eine anspruchsvolle Schlüsselkompetenz, von der die meisten Menschen meinen, sie nicht gut zu beherrschen (vgl. Sohr 2005).

Als Vater der Konfliktforschung gilt der norwegische Politologe Johan Galtung, der für das *Konzept des Positiven Friedens* den Alternativen Nobelpreis bekam. Laut Galtung, der 1959 das erste Friedensforschungsinstitut Europas gründete, ist Frieden mehr als die Abwesenheit von Gewalt – nach dem Credo von Martin Luther King: „Wahrer Friede ist nicht bloß die Abwesenheit von Spannung – es ist die Gegenwart von Gerechtigkeit."

Der führende psychologische Konfliktforscher ist der Österreicher Friedrich Glasl. Er wurde durch das Modell der Konflikteskalation bekannt, das drei mal drei Stufen unterscheidet. Entscheidend ist es laut Glasl, „rechtzeitig die Notbremse zu ziehen", damit Konflikte nicht unkontrollierbar werden. Auch sein jüngstes Buch *Konfliktfähigkeit*

(2020) ist ein Plädoyer, vor Konflikten „nicht wegzulaufen, sondern sich ihnen mutig zu stellen".

Ein hilfreiches Modell für die Praxis entwickelte auch der kalifornische Psychologe Kenneth Thomas. Er hat fünf Stile der Konfliktlösung mit Tiermetaphern illustriert:

- Durchsetzung: Hai
- Nachgeben: Teddybär
- Vermeiden: Schildkröte
- Kompromiss: Fuchs
- Konsens: Eule

In der Praxis wird meist ein Kompromiss angestrebt, doch er gilt nur als zweitbeste Lösung, nach dem Konsens. Ethisch gesehen ist die Meisterschaft der Konfliktfähigkeit die Feindesliebe, die von großen Persönlichkeiten praktiziert wurde, z.B. Nelson Mandela oder Martin Luther King (vgl. Sohr 2008).

Bindung und Freundschaft

Kommunikation bedeutet Verbindung (lat. *communicare* = verbinden). Bindung ist eine enge Beziehung zwischen Menschen und ein angeborenes menschliches Bedürfnis, enge und gefühlsintensive Beziehungen zu Mitmenschen aufzubauen. Letzteres belegt die Bindungstheorie nach Bowlby (1969). Die Bindungsforschung beschäftigt sich mit dem Aufbau und der Veränderung von Bindungen im Lebenslauf. Kinder, die eine sichere Bindung entwickeln, zeigen auch als Heranwachsende weniger depressive Auffälligkeiten und entwickeln als Eltern mit hoher Wahrscheinlichkeit auch positive Bindungen zu ihren eigenen Kindern. Auf die immense Bedeutung von Bindung wies auch Erikson (1973) in seiner Entwicklungstheorie hin, derzufolge die Entwicklung von „Urvertrauen" das wichtigste Fundament für unser weiteres Leben ist.

Vertrauen ist auch die Basis, um Freundschaften aufbauen zu können. Freundschaft beruht auf Gegenseitigkeit, die nach Elisabeth Auhagen (1991) auf drei zentralen Gütekriterien basiert: Anerkennung, Bestätigung und gegenseitige Hilfeleistungen. Sie konnte empirisch belegen, dass Freundschaften unter Frauen eher „face to face" orientiert sind und oft auch die gegenseitige Beziehung thematisieren, während sich Freundschaften unter Männern kommunikativ eher auf gemeinsame dritte Gegenstände fokussieren, wie z.B. Beruf, Politik oder Sport. Im Zeitalter der Digitalisierung steigt zwar die Quantität (vermeintlicher) Freunde (z.B. auf Facebook), doch häufig gibt es keine persönlichen Begegnungen mehr. Zugleich geht die Zahl der qualitativ als tief erlebten Freundschaften tendenziell zurück.

Aufgrund der massiven Kontaktbeschränkungen durch die Corona-Maßnahmen der letzten Jahre scheint die Sehnsucht nach „Berührung" – als dem stärksten Bindungsmittel – gewachsen zu sein. Es gibt viele Publikationen zum Thema, z.B. *Human Touch. Warum körperliche Nähe so wichtig ist*[4] (Böhme 2019) oder *Homo Hapticus. Warum wir ohne Tastsinn nicht leben können*[5]. In seinem Buch *Von der Kraft der Berührung* bilanziert der Berliner Philosoph Wilhelm Schmid (2019) mit dem provokanten Fazit: „Wer analogen Lüsten frönt, braucht kein digitales Detox mehr."

Liebe und Partnerschaft

„Ist die Liebe zum Leben nicht der Beweggrund für alles, was wir tun?", fragt der Sozialpsychologe Erich Fromm. Unter den vielfältigen Formen der Liebe ist die Partnerschaft die intensivste Art und Weise gegenseitigen Austauschs. Fromm definiert die Partnerliebe als erotische Liebe und „Verlangen nach vollkommener Vereinigung".

Doch die Realität sieht oft anders aus: Mehr als Hälfte aller Partnerschaften ist heute zu Ende, bevor der Tod sie scheidet. Angesichts dieser ernüchternden Zahlen beginnt auch die Positive Psychologie, sich intensiver mit dem Thema zu beschäftigen. John Gottman, der Begründer der evidenzbasierten Paartherapie, fand heraus, dass sich die Nachhaltigkeit von Partnerschaften vorhersagen lässt, wenn man sich das Verhältnis von positiven und negativen Aussagen anschaut, die Partner miteinander kommunizieren. Er holte frisch verheiratete Paare in sein Labor und bat sie, sich zu unterhalten. Jahre später erfasste er, welche Paare noch zusammen waren. Dabei gab es drei Gruppen:

1. Lagen die Aussagen in einem positiven Verhältnis von 5:1, waren die Paare noch glücklich verheiratet.
2. Bei einem Überhang der negativen Aussagen von 1:3 war die Scheidungsquote signifikant höher.
3. Hielten sich positive und negative Sätze in etwa die Waage, waren die Paare zwar meist noch zusammen, doch es kriselte bereits.

Gottman bilanzierte seine Studie auch mit der Ableitung von „apokalyptischen Reitern der Paarbeziehung" – Kommunikationsmuster, die eine Beziehung schädigen und zur Trennung führen können. Hierbei fand er einige Unterschiede zwischen den Geschlechtern: So neigen Frauen häufiger zu Kritik, Anklagen und Schuldzuweisun-

---

4 Böhme, R. (2019): *Human Touch. Warum körperliche Nähen so wichtig ist.* München: Beck.
5 Grunwald, M. (2017): *Homo Hapticus. Warum wir ohne Tastsinn nicht leben können.* München: Droemer.

gen, während Männer eher „Mauern" aufbauen, Kommunikation verweigern und sich lieber zurückziehen.

Kommunikation ist also auch für die Liebe und Partnerschaft ein Schlüssel zum Glück. Die Kommunikation einer liebevollen Partnerschaft artikuliert sich sowohl geistig als auch körperlich. Vorbilder sind oft alte Menschen, die bereits ihre Goldene Hochzeit gefeiert haben. Das Geheimnis ihrer langen Ehe erklärte eine 80-jährige Bäuerin so: „Ab und zu gab es schon mal ein Gewitter. Aber man muss auch verzeihen können. So sind wir nie ins Bett gegangen, ohne uns zu umarmen. Sonst kann man nicht schlafen."

Trennung und Trauern

Trennung und Tod symbolisieren psychoanalytisch die größten Ur-Ängste, ausgelöst durch die Trennung vom Mutterleib und der daraus resultierenden Gefahr des Todes. Mehr noch als den eigenen Tod fürchten sich viele Menschen vor der Trauer beim Tod eines lieben Mitmenschen. Und obwohl wir angesichts dieser traurigen Szenarien emotional sehr viel fühlen, fehlen uns beim Trauern für uns oder andere oft die Worte. Gemeinsam ist den Themen Trennung, Tod und Trauern die Aufgabe des Loslassens. In unserer hochtechnisierten Kultur scheinen diese Dinge wie Störfaktoren, für die wir unvorbereitet keine Zeit und Antwort haben – oft, weil wir sie nicht wahrhaben wollen.

Hier können wir von anderen Kulturen lernen, z.B. von den Griechen. In Mani, auf der griechischen Halbinsel Peleponnes, existiert bis heute ein Ritual, bei dem Klageweiber ihre Trauer „fließen" lassen, um ihre Liebsten zu verabschieden. Erst nach einigen Tagen, wenn sie glauben, dass die Seelen der Verstorbenen ihr Ziel erreicht haben, kehren die Frauen wieder in den Alltag zurück. Nach Forschungen des griechischen Trauertherapeuten Jorgos Canacakis führt dies nicht nur zur „Katharsis", einer seelischen Reinigung, sondern zum kraftvollen Weiterleben der Hinterbliebenen. Diese Form des Abschiednehmens ist wesentlich gesünder als die verschleppte Trauer, der wir in Deutschland oft begegnen, und die nicht selten in eine Depression mündet. Um dem entgegenzuwirken, bietet Canacakis seit Jahren „Trauerumwandlungsseminare" an, nach dem Motto: „Ohne Trauer keine Power!" Schließlich ist Trauer „keine Krankheit".

Die „griechische Schule" hat weitere wertvolle Arbeiten zum Thema hervorgebracht, u.a. die Studien *Die Kunst des Trauern: Trauer zulassen, Trauer bewältigen, Trauernde begleiten* (Tsiafouli & Sohr 2007) und *Thanatos und Trauer* (Oikonomou 2020), um Trauer zu enttabuisieren.

Bei jeder Art von Trennung und Trauer geht es ums Abschiednehmen und Loslassen, wobei es nicht immer das Leben als Ganzes sein muss. Manchmal geht es auch „nur" um den Abschied von der Heimat oder einer Illusion. Life Coaching kann hier besonders wirksam sein, wenn wir das Zurückgelassene als ein Geschenk verabschieden können, für das wir dankbar sind. So kann Loslassen etwas Befreiendes sein und Gelassenheit bewirken, vor allem, wenn wir – wie die Klageweiber – an ein Weiterleben glauben.

Die Kunst des Zuhörens

Kraftvolle Kommunikation wirkt nicht immer nur mit Worten, sondern manchmal auch durch Schweigen, Horchen und Lauschen in andächtiger und achtsamer Stille – fast wie eine Meditation oder ein Gebet, wenn wir zuhörend geben und empfangen.

Obwohl empathisches Zuhören die Voraussetzung eines vertieften Verstehens ist, scheint es in unserer heutigen hektischen und lauten Welt immer schwerer zu werden. Michael Nichols (2000), Therapeut und Psychologieprofessor an der Universität Virginia, bemerkt: „Nichts ist verletzender als das Gefühl, dass Menschen, die uns nahestehen, gar nicht zuhören, wenn wir ihnen irgendetwas mitteilen wollen." Seine Erfahrungen in jahrzehntelanger Arbeit als Psychoanalytiker lehrten ihn, dass viele Konflikte in unserem Leben einfach zu erklären sind: „Wir hören einander überhaupt nicht zu."

Aus einer ganz anderen Perspektive kommt eine Kollegin zu einer ganz ähnlichen Einsicht. Dorothee Heckhausen, Psychologieprofessorin und Führungskräfte-Coach aus Berlin, sieht die Schlüsselkompetenz des Zuhörens als wichtigste kommunikative Fähigkeit im Topmanagement an: „Das Zuhören ist oft das Einzige, was ich vermittle. Ich habe sehr viel mit Menschen in höheren Führungsebenen zu tun, und die können nicht zuhören. Es kann sowieso kaum einer, aber die können es noch seltener. Dabei sagen alle, dass sie zuhören können. Das Ziel bei meinen Seminaren ist oft nur, dass sie merken, dass sie nicht zuhören können. Denn bevor jemand nicht in der Lage ist, zuzuhören, kann man auch nichts anderes lernen. So üben wir vor allem Zuhören" (Sohr et al. 2006).

Ganz im Sinne des Rosenberg-Zitats zu Beginn dieses Kapitels, demzufolge Präsenz das kostbarste Geschenk ist, das wir einem Menschen machen können, hat der Berliner Life Coach Christoph Körber ein präsenzbasiertes Coaching-Konzept (2022) entwickelt, das auf dem humanistischen Ansatz von Rogers sowie auf den Ansätzen seiner Schüler Gendlin und Rosenberg aufbaut. Die Präsenz einer Person zeigt sich z.B.

durch das Wahrnehmen von Wärme und im Gefühl eines vollständigen Gehört- und Gesehenwerdens. In der digitalfreien Atmosphäre bietet Life Coaching die Chance, „sich zu einem authentischen, bewussten und liebevollen Menschen zu entwickeln".

Digitale Kommunikation

Auf meine Frage, wann das Internet erfunden wurde, antwortete eine junge Studentin: „Ich glaube, vor ungefähr 100 Jahren?" Für junge Menschen scheint die Welt schon immer digitalisiert gewesen zu sein. Ältere Menschen erinnern sich noch an andere Zeiten, z.B. daran, dass das Internet erst gegen Ende des 20. Jahrhunderts langsam in Gang kam. Doch Anfang des 21. Jahrhunderts ging es Schlag auf Schlag:

- 2004: Facebook
- 2005: YouTube
- 2006: Twitter
- 2007: Smartphone

Insbesondere die flächendeckende Verbreitung des Smartphones revolutionierte das Kommunikationsverhalten und den Lebensstil – nicht nur der jungen Bevölkerung – in kürzester Zeit. Inzwischen sorgen Smartphones für mehr Verkehrstote als Alkohol. Nach wie vor, und durch die Erfahrungen während der Corona-Pandemie noch verstärkt, gibt es viele Befürworter der digitalen Kommunikation, während die Kritiker eher selten vernommen werden. Der Gehirnforscher Manfred Spitzer gehört hier zur Avantgarde. Und auch ihm wird nicht ganz so viel Gehör geschenkt, obwohl er in seinen Werken *Digitale Demenz* (2012) oder *Die Smartphone-Epidemie* (2018) eine Fülle von internationalen Studien dokumentiert, welche die Gefahren für Gesundheit, Bildung und Gesellschaft belegen.

Die digitale Kommunikation hat ein extremes Stress- und Suchtpotenzial. Junge Menschen scheinen heute mit ihrem Gerät verwachsen zu sein („Ohne Smartphone kann ich nicht mehr leben."). Doch auch bei Erwachsenen findet man neue Krankheitsbilder wie FOMO- (die Angst, etwas zu verpassen) oder NOMO-Phobie (die Angst, ohne Mobilkontakt zu sein). Denn auch der „Normalbürger" sieht täglich mehr als hundert Mal auf sein Handy. Dabei gab es bereits im 20. Jahrhundert Philosophen wie Günther Anders, die davor warnten, dass die Technik zum Subjekt der Geschichte mutiere. Und es gab den Medienwissenschaftler Neil Postman mit der Diagnose *Wir amüsieren uns zu Tode*. Sie konnten damals nicht ahnen, wie Recht sie hatten. Was tun? Gegen durchgängige ‚App'-Lenkung (Hill 2019) hilft nur Abstinenz – denn sogenannte soziale Medien sind asozial, wenn wir die Menschen in unserer Nähe ignorieren.

Life Coaching PRAXIS

Welche Wendungen können Menschen erleben, wenn wir ihnen zuhören?

Einzel-Coaching: Eine junge Frau kam kurz nach ihrem Abitur zum Coaching. Ein Vorfall mit einer Lehrerin blockierte sie so sehr, dass sie nicht an ihre Zukunft denken konnte. Die Lehrerin hatte sich bei einer Note verschrieben. „Hast du überlegt, dich juristisch zu wehren?" fragte ich. „Deshalb bin ich nicht hier", betonte sie. „Okay – wie wäre es dann mit einem Ritual, um diese Frau aus deinem Leben zu verabschieden?" Die junge Frau entschied sich dafür, den Namen ihrer Lehrerin auf einen Zettel zu schreiben und ihn zu verbrennen. Danach war sie nachhaltig befreit.

Einzel-Coaching: Ein Mann (40) kam in meine Praxis, weil er seine Traumfrau finden wollte. In den letzten 20 Jahren hatte er zehn Beziehungen, die spätestens nach zwei Jahren endeten. Beim Betrachten seiner bisherigen Beziehungen offenbarte sich ein einheitliches Muster: Alle Frauen sahen wie Models aus. Damit konfrontiert stellte er fest: „Eigentlich möchte ich überhaupt nicht der Party-Hengst sein, sondern ich suche eine Frau, mit der ich zu Hause auf dem Sofa sitzen und eine Familie gründen kann." Nach Bewusstwerdung seiner Werte ging er ganz neu auf Partnersuche, um mit einer Frau eine Familie zu gründen, die nicht den medialen Schönheitsidealen entsprach.

Einzel-Coaching: Ein junges Mädchen verliebte sich mit 15 Jahren in ein Pferd, das ein Jahr älter als sie und sehr krank war. „Wenn mein Pferd stirbt, werde ich ihm folgen", prophezeite sie. „Hast du schon mal mit deinen Eltern darüber gesprochen?", fragte ich. „Nein, aber wenn du das tust, gehe ich früher", drohte sie. Ich zuckte zusammen: „O.k., versprochen – wenn du mir versprichst, dass du dich meldest, wenn dein Pferd stirbt." Nach diesem Deal lud sie mich drei Jahre später zum Kaffee ein – an ihrem 18. Geburtstag. „Mein Pferd ist gestorben. Ich habe beschlossen, Medizin zu studieren."

Fazit: Erst wenn wir unseren Mitmenschen präsent zuhören, können wir sie wirklich verstehen.

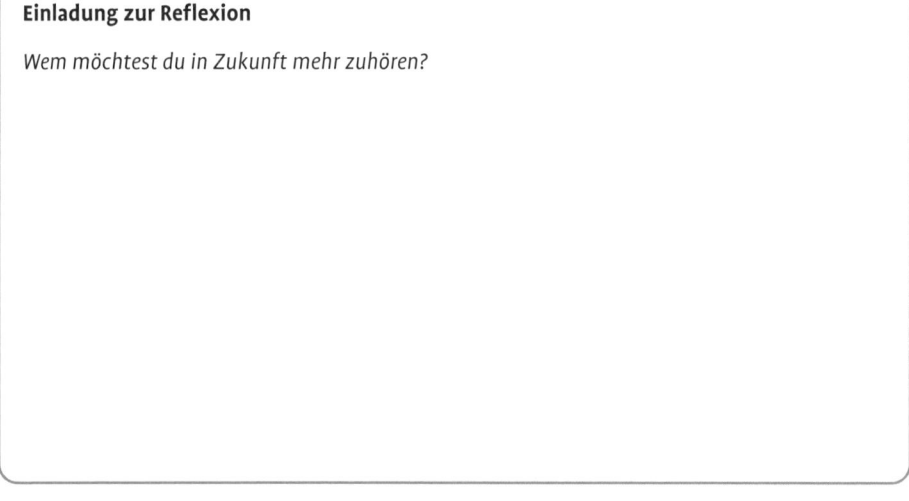

Einladung zur Reflexion

Wem möchtest du in Zukunft mehr zuhören?

1.4 Perspektiven der Gesundheit: Körper und Seele

> *„Gesund ist, wer nicht ausreichend untersucht wurde.*
> *Es gibt Menschen, die leben nur heute noch vorbeugend.*
> *Doch auch wer gesund stirbt, ist definitiv tot."*
> (Manfred Lütz)

Immer mehr Menschen sorgen sich heute um ihre Gesundheit und ihr Wohlbefinden.

Gesundheit ist ein vielschichtiges Konstrukt. Laut der Weltgesundheitsorganisation gibt es mindestens sechs Dimensionen, die in diesem Abschnitt beleuchtet werden:

- Die physische Gesundheit betrifft unseren Körper als „Hardware". In unserer Gesellschaft steht fast ausschließlich diese Seite der Gesundheit im Mittelpunkt.
- Die psychische Gesundheit bezieht sich auf ein positives Selbst- und Lebensgefühl, was – wie wir heute wissen – wesentlich bedeutsamer ist als bisher gedacht.
- Die emotionale Gesundheit ist Ausdruck der Fähigkeit, Gefühle auszudrücken und Beziehungen zu entwickeln. Auch dieser Teilbereich ist äußerst wichtig.
- Die soziale Gesundheit bezieht sich auf das Gefühl der Unterstützung durch andere, etwa Familie und Freunde. Denn: Der Mensch ist ein soziales Wesen.
- Die sexuelle Gesundheit betrifft die Bereitschaft und Fähigkeit, seine Sexualität befriedigend ausdrücken zu können – ein tabuisierter Bereich der Gesundheit.
- Die spirituelle Gesundheit zeigt sich darin, religiöse und moralische Überzeugungen zu erkennen und sie in die Praxis umsetzen zu können. Zumindest bei spirituellen Menschen wirkt diese Fähigkeit stark auf die Gesundheit ein.

Einleitend möchte ich die historische Entwicklung der Gesundheitswissenschaften reflektieren; außerdem ihre Wahrnehmung und angewandte Praxis am Beispiel aktueller gesellschaftlicher Herausforderungen.

Gesundheit als Gut

Die moderne Medizin mit ihren Apparaten und ihren von der Pharmaindustrie produzierten Medikamenten war lange Zeit die dominante Disziplin in den Gesundheitswissenschaften, auch wenn in früheren Zeiten in Europa wesentlich ganzheitlicher gedacht wurde, so wie es auf anderen Kontinenten – man denke nur an schamanische Traditionen in weiten Teilen der Welt – z.T. immer noch üblich ist. An dieser Dominanz änderte sich Mitte des 20. Jahrhunderts etwas, als die Weltgesundheitsorganisation (WHO) „Gesundheit als den Zustand vollkommen körperlichen, geistigen und sozialen Wohlbefindens" definierte, der mehr ist als „nur das Fehlen von Krankheit".

Dabei setzte sich die Erkenntnis durch, dass Gesundheit ein Kontinuum ist. So verdient die Frage, ob wir gesund sind, stets differenzierte und mehrdimensionale Antworten. Was mit der Spezialisierung der modernen Medizin ferner verloren ging, ist nicht nur der Blick auf das Ganze, sondern auch die Ehrfurcht vor dem Wunderwerk des Körpers.

Die Gesundheitspsychologie, die vor allem mit dem Ziel der Gesundheitsförderung angetreten ist, entstand Ende des 20. Jahrhunderts. Sie ist heute ein wesentlicher Bestandteil des Studiums für Psychologen und Life Coaches. Ein ganz wichtiger Faktor in ihren Modellen zur Vorhersage von Gesundheitsverhalten ist die Selbstwirksamkeit – also die Erwartung, ein gesundheitsförderliches Verhalten auch selbst ausführen zu können,

Entscheidend ist auch die Prävention – und hier gibt es verschiedene Arten:

- Primär: Vorbeugung gesellschaftlich bedingter Risiken, z.B. durch Bewegung.
- Sekundär: Frühe Behandlung bei Symptomen, z.B. durch Schonung.
- Tertiär: Rehabilitation nach einer Krankheit, z.B. durch eine Kur.
- Quartiär: Vermeidung unnötiger Medikation, z.B. Pillenverzicht.

Doch auch mit dem Streben nach Gesundheit kann man es übertreiben, etwa wenn es zur Religion mutiert (Lütz 2013). In der Gesundheitspsychologie spricht man hier von „Healthism", ein Phänomen das bereits bei über 10 % der Bevölkerung anzutreffen ist und kontraproduktive Effekte hat, z.B. Stress durch neurotische Angst.

Physische Gesundheit

Uns ist ein wundervoller Körper gegeben, was allein an den folgenden beeindruckenden Zahlen deutlich wird:

- 100 Billionen Zellen, die aus einer einzigen winzigen Samenzelle entstehen.
- 400 Millionen Lungenbläschen, die uns täglich 20.000 Atemzüge ermöglichen.
- 132 Millionen Sehzellen, um täglich 35.000 Eindrücke verarbeiten zu können.
- Ein Herz, das lebenslänglich 200 Millionen Liter in den Blutkreislauf pumpt.

Doch wie gehen wir damit um? Einen Hinweis darauf geben die „Dirty Four" – vier Gesundheitsrisiken, die heutzutage ein Gros der Todesursachen ausmachen:

1. zu viel Alkohol
2. zu viel Rauchen
3. zu wenig Bewegung

4. suboptimale Ernährung

Das lässt den Schluss zu: Es ist eigentlich ganz einfach, gesund zu leben, wenn man diese vier Risiken umkehrt: keinen Alkohol, keine Zigaretten, viel Sport und gesunde Ernährung. Das ist aber leichter gesagt als getan, wenn wir z.B. in körperlich anspruchsvollen Berufen arbeiten. Dann ist es wichtig, nach physischen Entlastungsmöglichkeiten im Sinn einer betrieblichen Gesundheitsförderung zu suchen. Ein praktisches Beispiel hierfür ist das Konzept *Gesunde Erzieher für gesunde Kinder* von Life Coach Marie Hoth (2021).

Zu einer der größten gesundheitlichen Herausforderungen wurde in den letzten Jahren das SARS-CoV-2-Virus (Corona). Die Pandemie führte weltweit zu Millionen Toten. In Deutschland jedoch rangierte sie 2020 nur auf Platz 8 einer „Rangliste" der Todesursachen (mit 34.173 Toten, auf Platz 1: Herz-Kreislauf-Krankheiten mit 331.211 Toten). Das Durchschnittsalter der Toten war 83 Jahre, höher als die durchschnittliche Lebenserwartung. Basierend auf der Expertise von Virologen wurden politische Maßnahmen ergriffen, die die gesamte Bevölkerung betrafen, so dass nicht nur die Physis, sondern auch viele andere Gesundheitsdimensionen betroffen waren.

Psychische Gesundheit

Die Gesundheitspsychologie liefert viele theoretische Modelle und empirische Belege für den immensen Einfluss der Psyche auf unsere Gesundheit. In den 1980er-Jahren begründete z.B. der israelische Soziologe Aaron Antonovsky seinen Salutogenese-Ansatz. In Studien mit Überlebenden von Konzentrationslagern entdeckte er überraschende Widerstandsressourcen und ein Kohärenzgefühl, das von drei Faktoren bestimmt wird, die erklären, wann Menschen fähig sind, auch schwierige Situationen zu verarbeiten:

- Verstehbarkeit: Die Fähigkeit, die Zusammenhänge des Lebens zu verstehen.
- Bewältigbarkeit: Die Überzeugung, das eigene Leben gestalten zu können.
- Sinnhaftigkeit: Der Glaube an einen Sinn im Leben.

Ferner wurden auch zwei Persönlichkeitstypen identifiziert, die überzufällig häufig mit den beiden häufigsten Todesursachen einhergehen:

- Die „Koronar-Persönlichkeit" (Typ A) mit einem eher cholerischen Charakter,
- die „Krebs-Persönlichkeit" (Typ C), der es schwerfällt, (insbesondere feindselige) Gefühle zu artikulieren.

Wichtig: Hier geht es um Wahrscheinlichkeiten und nicht darum, dass etwas eindeutig festgelegt ist (Determinismus).

In seinem Buch *Psychologie der seelischen Gesundheit* beschreibt Becker (1982) drei grundlegende Modelle: Seelische Gesundheit als Gleichgewicht (Platon, Freud, Erikson), Sinnfindung (Sokrates, Fromm, Frankl) und Selbstverwirklichung (Aristoteles, Rogers, Maslow).

All diese Erkenntnisse gewinnen angesichts der dynamischen Zunahme von Stress- und Burnout-Phänomenen in vielen Berufsgruppen an Bedeutung. Besonders betroffen sind u.a. Pflegende (Schmidt 2015) und Polizisten (vgl. Swiatkowski 2022).

Erinnern wir uns: Psychische Gesundheit zeigt sich in einem positiven Lebensgefühl. Dieses Lebensgefühl wurde zuletzt durch Corona und die damit einhergehenden Maßnahmen massiv eingeschränkt. Nahezu alle Menschen machten aufgrund der Corona-Politik traumatische Erfahrungen und es kam weltweit zu einer drastischen Zunahme an Angststörungen und Depressionen, und zwar um 25 % (Studienergebnis für das Jahr 2020), insbesondere und verschärft bei jungen Menschen.

Emotionale Gesundheit

Neben Kognitionen sind Emotionen ein wichtiger Einflussfaktor auf die Psyche. Wenn wir Emotionen erleben, ist das oft mit starken Ausschlägen verbunden (himmelhochjauchzend, zu Tode betrübt), insbesondere im Negativen, wie die bereits skizzierten Erlebnisse von Angst, Ärger und Feindseligkeit vermuten lassen. Auch hier hat die Gesundheitspsychologie einige interessante Entdeckungen gemacht. So fand z.B. der amerikanische Psychologie James Pennebaker (1997) heraus, dass, gerade in belastenden Situationen, expressives Schreiben einen positiven Einfluss auf unser Wohlbefinden hat.

Als eine sehr hilfreiche Haltung für eine bessere Gesundheit und weniger Stresserleben hat sich Vergebung erwiesen, wie zahlreiche Studien zu diesem Thema belegen. Wenn Versöhnung das Ziel ist, hängt die Fähigkeit zur Vergebung nicht nur von der Persönlichkeit und den Werten des Opfers ab, sondern auch von der Reue des Täters. Dennoch ist einseitige Vergebung möglich, denn sie bedeutet nicht automatisch, dass man alles vergessen, Nachsicht üben oder alles akzeptieren muss. Vergebung kann einer posttraumatischen Verbitterungsstörung (Linden 2017) vorbeugen, und oft fällt es älteren und religiösen Menschen leichter, zu vergeben, und auch Frauen tun sich etwas leichter damit als Männer.

Laut Pankonin (2022) geht die heutzutage recht weit verbreitete emotionale Unreife meist mit mangelnder Toleranz einher. Emotionale Reife zeichnet sich dagegen durch Offenheit, Empathie und Verantwortung aus. Eine Förderung im Sinn einer „Ausbildung der Gefühle" wäre ein wichtiges Bildungsziel.

Erinnern wir uns: Emotionale Gesundheit bezieht sich auf die Fähigkeit, Gefühle auszudrücken und Beziehungen zu entwickeln. Während der „Lockdowns" war es für alle betroffenen Menschen schwierig, Beziehungen zu pflegen: Für Kinder und Jugendliche aufgrund von Kita- und Schulschließungen, aber auch für Erwachsene, die – wenn sie ihren Arbeitsplatz nicht verloren hatten – sehr häufig im Homeoffice arbeiten mussten. Die Möglichkeit, Gefühle auszudrücken (z.B. Frust, Ärger, Angst) war zudem durch die Einschränkung der Grundrechte auf Versammlungsfreiheit und Demonstrationen unterdrückt.

Soziale Gesundheit

„Es ist nicht gut, wenn der Mensch allein ist", heißt es in der Bibel (1. Mose 2.18). Laut einer über viele Jahrzehnte laufende Harvard-Studie gehören erfüllende Beziehungen zu den bedeutsamsten Schlüsseln für ein glückliches und erfüllendes Leben (Waldinger 2023). Die Gesundheitspsychologie erforscht diese Zusammenhänge mit der Frage nach sozialer Unterstützung („social support"). Davon gibt es drei Grundformen:

- Informationelle Unterstützung (z.B. ein guter Rat)
- Instrumentelle Unterstützung (z.B. finanzielle Mittel)
- Emotionale Unterstützung (z.B. Trost, Mitleid, Wärme)

Für alle Formen gilt die Unterscheidung zwischen wahrgenommener und tatsächlich erhaltener Unterstützung. Tendenziell mobilisieren Frauen mehr Unterstützung. Auch kulturell gibt es Differenzen. So wird z.B. emotionale Unterstützung in kollektivistischen Kulturen (wie in China) eher in der Familie erlebt, in individualistischen Kulturen (wie in Deutschland) dagegen eher in der Partnerschaft. Und so überrascht es wenig, dass sich eine Trennung oder Scheidung auch negativ auf die Lebenserwartung auswirkt. Wie das Rostocker Zentrum zur Erforschung des sozialen Wandels belegen kann, verkürzt sich nach einer Scheidung die Lebenszeit von Männern im Schnitt um neun Jahre und die von Frauen um zehn Jahre – im Vergleich zu gleichaltrigen Verheirateten. Bei Frauen ohne Kinder verkürzt sich die Lebenszeit um weitere drei Jahre.

Erinnern wir uns: Soziale Gesundheit speist sich aus dem Gefühl sozialer Unterstützung durch Familie und Freunde. Während der Corona-Pandemie gab es Ausgangssperren und Besuchsverbote mit Auswirkungen auf die soziale Gesundheit sowohl junger als auch alte Menschen in Form von sozialem Schmerz und Einsamkeit. Paradoxerweise traf „social Distancing" gerade die alten Leute, die vor ihren (Kindes-)Kindern geschützt werden sollten. Auch Familien und Partnerschaften gerieten durch die mangelnde Freiheit teilweise sehr stark aus dem Gleichgewicht.

Sexuelle Gesundheit

In gesundheitspsychologischen Lehrbüchern kommt Sexualität ausschließlich in negativen Zusammenhängen vor. So wird z.B. die AIDS-Gefahr bei ungeschütztem Geschlechtsverkehr thematisiert oder die eher schlechtere seelische Gesundheit homosexueller Menschen (vgl. u.a. Renneberg 2006). So entsteht der Eindruck, dass Sexualität vor allem gesundheitsgefährdend ist. Dabei sind die positiven Wirkungen geradezu erschlagend (Schwarz-Schilling 2006): Sex senkt den Blutdruck, sorgt für erholsamen Schlaf, hilft gegen Schmerzen, heitert die Stimmung auf, stärkt das Immunsystem, hält jung, macht schlank und schließlich Lust auf noch mehr Sex.

Gesellschaftlich wird Sexualität immer noch tabuisiert in dem Sinne, dass es keine offene Diskussion gibt. Von der Medien- und Werbewelt wird sie hingegen instrumentalisiert („Sex sells") und von der Porno-Industrie sehr eindimensional darstellt. Ihre positiven Wirkungen auf die physische und psychische Gesundheit spielen kaum eine Rolle. Es wäre deshalb sehr wünschenswert, wenn alternative Praktiken wie die Tantra- oder „Slow Sex"-Bewegung mehr Aufmerksamkeit erfahren könnten. Und natürlich ist sinnliches Erleben, das Freude und Wohlbefinden befördert, auch allein möglich, wie Huber (2021) in einer Studie zur erotischen Selbstliebe (*Self Love*) nachweisen konnte – zumindest bei denjenigen Teilnehmerinnen, die das Projekt vollendeten und nicht vorzeitig abbrachen (oft mit der ambivalenten Begründung, „keine Zeit" zu haben).

Erinnern wir uns: Sexuelle Gesundheit betrifft die Fähigkeit, die eigene Sexualität befriedigend auszudrücken. Das war in der Zeit der Lockdowns gerade für Singles schwierig, die sich Sexualität mit einem Partner wünschten. Diese Zeit war für sie unbefriedigend und von Berührungsmangel gekennzeichnet. Bei Paaren führte das vermehrte Zusammensein tendenziell sogar zu mehr sexuellen Kontakten und der zweite Lockdown sorgte für einen „Babyboom". Im vierten Quartal 2021 wurden in Deutschland 7 % mehr Kinder als in den Vorjahren geboren. Im gesamten Jahr 2021 gab es so viele Geburten wie seit 1997 nicht mehr.

Spirituelle Gesundheit

Der überaus positive Zusammenhang zwischen Spiritualität und Gesundheit gehört zu den am besten erforschten und zugleich (zumindest hierzulande) zu den am meisten tabuisierten Gesundheitspsychologie-Themen. In Deutschland kam die religionspsychologische Forschung durch die Nazi-Diktatur fast gänzlich zum Erliegen. International gibt es jedoch inzwischen weit mehr als 1.000 Studien, die Utsch (2004) wie folgt bilanziert: „Wer glaubt, ist gesünder, verfügt über mehr Bewältigungsstrategien und genießt eine höhere Lebenszufriedenheit, sogar eine höhere Lebenserwartung." Einige Beispiele:

- An der Harvard University fanden Medizinprofessoren heraus, dass wiederholte Gebete körperlich positive Veränderungen in Gang bringen können, z.B. bei Bluthochdruck, Herzstörungen und Schmerzen (Benson 1997, in Auhagen 2004).
- Matthews (2000, in Auhagen 2004) konnte in umfangreichen Studien zeigen, dass Patienten, die glauben und beten, nach Operationen weniger lang bettlägerig sind und auch weniger Schmerzmittel benötigen.
- An der Universität in Kalifornien wurden 400 Patienten, die einen Herzinfarkt erlitten hatten, zufällig in zwei Gruppen geteilt. Beide Gruppen erhielten die gleiche medizinische Versorgung, aber für die eine Gruppe wurde von fremden Personen gebetet, für die andere Gruppe nicht. Bei den zusätzlich durch Gebet „betreuten" Patienten zeigt sich am Ende ein erheblich besserer Gesundheitszustand. Daher kann auch von der heilenden Wirkung der Fürbitte ausgegangen werden (Byrd 1988, in Auhagen 2004).

Erinnern wir uns: Spirituelle Gesundheit zeigt sich darin, moralische und religiöse Überzeugungen zu erkennen und in der Fähigkeit, sie in die Praxis umzusetzen. Auch unsere spirituelle Gesundheit wurde im Zuge der Corona-Maßnahmen negativ tangiert. Ungeimpften Gläubigen war es z.B. unmöglich, an Weihnachtsgottesdiensten teilzunehmen, die in Präsenz stattfanden. Aber auch diejenigen, die in den Kirchen anwesend waren, durften keine Lieder singen. Trauungen und Beerdigungen wurden den Menschen ebenfalls verboten, sodass es alles in allem einzigartige staatliche Eingriffe in das Grundrecht der Religionsfreiheit gab.

Life Coaching PRAXIS

Wie können Menschen Dimensionen ihrer Gesundheit positiv verändern?

Einzel-Coaching: Eine Frau, Anfang 30, kam an einem Freitagabend in die Praxis, um sich im wahrsten Sinne des Wortes auszuheulen. In ihrem Gesundheitsunternehmen arbeite sie sich tot und sie könne nicht mehr. Auch andere Kollegen in ihrer Abteilung seien bereits wegen Burnout zusammengeklappt. Im Lauf des Gesprächs offenbarte sie ihr eigentliches Anliegen. Seit Jahren „arbeiteten" ihr Freund und sie an einem Kind, doch es wolle einfach nicht kommen. Im Coaching beschloss sie, sich mit dem ersten Urlaub seit Jahren eine radikale Auszeit zu nehmen. Neun Monate später war sie glückliche Mutter.

Einzel-Coaching: Eine mittelalte Frau kam zum Coaching, weil sie sich nicht traut, eine ungewöhnliche Berufung umzusetzen. „Ich will Frauen dabei unterstützen, sich sinnlich und erotisch wohlzufühlen, um sich sexuell auch noch im reiferen Alter zu verwirklichen", bekannte sie. „Schön, was spricht dagegen?", fragte ich neugierig. „Dort, wo ich lebe, werde ich zum Stadtgespräch", sagte sie. Im Coaching beschloss sie, ihren Weg trotzdem diskret zu gehen. Inzwischen steht sie selbstbewusst zu ihrem Angebot, das sie auch in den Massenmedien stolz präsentiert.

Einzel-Coaching: Ein Mann kam in seiner „Midlife-Crisis" in meine Praxis. Eigentlich gehe es ihm gut, er habe im Alter von 40 Jahren finanziell ausgesorgt und müsse nicht mehr arbeiten. „Doch was ist der Sinn meines Lebens?" Er habe schon viele Therapien und jede Menge Selbsterfahrungsseminare hinter sich, aber keine Antworten gefunden. „Können Sie mir vielleicht spirituell weiterhelfen?" Er stimmte meinem Angebot zu, ihm über Sinngebungen einzelner Religionen zu erzählen. Am Ende dankte er dafür, nun genau das gefunden zu haben, was er suchte, um fröhlich seinen Weg zu gehen.

Fazit: Life Coaching kann auf alle Dimensionen der Gesundheit positiv wirken.

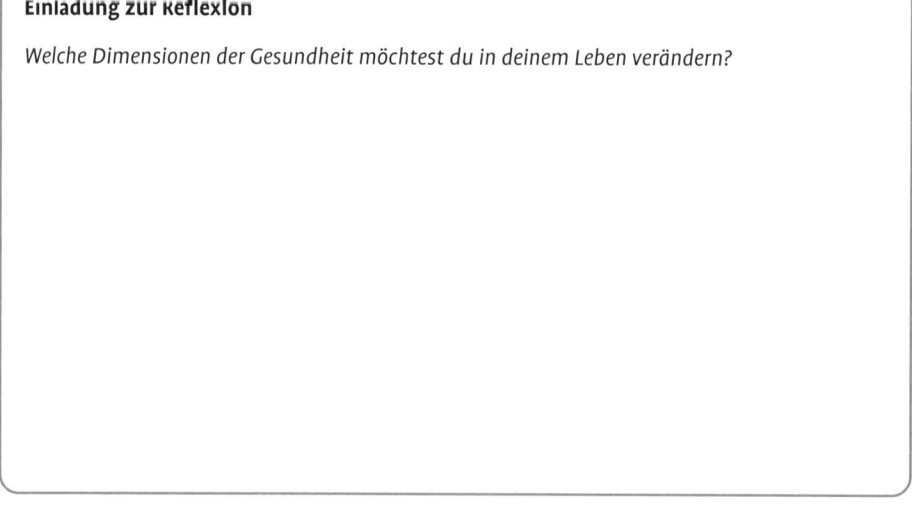

Einladung zur Reflexion

Welche Dimensionen der Gesundheit möchtest du in deinem Leben verändern?

1.5 Perspektiven der Ernährung: Achtsam essen

„Wenn Hunger nicht das Problem ist, dann ist Essen nicht die Lösung."
(Unbekannt)

In kaum einem Lebensbereich werden wir täglich mit so vielen Angeboten und teils widersprüchlichen Botschaften verführt wie in der Ernährung. Uns werden ultimative Diäten versprochen, und binnen kürzester Zeit sind sie Schnee von gestern. Das ist speziell für Jugendliche problematisch, insbesondere dann, wenn es in den „sozialen" Medien zum Thema wird. Doch auch „Erwachsene" haben oft keine Kontrolle darüber, wie sie manipuliert werden – die bunte Werbeindustrie macht es möglich. Sie beschert nicht nur Anbietern große Umsätze, sondern fördert bei vielen Menschen einen schlechten Gesundheitszustand und hält damit auch unser sogenanntes Gesundheitssystem am Leben.

Zum Thema Ernährung werde ich das folgende Themenspektrum beleuchten:

- Erstens: Einige Grundlagen zum Thema Ernährung.
- Zweitens: Wie weit verbreitet ist Unterernährung und welche Folgen hat sie?
- Drittens: Wie sieht es mit der Verbreitung und den Folgen von Überernährung aus?
- Viertens: Fleisch essen – die vorherrschende Form der Ernährung.
- Fünftens: Vegetarier sein als alternative Form der Ernährung.
- Sechstens: Veganer sein – eine immer beliebter werdende Form der Ernährung.
- Siebtens: „Take-Home-Message" – was heißt das für uns? Dazu gibt es einige Fallbeispiele aus einem ganzheitlichen Ernährungs-Coaching.

Grundlagen

Wie wir uns ernähren, hat wesentlichen Einfluss auf unsere Gesundheit und unser Wohlbefinden. Laut Professor Andreas Michalsen, Chefarzt der Abteilung Naturheilkunde am Immanuel-Krankenhaus in Berlin, haben etwa 70 % aller chronischen Krankheiten ihre Ursache auch in einer falschen Ernährung. Wen wundert es also, dass eine suboptimale Ernährung, neben Bewegungsmangel, Alkoholkonsum und Rauchen, zu den „Dirty Four" gehört, also zu den Gesundheitsrisiken, die einen Großteil der Todesursachen ausmachen.

Welche Lebensmittel mit welchen Nährstoffen welchen Einfluss auf die menschliche Gesundheit nehmen, erforschen die Ernährungswissenschaften. Die Deutsche Gesellschaft für Ernährung (DGE) fasst die aktuellen wissenschaftlichen Erkenntnisse in zehn Regeln zusammen. Sie wurden erstmals 1956 formuliert und werden laufend aktualisiert. Hier die (aktuell gültige) Version aus dem Jahr 2017:

1. Lebensmittelvielfalt genießen
2. Gemüse und Obst – nimm „5 am Tag"
3. Vollkorn wählen
4. Mit tierischen Lebensmitteln die Auswahl ergänzen
5. Gesundheitsfördernde Fette nutzen
6. Zucker und Salz einsparen
7. Am besten Wasser trinken
8. Schonend zubereiten
9. Achtsam essen und genießen
10. Auf das Gewicht achten und in Bewegung bleiben

Bemerkenswert ist der Aspekt des Genusses (gleich in Regel 1 und dann noch einmal in Regel 9), der für unser Wohlbefinden häufig unterschätzt wird. Die Möglichkeit des Genießens setzt allerdings voraus, dass wir Zugang zu genügend Lebensmitteln – Mitteln zum Leben bzw. zum Überleben – haben, wofür der nächste Abschnitt sensibilisiert.

Unterernährt

Grundsätzlich sind genug Lebensmittel für alle vorhanden, und trotzdem stirbt auf unserem Planeten alle drei Sekunden ein Mensch an den Folgen von Unterernährung. In seinem Buch *Wir lassen sie verhungern* (2012) beschreibt der Schweizer Globalisierungskritiker Jean Ziegler, was das bedeutet: „Die Kinder werden lethargisch. Sie verlieren rapide an Gewicht. Das Immunsystem bricht zusammen. Dann beginnt der Raubbau an den Muskeln. Die Kinder können sich nicht mehr auf den Beinen halten. Wie Tiere rollen sie sich im Staub zusammen. Ihre Arme baumeln kraftlos am Körper. Ihre Gesichter gleichen Greisen. Dann folgt der Tod."

Ziegler, der zugleich Berater der UNO ist, klagt an: „Ein Kind, das heute stirbt, wird ermordet." „Die Welt hat genug für jedermanns Bedürfnisse, aber nicht für jedermanns Gier", bemerkte schon Asket Mahatma Gandhi vor fast 100 Jahren. Trotzdem hat sich das Problem seitdem noch dramatisch potenziert. Fast eine Milliarde Menschen leiden heute an Unterernährung. Aktuelle Kriege verschärfen die Lage noch.

Empört Euch!, rief der 90-jährige Stephane Hessel (2011), Mitautor der allgemeinen Erklärung der Menschenrechte: „Nie war der Abstand zwischen den Ärmsten und den Reichsten so groß." Die Tragödie der Hungertoten wird vollends zum Skandal, wenn wir bedenken, dass nach Schätzungen der Welternährungsorganisation weit über eine Milliarde Tonnen Lebensmittel verschwendet, weggeworfen oder an Tiere verfüttert werden. Davon könnten mehr Menschen ernährt werden als derzeit weltweit verhungern.

Neben der unfreiwilligen Unterernährung in den ärmeren Ländern der Erde gibt es eine (zumindest anfangs) freiwillige Unterernährung, speziell in den Nationen, die mehr als genug zu essen haben. Weil sie Angst haben, zuzunehmen oder zu dick zu sein, schränken Menschen ihre Nahrungsaufnahme ein und nehmen immer weiter ab. Irgendwann kippt die Freiwilligkeit in Unfreiwilligkeit und wird zur gefährlichen Krankheit. Unter Anorexie (Magersucht) und Bulimie (Ess-Brechsucht) leiden hierzulande fast 5 % aller Männer und Frauen. Zudem haben 20 % der schulpflichtigen Kinder und Jugendlichen bereits Diäterfahrungen, meist motiviert durch in den Medien präsentierte, sehr fragwürdige Schönheitsideale.

Überernährt

Und was passiert, wenn wir zu viel essen? Mit Übergewicht und Adipositas erhöhen wir unsere Krankheitsrisiken um ein Vielfaches. Nach Statistiken des Robert-Koch-Instituts sind in Deutschland zwei Drittel der Männer und über die Hälfte der Frauen übergewichtig; ein Viertel der Erwachsenen ist stark übergewichtig (adipös).

Ähnlich wie Menschen, die unter Magersucht leiden, sind auch „Dicke" mit Diskriminierungen konfrontiert, die nicht nur ihr Leid verschlimmern, sondern eine Art Lebensversicherung für die Diätindustrie sind. Der Song *Dicke* von Marius Müller-Westernhagen ist ein Diskriminierungsbeispiel aus den 1970er-Jahren. Der Refrain lautet: „Ich bin froh, dass ich kein Dicker bin, denn dick sein ist eine Quälerei, ich bin froh, dass ich so ein dünner Hering bin, denn dünn bedeutet frei zu sein."

„Wenn Hunger nicht das Problem ist, dann ist Essen nicht die Lösung." Dieses Zitat findet sich zu Beginn dieses Kapitels, und wenn wir dieser Logik folgen, finden wir womöglich den Schlüssel für eine gewünschte Veränderung; hier für eine Gewichtsabnahme. Denn Essen befriedigt nicht nur rein physischen Hunger. Die amerikanische Ärztin Jan Chozen Bays (2009) beschreibt in ihrem Buch *Achtsam essen* insgesamt sieben Arten des Hungers. Nur der Magen- und Zellhunger weist auf ein Verlangen nach Nahrung hin. Es gibt aber auch noch Augen-, Nasen- und Mundhunger, die vor allem durch sinnliche Reize ausgelöst werden und den Geist- und Herzhunger, der auf unerfüllte psychische Bedürfnisse hinweist.

Life Coach Lana Lutz plädiert daher für *Essen mit emotionaler Intelligenz* (2022). Das Phänomen des „Emotional Eating", eine von körperlichem Hunger unabhängige und von negativen Emotionen ausgelöste Nahrungsaufnahme, hat die niederländische Professorin Tatjana van Strien (Freie Universität Amsterdam) in zahlreichen Studien gut erforscht. Ein Ergebnis: In trauriger Stimmung tendieren emotionale Esser dazu, mehr zu essen. Lana Lutz bilanziert: „Angesichts der enormen Verbreitung von Stress in der heutigen Gesellschaft ist dies ein nicht zu unterschätzender psychischer Einflussfaktor der Ernährung."

Fleischesser

„Der Geist ist willig, aber das Fleisch ist schwach", heißt es im Neuen Testament. Der Geist ist willig? Zahlen zum Fleischkonsum der Deutschen werfen Zweifel auf, denn die große Mehrheit der Deutschen macht um die Fleischtheke im Supermarkt keinen Bogen und verspeist pro Jahr im Schnitt 60 Kilogramm Fleisch, wobei Männer etwa doppelt so viel verzehren wie Frauen. So futtert der Durchschnittsdeutsche im Lauf seines Lebens mehr als 1.000 Tiere: 945 Hühner, 46 Schweine, 46 Puten, 37 Enten, 12 Gänse, 4 Rinder, 4 Schafe und jede Menge Fische.

Ohne Massentierhaltung könnte dieser Bedarf nicht gedeckt werden. Dort stehen den Tieren nur wenige Quadratmeter zur Verfügung. Natürliche Bedürfnisse? Fehlanzeige. Die Schlachthöfe befinden sich meistens in großer Entfernung zu Wohnsiedlungen, sonst würden wir das Fleisch möglicherweise ohne schlechtes Gewissen nicht essen können. Fleischkonsum hat darüber hinaus gewaltige Auswirkungen, die vielen Menschen gar nicht bewusst sind:

- Artensterben: Masttiere brauchen Futter und für den Anbau von Futterpflanzen (in Monokultur) braucht es Ackerfläche, für die natürliche Lebensräume zerstört werden. Insofern beschleunigt der Fleischkonsum das weltweite Artensterben.
- Gesundheit: Fleischkonsum hat nachweislich negative Auswirkungen auf die Gesundheit, und das liegt nicht allein am Einsatz von Antibiotika in den Mastbetrieben.
- Hunger: Um 1 kg Fleisch zu erzeugen, werden mindestens 7 kg Pflanzen benötigt. U.a. deshalb verschärft die Gier nach Fleisch den Welthunger immer weiter.
- Klimawandel: Allein die Tierwirtschaft ist für 20 % der globalen Treibhausgase verantwortlich. Auch die massive Abholzung des Regenwalds (siehe Artensterben) hat negative Auswirkungen auf das Klima.

- Ressourcenverschwendung: Allein zur Erzeugung von 100 Gramm Rindfleisch werden 1.500 Liter Wasser verbraucht. Dabei haben mehr als eine Milliarde Menschen keinen Zugang zu sauberem Wasser.

Jared Piazza (Universität Lancaster) untersuchte die Motive von Fleischessern und stieß dabei auf ein „Fleisch-Paradoxon": Obwohl sie wissen, dass es ethisch keinerlei Argumente für den Fleischkonsum gibt, versuchen sie, welche zu erfinden. Oft ist ihr einziger „Grund", dass Fleisch lecker schmeckt. Sie würden jedoch nie auf die Idee kommen, ihre eigenen Katzen oder Hunde als potenzielle Fleischlieferanten zu betrachten.

Vegetarier

Der Anteil an Vegetariern (in der Statistik erfasst als Menschen, die „weitgehend" auf Fleisch verzichten!) liegt mit sieben Millionen seit Jahren relativ konstant unter 10 %. Angesichts der Tatsache, dass das Thema in den Medien zunehmend Resonanz findet, mag das überraschen. Es gab einige Bestseller, z.B. *Tiere essen* von Jonathan Safran Foer (2012) oder *Tiere denken* von Richard David Precht (2016). Weil Precht jedoch bekennender Fleischesser ist, sabotiert er selbst ein wenig die Glaubwürdigkeit seiner Argumente für eine vegetarische Lebensweise. Auch Künstler haben versucht, für die ethische Dimension des Themas zu sensibilisieren, z.B. der Liedermacher Reinhard Mey (*Die Würde des Schweins ist unantastbar*) oder die Band „Berge". Im Song *10.000 Tränen* heißt es aus der Perspektive der Tiere: „Hört endlich auf, weil wir sonst zugrunde gehen – jeder Moment tut unendlich weh! Und auch wenn die Welt 10.000 Tränen weint, es ist euch egal, ihr wollt es nicht sehen und lasst es geschehen." Dabei wusste bereits vor mehr als 2.500 Jahren der Philosoph Pythagoras, der selbst Vegetarier war: „Alles, was der Mensch den Tieren antut, kommt auf den Menschen wieder zurück" – eine beklemmend aktuelle Warnung, denn die Corona-Pandemie lässt sich letztlich darauf zurückführen, dass wir Menschen zunehmend in tierische Lebensräume eindringen und mit Viren in Kontakt kommen, denen wir schutzlos ausgeliefert sind.

Der Philosoph und Psychologe Helmut Kaplan von der Universität Salzburg sieht für eine vegetarischen Ernährung vor allem drei Gründe: gesundheitliche, ökologische und ethische (das Tierwohl betreffende) Legitimationen. Allein das letzte Argument tangiert eine biozentrische Ethik: Sie schützt Tiere „um ihrer selbst willen". Doch auch aus egoistischen Motiven ist Homo „sapiens" gut beraten, über sein Töten nachzudenken. Denn die gesundheitlichen und ökologischen Folgen der fleischfreien Lebensweise sind sowohl individuell als auch gesellschaftlich-global sehr nachhaltig. Ein einziger fleischfreier Veggie-Day etwa wäre ein „happy Day" für das Klima. In einer Stadt wie Bremen würde man eine Kohlendioxidmenge einsparen, die dem Ausstoß von 40.000 Autos im Jahr entspricht. Dennoch ist ein solcher „Verzicht" hierzulande bislang nicht möglich. Der reine Vorschlag kostete die „Grünen" bei der Bundestagswahl im Jahr 2013 wichtige Stimmen, obwohl die Idee, u.a. bei Frauen und Kindern, mehrheitsfähig wäre.

Veganer

Wer sich nicht nur für eine vegetarische, sondern auch für eine vegane Lebensweise entscheidet, verzichtet gänzlich auf tierische Produkte, auch auf Eier, Milch, Käse oder Honig. Der Anteil der Vegetarier an der Gesamtbevölkerung stagniert seit Jahren, „vegan" hingegen entwickelt sich seit einigen Jahren zum Trend, wenn auch auf noch bescheidenem Niveau. Die absolute Zahl der Veganer hat sich zwar verdoppelt, insgesamt leben jedoch nur ca. 3 % der Deutschen vegan (in Europa ist Deutschland hier führend, in Frankreich leben z.B. weniger als 1 % vegan).

Es gibt auch immer mehr vergleichende Forschungsarbeiten zum Thema Veganismus. Eine sehr umstrittene Frage untersuchte der Ernährungsberater Niko Rittenau (2018). Auf Basis der bisher vorhandenen wissenschaftlichen Studien suchte er nach Auswirkungen einer veganen Ernährung in der Schwangerschaft und während der Stillzeit. Für Schwangere, Stillende, Säuglinge, Kinder und Jugendliche lehnt die DGE eine vegane Ernährung ab, und Rittenau bilanziert: „Eine vollwertige pflanzliche Ernährung ist zwar automatisch eine vegane Ernährung, aber nicht jede vegane Ernährung ist auch eine vollwertige Ernährung."

Einer ebenfalls viel diskutierten Forschungsfrage widmete sich Life Coach Marielle Hevekerl (2021): den *Auswirkungen veganer Ernährung auf Hobby- und Profi-Sportler*. Sie unterschied zwischen ergolytischen (leistungsmindernden) und ergogenen (leistungsfördernden) Effekten und kam nach der Auswertung zahlreicher Studien zu einem ambivalenten Befund: Bei Sportarten, bei denen es nicht primär auf Muskelkraft ankommt, kann eine vegane Ernährung durchaus positiv sein. Um keine kontraproduktiven Effekte zu erzielen, ist jedoch auch eine professionelle Ernährung wichtig und die ist etwa bei Freizeitsportlern nur in Ausnahmefällen gegeben. Dennoch schließt die Autorin positiv mit einer rhetorischen Frage, die sowohl für Vegetarier als auch für Veganer spricht: „Gehen Bequemlichkeit, Geschmack und gute Bioverfügbarkeit vor dem Wohl der Tiere, einer verbesserten Herzgesundheit, einem geringeren Krebsrisiko sowie einem kleineren ökologischen Fußabdruck?"

Fazit

Die wichtigsten Erkenntnisse des Kapitels lassen sich in drei Sätzen zusammenfassen:

1. Das Grundwissen über Ernährung nimmt nicht erkennbar zu, bleibt also weitgehend konstant, auch wenn die stressigen Lebenssituationen heutzutage zu einer Herausforderung werden.
2. Im Gegensatz zur weitverbreiteten Unterernährung auf der Welt leiden die Menschen in Deutschland eher an einer ebenfalls ungesunden Überernährung.
3. Der exorbitante Fleischkonsum ist aus vielen Perspektiven betrachtet problematisch, zumal es mit einer vegetarischen Lebensweise eine sinnvolle Alternative gibt.

Die Idee einer gesunden Balance ist auch für unsere Ernährung ein gutes Leitkonzept, denn manchmal schaffen wir unsere eigenen Probleme, wie es am modernen Phänomen des „Healthism" deutlich wird. Wenn sich das ganze Leben nur noch darum zu drehen scheint, was wir zu uns nehmen, kann Gesundheit zur Religion mutieren. Hierzulande ist dieses Phänomen schon bei etwa 10 % der Menschen anzutreffen.

Heilsame Auswege gehen in Richtung der Gelassenheit. Life Coach Maria Persicke hat z.B. ein Coachingkonzept für achtsames Essen (*Mindful Eating*) entwickelt. Mithilfe von Achtsamkeit kann man zu einer intuitiven Ernährungsweise finden, um eine entspannte und gesunde Beziehung zum Essen aufzubauen. In diesen Kontext passt auch die „Slow-Food"-Bewegung, die der italienische Soziologe Carlo Petrini ins Leben gerufen hat. Als Antipode zur vorherrschenden „Fast-Food-Kultur" geht es darum, sich wieder mehr Zeit zum sinnlichen Schmecken zu nehmen und gleichzeitig um den Erhalt einer regionalen Küche und lokaler Produkte.

Für die Life-Coaching-Praxis ist es schließlich noch wichtig, den Coaching-Mehrwert gegenüber einer Ernährungsberatung zu erkennen. Ein Ernährungs-Coaching geht über die Inhalte einer reinen Ernährungsberatung hinaus. Es wird zwar manchmal auch Wissen vermittelt, doch viel stärker noch werden individuelle Hintergründe und die Lebenssituation der Coachees berücksichtigt, wie die nachfolgenden Beispiele illustrieren.

Life Coaching PRAXIS

Was bietet ein Ernährungs-Coaching?

Der Dozent, Ernährungsberater und Koch Oliver Tonndorf begleitet in seiner „Praxis für Ernährung, Sport und Psychotherapie" Menschen, die auch ihre Ernährung verändern wollen – wie die drei Männer in den folgenden Beispielen:

Einzel-Coaching: Ein 50 Jahre alter Mann, selbstständig mit einer Agentur und einem hohen Stresslevel lebend, hatte starke Rückenprobleme und wollte mehr Muskeln aufbauen. Im Coaching absolvierte er ein individuelles Trainingsprogramm, flankiert durch eine Diät, die Defizite seiner Energie- und Proteinversorgung zunächst durch mehr Fleisch mit einer ausgewogenen Wahl von Kohlenhydraten und Fetten abdeckte. Binnen eines halben Jahres konnte er sein Ziel vollständig erreichen. Nebenbei veränderte er seinen Lebensstil. Heute ist er nicht nur sportlich sehr aktiv, sondern ernährt sich auch vegan.

Einzel-Coaching: Ein emeritierter Professor, 87 Jahre alt, wünschte sich neben einem Bewegungstraining zur Verbesserung seiner Alltagsbelastbarkeit auch eine Ernährungsberatung. Aufgrund einer Ansteckung mit dem Corona-Virus musste er für zwei Jahre (mit Unterbrechungen) auf eine Intensivstation und brauchte anschließend eine Intensivpflege. Das Coaching umfasste vor allem die Bewegung zu Hause sowie eine entzündungshemmende Ernährung. Heute hat der freundliche Herr seine Ernährung erfolgreich umgestellt und erfreut sich mit über 90 Jahren an seiner liebevollen Familie.

Einzel-Coaching: Ein 35 Jahre alter Mann, körperlich schwer behindert und arbeitslos, hatte ursprünglich das Ziel, einen Kilometer selbstständig gehen zu können und seine Ausdauer im Alltag zu verbessern. Eine Ernährungsanalyse führte zum Befund eines starken Energiedefizits und einer Unterversorgung von Makro- und Mikro-Nährstoffen, insbesondere von Vitamin B und C. So ergab sich als weiteres Ziel eine ausgewogene Ernährung mit der Vermittlung individuell umsetzbarer Skills. Nach einem halben Jahr konnte er einen Kilometer gehen und stabilisierte seine Körperachse. Seine Ernährung verbesserte sich ebenso wie sein Selbstwertgefühl. So fand er nicht nur den Mut, an einer Hochschule einen Vortrag über Ernährung zu halten, sondern inzwischen studiert er selbst mit Begeisterung Life Coaching und strebt einen Bachelor-Abschluss an.

> **Einladung zur Reflexion**
>
> *All we need – all we eat: Hast du vielleicht das Bedürfnis, dein Ernährungsverhalten zu verändern? Wo möchtest du gerne ansetzen?*

1.6 Perspektiven aus dem Sport: Bewegung tut gut

„Fisch schwimmt, Vogel fliegt, Mensch läuft."
(Emil Zatopek)

Dass wir Menschen einen natürlichen Bewegungsdrang haben, zeigt sich bereits im Mutterleib, wenn wir zu turnen anfangen. Und nachdem wir aus dem „Ei" geschlüpft sind, dauert es nicht lange, bis wir auf unseren Beinen stehen können und loslaufen.

Da Life Coaching den Anspruch hat, Menschen ganzheitlich zu begleiten, liegt es nahe, nach dem Vorbild der Antike („mens sana in corpore sano" – „ein gesunder Geist in einem gesunden Körper") den ganzen Menschen in den Blick zu nehmen. Nachfolgend werden aus dem Themenspektrum folgende Phänomene beleuchtet:

- Zunächst wird der Frage nachgegangen, ob Sport nicht doch „Mord" ist.
- Anschließend werden die Ergebnisse der Flow-Forschung reflektiert.
- Es folgen beeindruckende Befunde zum Naturwandern und „Waldbaden".
- Danach werden Entdeckungen einer eigenen Bergwanderstudie präsentiert.
- „Teamspirit" zeigt Wege auf, wie wir „mentale Berge" überwinden können.
- Im Sport gibt es auch Vorbilder für eine ethische Persönlichkeitsentwicklung.
- Ausgehend von der Frage, wie wir Life Coaching mit den modernen wissenschaftlichen Erkenntnissen der Sportwissenschaften optimal verbinden können, geht es abschließend um den immer beliebteren „Walk & Talk"-Ansatz, bevor die Ausführungen noch in einige Fallbeispiele münden.

Sport ist kein Mord

Sport ist Mord? – Wohl kaum. Aber woher kommt eigentlich dieses seltsame Credo? Es war der ehemalige britische Premierminister und Kettenraucher Winston Churchill, der diesen Gedanken in die Welt brachte. Dabei stammt das Wort *Sport* vom lateinischen *deportare* ab und heißt eigentlich „sich vergnügen". Aber es gibt tatsächlich Sportarten, die tödlich enden können, wie z.B. Autorennen, Eisklettern oder Big Wave Surfing. Nichtsdestotrotz gilt im Allgemeinen, dass kaum etwas gesünder ist, als sich körperlich zu betätigen.

Aber wie tun wir das? Hier zeigen sich durchaus Unterschiede. Bewegen wir uns drinnen in einem Fitnesscenter oder draußen in der Natur? Genießen wir lieber gelassen Breitensport oder betreiben wir verbissen Leistungssport? Und überhaupt: Für welche Sportart entscheiden wir uns?

Manche Sportarten scheinen paradox, z.B. der Marathonlauf. Gesund ist hier eher die Vorbereitung. Verletzungen sind beim Fußball viel häufiger zu beobachten als beim Schach. Der Sport bietet aber nicht nur physische, sondern auch psychische und soziale Erlebnisse. Ein lebendiges Beispiel für die letztgenannten Dimensionen bietet Life Coach Simon Ollert aus Bayern – als erster gehörloser Profifußballer Deutschlands. Obwohl er weder den Pfiff des Schiedsrichters noch den Jubel der Zuschauer hören kann, hat er sich mit seinem Handicap nicht nur sportlich behaupten können, sondern auch ein besonderes Gespür entwickelt, das ihn heute dazu befähigt, als Trainer zu arbeiten. Simon schrieb eine Examensarbeit über *Athletik und Persönlichkeitscoaching im Leistungsfußball* (2021). Darüber hinaus gründete er eine Stiftung für Kinder mit Hörverlust, denen er weltweit Fußball-Camps anbietet, um seine Erfahrungen zu teilen und die Kinder zu ermutigen.

Schließlich lädt der Sport uns dazu ein, darüber nachzudenken, wie weit wir uns in unserem Leben durch den sogenannten Fortschritt von natürlichen Erfahrungen entfernt haben. Als ein Beispiel möchte ich die Forschungsarbeit *Barefootmindset* (2019) vom Berliner Life Coach Robert Pohle anführen. Er sieht „Barfußlaufen als Chance zur achtsamen Interaktion mit sich und der Umwelt", so, wie es Kinder in Afrika täglich erleben. „Achtsamkeit kann damit beginnen, sich die Schuhe und Socken auszuziehen", bilanziert Pohle – es ist ein „Gefühl von Freiheit".

Flow-Forschung

Wenn wir uns frei fühlen, können wir zu Höchstleistungen auflaufen. Dies beweisen nicht nur die barfuß sozialisierten Marathonläufer aus Kenia, die bei internationalen Wettkämpfen fast immer gewinnen, sondern auch die moderne Flow-Forschung.

Der ungarisch stämmige US-Psychologe Mihály Csíkszentmihályi, der das „Flow"-Phänomen in den 1970er-Jahren entdeckte, gilt als ein Pionier der Positiven Psychologie. Er definierte Flow (englisch für „fließen") als ein beglückend erlebtes Gefühl eines mentalen Zustands der Vertiefung und des Aufgehens in einer Tätigkeit. Das Flow-Erleben wurde zunächst für einige körperliche Aktivitäten, vor allem bei Sportlern, untersucht, später auch für rein geistige Tätigkeiten. Beispiele sind Marathonläufer, Tänzer, Chirurgen und Schachspieler. Das Erleben von Flow-Gefühlen zeigt sich auch physiologisch (Herzfrequenz etc.) analog zu einem Trance-Zustand, besonders bei einem Orgasmus. Ein Flow kann auch zu nachhaltig positiven Gefühlen führen.

Der Flow-Zustand wird klassisch in der optimalen Balance zwischen Überforderung (Burnout) und Unterforderung (Boreout) erlebt. Eine Aufgabe sollte als gerade noch machbar wahrgenommen werden, ohne zu überfordern. Typische Eigenschaften einer Flow-Situation sind Konzentration, Zielorientierung und Zeitvergessenheit, wie sie auch spielende Kinder erleben, wenn sie sich einer Sache voll und ganz hingeben.

Generell lässt sich Flow mit allen Sinnen genießen, meistens im Anschluss an eine Aktivität, beim Sehen (z.B. Berge), beim Hören (z.B. Musik), beim Riechen und Schmecken (z.B. Nahrungsmittel) oder beim Fühlen (z.B. Streicheln, Sex etc.). Csíkszentmihályi bezeichnet Flow auch als „positive Sucht", manchmal kommt sogar eine Sehnsucht zum Ausdruck. Gegen Ende des 20. Jahrhunderts wies der Forscher noch darauf hin, dass es zum Jahrhundertende auch einen gesellschaftlichen „Kultur-Flow" geben könne, so wie es 1492 (Entdeckung Amerikas), 1789 (Französische Revolution) und 1989 (Berliner Mauerfall) geschehen ist.

Naturwandern

Ausgehend von der Beobachtung, dass der heutige digitalisierte Großstadtmensch ein „Zuwenig an körperlicher Belastung und ein Zuviel an psychischer Belastung" erlebt, ist die Sehnsucht nach natürlichen Bewegungsformen, besonders nach den Lockdown-Phasen der Corona-Pandemie, groß. Aus der Forschungsliteratur des 20. Jahrhunderts wissen wir bereits, dass sportliche Aktivitäten das Wohlbefinden erhöhen können und die gesundheitsfördernden Wirkungen von Bewegung im Freien physisch allein schon durch die frische Luft noch stärker sind. Die zusätzliche psychische Wirkung durch ein Naturerleben wurde lange unterschätzt. Doch so langsam setzt sich die Erkenntnis der potenzierten positiven Wirkungen durch die Bewegung in der Natur durch. Das Wort „Wandern", das eine Tätigkeit bezeichnet, bei der Personen eine lange Strecke zu Fuß zurücklegen, stammt schließlich von „wandeln", „sich wenden" sowie „verwandeln". In diesem Sinne bemerkte bereits der dänische Existenzphilosoph Søren Kierkegaard: „Ich habe mir meine besten Gedanken angelaufen – und ich kenne keinen Gedanken, der so schwer wäre, dass man ihn beim Gehen nicht loslassen kann."

Ein Durchbruch in der Forschung gelang japanischen Wissenschaftlern mit Langzeitstudien zum „Waldbaden". So konnte Yoshifumi Miyazaki (2018) belegen, dass ein mehrstündiger und angeleiteter Waldspaziergang nachhaltig positive Auswirkungen auf die Gesundheit hat. Seitdem wird die Naturtherapie „Waldbaden" in Japan auch von den Krankenkassen als gesundheitsfördernde Maßnahme finanziert.

Zu den dreidimensionalen Wirkungen des Natur-Coachings gehören (vgl. Listl 2022):

- Physische Effekte, u.a. Reduzierung von Bluthochdruck, Herzkrankheiten und Übergewicht sowie Verbesserung von Ausdauer, Entspannung und Schlaf
- Psychische Effekte, u.a. Abbau von Angst, Depressionen und Stresserleben sowie Förderung von Entspannung, Selbstwertgefühl und Zufriedenheit
- Soziale Effekte, u.a. Förderung der Gemeinschaft und sozialer Sicherheit

Berge versetzen

Angesichts des Wissens um die positiven Effekte des Wanderns in der Natur liegt die Frage nahe, ob es beim Bergwandern noch zusätzliche Effekte durch die Höhe gibt. Tatsächlich gibt es einige Studien, insbesondere aus Österreich, die den Mehrwert des Bergwanderns bestätigen konnten. Neben dem Höhenerleben fällt auch die erhöhte körperliche Anstrengung ins Gewicht. Auch für diesen Aspekt konnte ein Mehrwert einer eintägigen Bergwanderung in freier Natur im Vergleich zu einer ähnlichen körperlichen Anstrengung in einem Fitnesscenter belegt werden.

Dennoch ließ die bisherige Forschung einige Fragen offen, denen wir in einem Projekt in Kooperation mit dem *Deutschen Alpenverein* nachgingen (Sohr & Abbattista 2020):

1. Bergwandern kann zu einer kurzfristigen Stressreduktion führen – doch wirkt es auch langfristig?
2. Bergwandern kann physisch positive Folgen für die Gesundheit haben – doch gilt dies in ähnlichem Umfang auch psychisch?
3. Bergwandern kann zur Reduktion negativer Phänomene (z.B. Stress) führen – doch kann es auch positive Phänomene befördern?

Um diese Fragen zu beantworten, wanderten 24 gestresste Großstädter binnen eines Jahres jeweils zu allen vier Jahreszeiten unter Anleitung auf einen Berg. Die Befunde übertrafen die Erwartungen, denn alle drei Thesen konnten nicht nur bestätigt werden, sondern wurden durch diverse Einzelbefunde noch übertroffen. Zu den Highlights der Studie gehört der weltweit erstmalige wissenschaftliche Nachweis, dass das einjährige Bergwandern zahlreiche nachhaltig positive Auswirkungen für die Teilnehmer hatte – wobei Nachhaltigkeit sich auch in einem neuen Lebensstil „Zurück zur Natur" zeigte. Hierzu gehörten u.a. eine signifikante Reduzierung von Stress, Bluthochdruck und Burnout-Gefährdung auf der körperlichen Seite sowie signifikante Steigerungen bezüglich Achtsamkeit, Demut, Ehrfurcht, Flow, Gelassenheit, Glück, Lebenssinn, Optimismus und Spiritualität auf der psychischen Seite. Und auf sozialer Seite entwickelte sich ein Gemeinschaftsgefühl bzw. ein Teamspirit.

Team-Spirit

Ein Team ist mehr als eine Gruppe, wird sie von einem Gemeinschaftsgeist getragen, der meist von einem Coach maßgeblich befördert wird. Wenn dies passiert, kann ein Team „Berge versetzen". Ein guter Team-Coach nutzt sozialpsychologisches Wissen über Gruppendynamik. Durch intensive Beobachtung und Kommunikation erkennt er die Stärken und Entwicklungspotenziale von jedem einzelnen Mitglied, sodass jeder seine Team-Rolle (nach dem Modell von Belbin 1981) finden kann. Darüber hinaus weiß ein guter Team-Coach um die Bedeutung von Team-Phasen (nach dem Modell von Tuckman 1965), die sich vom Forming, Storming, Norming im optimalen Falle zum Performing erstrecken, wobei der Coach in jeder Phase die nötigen Impulse geben kann. Seine Meisterschaft erlangt ein Team-Coach, wenn er seine „Schäfchen" authentisch, leidenschaftlich und empathisch wie eine „Familie" (engl. *team*) führt.

Exemplarisch möchte ich das an zwei deutschen Fußballtrainern zeigen, Jürgen Klinsmann und Jürgen Klopp. Klinsmann, der die deutsche Nationalmannschaft 2004 in einer großen Krise übernahm, bewies den Mut, grundlegende Dinge zu verändern, z.B. eine viel offensiver ausgerichtete Spielkultur oder die Integration von Spielern mit einem Migrationshintergrund und jungen Talenten, die in ihren Vereinen nur Ersatzspieler waren; ebenso die Erweiterung des Trainerstabs durch Fitness- und Mental-Coaches. Bei der Weltmeisterschaft 2006 im eigenen Land gewann das Team nicht nur den dritten Platz, sondern begeisterte im „Sommermärchen" das ganze Land. Und zehn Jahre nach der Klinsmann-Revolution gewann das Team des ehemaligen Assistenten Jogi Löw sogar die Weltmeisterschaft.

Ähnlich im Stil und ebenso maximal erfolgreich auf Vereinsebene präsentiert sich Jürgen Klopp mit seinen Vereinen aus Mainz, Dortmund und Liverpool, mit denen er alles gewann und wiederholt zum weltbesten Trainer gewählt wurde. In jedem Club, für den Klopp tätig ist, bezieht er alle Menschen ein, wozu für ihn auch die Fans gehören. So können Wohlfühlatmosphäre und Teamspirit gedeihen („You never walk alone"). Klopps Coach-Frage lautet: „Wie sollte man mit mir umgehen, damit ich mit Freude arbeite und total leistungsbereit bin? Das ist die einzige Maxime, nach der ich handle."

Sport-Ethik

Nicht nur für die Anwendung Positiver Psychologie, sondern auch für die Erkenntnis, dass es im Sport um mehr als um das Gewinnen geht, stehen die beiden schwäbischen Trainerpersönlichkeiten Klinsmann und Klopp. Klinsmann verdankt die Einstellung seinem Vater, der ihm einst die Botschaft mit auf seinen Weg gab: „Olympisch sein heißt, ehrlich sein im Kampf, bescheiden im Sieg, neidlos in jeder Niederlage und sauber in deiner Gesinnung." So behielt Klinsmann u.a. auch sein großes soziales Engagement für sich.

Jürgen Klopp beschreibt seine Gesinnung so: „Natürlich geht es im Sport darum zu gewinnen. Aber es wäre doch merkwürdig, wenn dein Leben nur danach bewertet wird, wenn du an der Tür stehst und dich jemand fragen würde: Hast du gewonnen oder nicht? Viel wichtiger ist die Frage: Hast du alles versucht? Warst du bestrebt, den Ort, an dem du gelebt hast, ein wenig schöner zu machen, in dem Haus, in dem du gelebt hast, Liebe zu verbreiten? Ja, das habe ich versucht. Dann komm rein! Und all diese Typen, die alles gewonnen haben, aber dabei alle Regeln missachteten, alle Gesetze des Anstands, die – so denke ich – müssen durch eine andere Tür."

Klopp lebt auch seinen Glauben. So sandte er vor dem Champions-League-Finale eine persönliche Videobotschaft an einen todkranken jungen Liverpool-Fan. Dieser hatte ziemlich viel Geld gespart, ursprünglich, um das Finale live im Stadion zu sehen. Doch sein gesundheitlicher Zustand war inzwischen so schlecht, dass er das Spiel vom Hospizbett aus verfolgen musste, und das gesparte Geld brauchte er nun für seine Beerdigung. Die Message lautete: „Hi Dave, hier ist Jürgen Klopp von Liverpool. Ich habe von deiner Geschichte gehört. Das ist wirklich schwer zu ertragen, auch für mich. Aber ich habe gehört, dass du ein unheimlicher Kämpfer bist. Wir denken an dich. Du bist wirklich mit uns. Bei deinem Kampf geht es nicht nur um Fußball, sondern um das Leben. Wir versuchen, mit unserem Spiel Hoffnung, Freude und gute Erinnerungen zu geben. Ich wünsche dir von Herzen alles Gute. Ich bin Christ. Wie sehen uns." Am Ende gewann Liverpool den Pokal und widmete David den Sieg.

Also auch im Profifußball gibt es nicht nur Negativbeispiele wie etwa von Spielern, die mit einer „Schwalbe" einen Elfmeter schinden wollen, sondern auch Vorbilder im Vorleben von Werten. Einer von ihnen war Miroslav Klose, der mehrmals nach einem Tor, das ihm zu Unrecht gegeben wurde, zum Schiedsrichter ging, um es zurücknehmen zu lassen.

Walk and Talk

Life Coaching bietet die Chance, alle wertvollen Aspekte aus der Welt des Sports zu integrieren, z.B. den Flow-, Natur- und Team-Spirit. Als besonders wirksam wurde erst vor kurzem die „Walk & Talk"-Methode entdeckt, die noch wenig verbreitet ist. Das Walk & Talk-Coaching leitet sich aus der Walk & Talk-Therapie ab, deren Vorläufer, die Running Therapy, 1976 von Kostrubala als Kombination von Psychotherapie und Laufen entwickelt wurde. In seinem Buch *The Joy of Running* nannte er drei Vorteile: Die frische Luft, das Tageslicht und die Bewegung.

Als Gründer der Walk & Talk-Therapie im 21. Jahrhundert gilt Clay Cockrell. Ein Patient hatte ihn gebeten, einen Termin außerhalb seiner Praxisräume stattfinden zu lassen. So ging Cockrell eher zufällig mit ihm in den New Yorker Central Park. Seitdem finden 99 % seiner Termine im Central Park statt.

Erste Studien bestätigen die positiven Effekte dieses Therapieansatzes, sowohl bei den Patienten als auch bei den Therapeuten. Nicht nur das Zusammenspiel von Aktivität und Naturerleben wirkt sich physisch und psychisch positiv auf das Wohlbefinden aus, sondern das entspannte Bewegen auf Augenhöhe fördert auch die Beziehung der Gesprächspartner, was für den Coaching-Prozess hilfreich ist. Forscher der Universität Wales fanden auch heraus, dass schon ein Spaziergang pro Woche ein Schutzfaktor gegen Depressionen sein kann.

In Deutschland steckt die Walk & Talk-Idee noch in den Kinderschuhen. Life Coach Eric Ziller, der 2022 ein Konzept speziell für das Wandern in den Bergen entwickelte, nennt als entscheidenden Vorteil beim Walk & Talk-Coaching das „Drei-in-eins"-Angebot, das aus der Synthese von Bewegung, Coaching und Natur resultiert. Allerdings kann Walk & Talk-Coaching nach amerikanischem Vorbild auch im Grün einer Großstadt stattfinden, wie Dr. Alexander Brümmerhoff als ein führender Walk & Talk-Coach in Berlin demonstriert, z.B. durch das gemeinsame Laufen um einen See. Brümmerhoff, der zuvor 20 Jahre als Oberarzt in Innenräumen praktizierte, bilanziert den Walk & Talk-Ansatz als besonders effizient und nachhaltig: „Grundsätzlich befreit uns das Gehen vom Gefühl, im Leben festgefahren zu sein."

Life Coaching PRAXIS

Wie können wir im wahrsten Sinne des Wortes „Berge versetzen"?

Team-Coaching: Im Rahmen unseres Wanderprojekts erlebte eine Frau, die vorher sehr gestresst und gesundheitlich angeschlagen war, faszinierende Transformationen, die sie wie folgt auf den Punkt brachte: „In den Bergen kann ich durchatmen. Es ist eine andere Welt. Und wenn wir oben angekommen sind, ist es einfach nur mega – so, als würde man einen Reset-Knopf drücken und man ist wieder voller Saft und Kraft, nicht nur körperlich, sondern auch im Kopf. Bei drei Wochen Urlaub am Stück habe ich nicht den Erholungseffekt, als wenn ich regelmäßig wandern gehe."

Einzel-Coaching: Meine Tochter Luna wollte im Alter von acht Jahren an der Schachmeisterschaft teilnehmen für Grundschüler, die nicht in einem Schachverein spielen. In einer großen Aula kamen 100 Kinder zusammen, darunter zehn Mädchen. „Papa, ich will gewinnen", meinte sie vor dem Turnier. „Ich glaube, dass du es schaffen kannst", sagte ich. Nach drei Runden gab es noch zehn Kinder, die alle Partien gewonnen hatten, darunter auch Luna. Am Ende schlug sie einen hochfavorisierten Jungen und gewann den Pokal – erstmals wurde ein Mädchen Berliner Grundschulmeisterin.

Selbst-Coaching: Als Hochschullehrer und Leiter eines Studiengangs bin ich für viele Studentinnen und Studenten verantwortlich, die sich täglich mit vielen Anliegen per Mail an mich wenden. Über die Jahre wurden es immer mehr, und für mich gab es keine Entlastung. So erlitt auch ich eines Tages einen „Burnout", ich brach unter der Last „auf dem Rücken" zusammen. Auf der Suche nach Hilfe fand ich einen Coach, der mir „Walk & Talk" anbot. Seitdem gehe ich einmal im Monat mit ihm an schönen Seen spazieren, um mich zu besinnen und weise Entscheidungen zu treffen.

Fazit: Egal, ob wir uns große Ziele setzen oder an unsere Grenzen stoßen – mit einem kraftvollen Coaching können wir innere und äußere Berge überwinden.

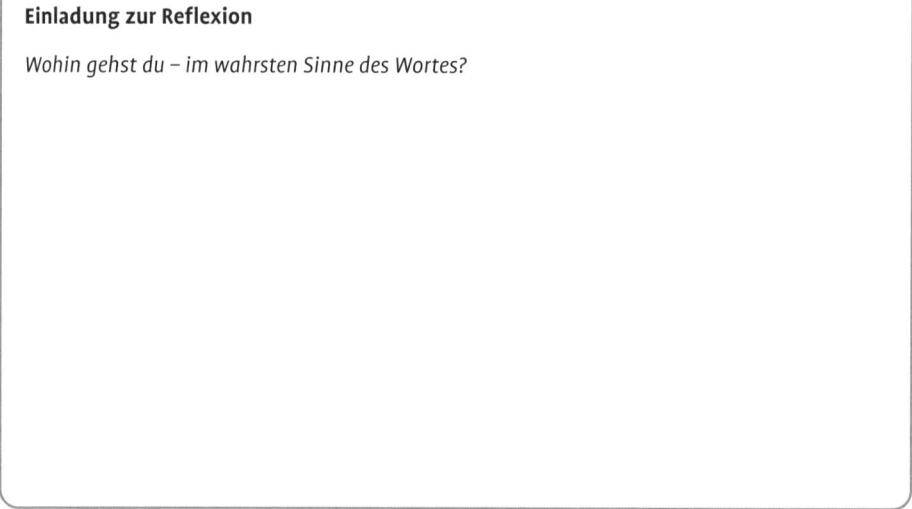

Einladung zur Reflexion

Wohin gehst du – im wahrsten Sinne des Wortes?

1.7 Nachhaltige Perspektiven: Über den Tag hinaus

> *„Ich habe gelernt, dass man nie zu klein dafür ist,*
> *einen Unterschied zu machen."*
> (Greta Thunberg)

Life Coaching meint immer das ganze Leben – gestern, heute und morgen. Zum Ende dieses Kapitels, in dem es um Gegenstände von Life Coaching geht, fragen wir nach der Zukunft, die wir heute gestalten. Im Zentrum steht ein Thema, über das Michail Gorbatschow sagte: „Wenn wir die ökologische Krise nicht meistern, erübrigen sich alle weiteren Fragen für das 21. Jahrhundert." Worum geht es also in unserer finalen Perspektive?

- Zunächst geht es um das Zauberwort der „Nachhaltigkeit": Was ist das und was ist es nicht?
- Wissenschaftler unterschiedlicher Disziplinen prognostizieren, dass wir das 21. Jahrhundert nicht überleben werden, wenn wir so weitermachen. Wie lautet die genaue Diagnose?
- Wissenschaftler unterschiedlicher Disziplinen kommen zu unterschiedlichen Befunden zu den Ursachen der Katastrophe, ohne einander zu widersprechen.
- Wissenschaftler unterschiedlicher Disziplinen haben viele Empfehlungen für Lösungen – sie machen Sinn, wenn wir die Auswege als Synthese angehen.
- Wie müssten wir unsere Lebensstile ändern, um zukunftsfähig zu werden?
- Was erleben Menschen, die sich für unser Überleben engagieren?
- Wie lautet die Take-Home-Message? Wissen braucht Gewissen!

Was ist (nicht) nachhaltig?

Im Internet kursiert ein Witz, der vielleicht gar keiner ist, sondern zwei Szenen unserer Gegenwart und Zukunft beschreibt:

Im Weltall treffen sich zwei Planeten. Fragt der eine: „Wie siehst du denn aus? Bist du krank?" Sagt der andere: „Ja, ich habe Homo sapiens!" Da beruhigt ihn der andere: „Keine Sorge, das geht vorbei!" Nach einigen Jahren treffen sich die Planeten wieder. Fragt der eine: „Und, was macht dein Homo sapiens?" Da sagt der andere erleichtert: „Ach, hat sich von selbst erledigt…"

Seit Beginn des 21. Jahrhunderts reden die Menschen verstärkt von „Nachhaltigkeit". Oft wird das Wort für alles Mögliche benutzt. Doch was heißt es eigentlich im Kern? Als „Vater" der Nachhaltigkeit gilt der Forstwirt Carlo von Carlowitz (1645–1714).

Ein Wald sollte nur so viel abgeholzt werden, wie auch wieder nachwachsen könne. Übersetzt hat es die UNO 1987 so: „Nachhaltige Entwicklung heißt, dass künftige Generationen nicht schlechter gestellt sind, um ihre Bedürfnisse zu befriedigen, als gegenwärtig lebende." Letztlich geht es darum, die Erde lebenswert zu hinterlassen.

Allerdings lebt „Homo sapiens" alles andere als nachhaltig, sondern hochgradig auto- und fremdaggressiv. Hören wir den Text einer nicht gesendeten „Tagesschau":

- Jede Sekunde blasen wir Tausende Tonnen von Kohlendioxid in die Luft, obwohl wir wissen, dass wir unser Klima so nachhaltig zerstören.
- Jede Sekunde verbrennen wir tropischen Regenwald, die „Lunge" der Erde, in der Größe eines Fußballfelds.
- Jede Stunde lassen wir mehrere Tier- und Pflanzenarten für immer von der Erde verschwinden.
- Jede Sekunde laufen weltweit drei neue Autos vom Band – Tendenz steigend.

Die Liste ließe sich gefühlt endlos fortsetzen. Als Zwischenfazit ist festzuhalten: Wirklich nachhaltig ist bisher nur die Katastrophe der Klima- und Umweltzerstörung.

Diagnose der Katastrophe

Fragt man Wissenschaftler unterschiedlicher Disziplinen, wohin die gegenwärtige Entwicklung führt, so gaben sie schon im 20. Jahrhundert aus der Perspektive ihrer jeweiligen Fachdisziplin ähnliche Antworten:

- Der Umwelt-Biologe Tschumi (1980) prognostiziert eine Erschöpfung der Erdvorräte in wenigen Jahrzehnten, was die gesamte Biosphäre gefährdet.
- Der Umwelt-Ökonom Wicke (1986) diagnostiziert wegen der gravierenden Umweltzerstörung große Probleme der Nahrungs- und Energieversorgung.
- Der Umwelt-Soziologe Luhmann (1986) sieht die Umweltzerstörung als ein Kommunikationsproblem: Gesellschaften sind nicht kommunikationsfähig.
- Der Umwelt-Pädagoge de Haan (1984) erkennt eine aggressive Kampfhaltung gegenüber der Natur und einen Mangel an Ökologisierung im Bildungssystem.
- Der Umwelt-Psychologe Roszak (1994) sieht ebenfalls eine Misshandlung der Natur, verbunden mit einer mangelnden Wahrnehmung der ökologischen Krise.
- Der Umwelt-Philosoph Hösle (1991) sieht die Menschheit vor der ökologischen Katastrophe. Bei der Globalisierung unseres Lebensstandards kommt es zum Kollaps.
- Der Umwelt-Theologe Drewermann (1992) diagnostiziert einen Krieg gegen die Natur seitens des Menschen – verbunden mit der Zunahme zahlreicher Probleme.

Bilanzierend leitete der renommierte Zukunftsforscher Rolf Kreibich am Ende des 20. Jahrhunderts folgende Prognose ab: „Wenn es zu keiner durchgreifenden Umsteuerung kommt, dann liegt die Selbstzerstörung der Menschheit im 21. Jahrhundert bei einer Wahrscheinlichkeit von über 90 Prozent."

Heute wird diese Prognose von der modernen Klimawissenschaft mehr als bestätigt. Ihre Prognosen haben sich bisher mehr oder weniger alle bewahrheitet. Die einzige Abweichung: Viele Entwicklungen treten noch schneller ein als befürchtet. Wenn das Eis auf Grönland vollständig abschmilzt, wird der Meeresspiegel um über sechs Meter steigen; wenn das Eis der Antarktis geschmolzen ist, um über 60 Meter.

Ursachen der Katastrophe

Über die Diagnose und Prognose herrscht weitgehende Einigkeit. Vor der Frage nach potenziellen Auswegen ist die Frage nach den Ursachen sinnvoll. Wiederum gibt es zunächst unterschiedliche Antworten aus der Sicht der jeweiligen Fachexpertisen:

- Der Umwelt-Biologe Tschumi (1980) sieht die Ursache vor allem in einem überexponentiellen Wachstum der Weltbevölkerung.
- Der Umwelt-Ökonom Wicke (1986) macht den Egoismus des Menschen („homo oeconomicus") für die Umweltkatastrophe verantwortlich.
- Der Umwelt-Soziologe Luhmann (1986) sieht eine mangelnde gesellschaftliche Resonanz auf die Umweltprobleme als eigentliches Problem.
- Der Umwelt-Pädagoge de Haan (1984) kritisiert unsere gesellschaftlichen Wertvorstellungen und die kontraproduktive Rolle der Massenmedien.
- Der Umwelt-Psychologe Roszak (1994) nimmt vor allem eine fundamentale Naturentfremdung des Menschen wahr.
- Der Umwelt-Philosoph Hösle (1991) sieht ein Missverhältnis von Macht und Weisheit sowie mangelnde Achtung vor der Natur in den Naturwissenschaften.
- Der Umwelt-Theologe Drewermann (1992) beklagt einen schrankenlosen Anthropozentrismus und eine innere Verwüstung des Menschen.

Fasst man die Antworten zusammen, so ergibt die Analyse der Vergangenheit und der Gegenwart vor allem zwei Seiten einer Medaille:

- Auf der einen Seite steht das Bevölkerungswachstum der Entwicklungsländer.
- Auf der anderen Seite steht das Anspruchswachstum der Industrienationen.

Zweifellos ist es für das ökologische Gesamtsystem am schlimmsten, wenn beide Faktoren zusammenkommen. Ebendies ist heute offensichtlich der Fall. Hier gilt es anzusetzen.

Wege aus der Katastrophe

Was tun? Gibt es eine Therapie, die aus der ökologischen Klimakatastrophe herausführt? Hören wir zunächst wieder sieben Stimmen aus sieben Wissenschaften:

- Der Umwelt-Biologe Tschumi (1980) plädiert für die strikte Befolgung des ökologischen Kreislaufprinzips und sieht hier vor allem die reichen Länder in der Pflicht, denn das Gros des Verbrauchs findet in den Industrieländern statt.
- Der Umweltökonom Wicke (1986) empfiehlt die Aufstellung monetärer Schadensbilanzen und eine Politik auf Basis des Verursacherprinzips.
- Der Umwelt-Soziologe Luhmann (1986) plädiert dafür, weniger Ressourcen zu verbrauchen, weniger Abgase in die Luft zu jagen und weniger Kinder in die Welt zu setzen. Die größten Chancen sieht er in der Erziehung.
- Der Umwelt-Pädagoge de Haan (1984) fordert eine Abkehr vom technischen Problemzugang und das Konzept der Nachhaltigkeit als leitendes Paradigma.
- Der Umwelt-Psychologe Roszak (1994) sieht in der Wiederbelebung eines biozentrischen Weltbilds den Schlüssel zu veränderten Lebensstilen.
- Der Umweltphilosoph Hösle (1991) fordert einen Paradigmenwechsel von der Ökonomie zur Ökologie mit einer neuen Naturphilosophie, in welcher der Natur Würde zuerkannt wird sowie die Weitergabe neuer Werte an Führungskräfte und an die Jugend.
- Der Umwelttheologe Drewermann (1992) fordert eine Überwindung des anthropozentrischen Weltbilds und einen Schutz der Reste intakter Natur.

Wie bereits zu erahnen war, ergibt sich aus der Ursachenanalyse auch die Richtung der möglichen Rettung: Noch wichtiger und moralisch anständiger als die Forderung an Entwicklungsländer, nicht mehr so viele Kinder in die Welt zu setzen, scheint der Blick in den Spiegel zu sein – verbunden mit einer radikalen Umkehr in den Ländern, die massiv über ihre Verhältnisse leben. Wenn die Ursache der Umweltzerstörung der Mensch in seinem massenhaften und vor allem expansiven Dasein ist, dann muss er sich selbst grundlegend hinterfragen und dringend sein Leben ändern.

Zukunftsfähige Lebensstile

Die unterschiedlichen Verantwortlichkeiten zur kollektiven Zerstörung der Erde in der Gegenwart und die notwendigen Beiträge für die Zukunft sind wissenschaftlich exakt quantifizierbar. Als einfaches Maß hat sich der sogenannte ökologische Fußabdruck bewährt. Auf Basis einer konkreten Auflistung unseres Ressourcen-Verbrauchs bemisst er, wie viele Erden wir benötigen, wenn weltweit alle Menschen unsere Lebensgewohnheiten hätten. Aktuell leben wir Erdbürger so, als hätten wir zwei (exakt: 1,7) Erden zur Verfügung. Wenn wir so weiterleben, ist das Ende vorprogrammiert. Der Fußabdruck von einigen Ländern ist noch gewaltiger: Deutschland verbraucht z.B. drei, die USA fünf Erden. Da wir keinen „Planet B" haben, sollten wir uns mit der einen Erde begnügen. Dafür dürfte jeder Erdbürger nur zwei Tonnen Kohlendioxid pro Jahr verbrauchen. Doppelt so viele Tonnen verbrauchen wir bereits mit einem Flug von Berlin nach New York!

Grundsätzlich gibt es drei Strategien der Nachhaltigkeit:

1. Entweder wir produzieren besser, z.B. mit weniger Energieverbrauch (Effizienzstrategie).
2. Oder wir produzieren anders, z.B. mit regenerativen Energien (Konsistenzstrategie).
3. Oder wir produzieren und konsumieren weniger, z.B. durch den Verzicht auf bestimmte Güter (Suffizienzstrategie).

Da der dritte Weg keine Heilserwartung an technische Lösungen hat, kann ihn jeder gehen. Doch bekanntlich gehört Verzicht bei allen politischen Parteien zu den größten Tabuthemini. Dabei kann uns ein minimalistischer Lebensstil sogar zu mehr Wohlbefinden führen.

Doch wer lebt ihn? Paradoxerweise selten diejenigen, die ihn proklamieren: die sogenannten LOHAS („Lifestyles of Health and Sustainability"), die aus der oberen Mittelschicht kommen und in der Partei der Grünen am stärksten vertreten sind. „Grüne" Politiker sind es tatsächlich, die am meisten fliegen (im Schnitt jede Woche einmal pro Person).

Insofern taugt als Leitbild für einen nachhaltigen Lebensstil eher eine arme Rentnerin: Sie ist wenig mobil und kann sich kein Auto leisten, geschweige Fernreisen mit einem Flugzeug. Exotische Lebensmittel sind ihr fremd und zu teuer. Licht brennt bei ihr nur dort, wo es gerade gebraucht wird. Internet braucht sie nicht. Sollten wir uns vielleicht diese Rentnerin zum Vorbild nehmen, sofern wir aufhören wollen, weiter an dem Ast zu sägen, auf dem wir sitzen?

Ökologisches Engagement

Höchste Zeit also, dass die Gegenwart auch an die Zukunft denkt, damit unsere Kinder und Kindeskinder auch noch leben können. Denn um nichts anderes geht es schließlich beim Ziel der Nachhaltigkeit. Doch wo finden wir die Menschen, die sich ernsthaft um die Zukunft sorgen? In der Politik reicht der Verantwortungshorizont oft nur vier Jahre bis zur nächsten Wahl, und in Wirtschaftsunternehmen endet das Denken bei manchen „Top"-Managern sogar schon beim Blick auf die nächste Quartalsbilanz.

So ist es sicher kein Zufall, dass es vor allem junge Menschen sind, die auf die Straße gehen, um die Bewahrung der natürlichen Lebensgrundlagen anzumahnen. In der Bewegung *Fridays for Future* waren es Schülerinnen und Schüler aus aller Welt, allen voran Greta Thunberg. Im Alter von 15 Jahren hatte sie sich allein mit ihrem Pappschild „Schulstreik für das Klima" vor das Schwedische Parlament gesetzt. In Deutschland führte dann die Studentin Luisa Neubauer die „Klima-Demos" an. Am Weltkindertag, dem 20. September 2019, demonstrierten weltweit sieben Millionen Menschen im globalen Klimastreik in 185 Ländern, hierzulande mehr als eine Million.

Das klimapolitische Engagement junger Menschen – im Vergleich zu früheren Protestbewegungen („68er") sind es eher Schülerinnen und Schüler als Studierende – ist kein neues Phänomen. Schon in den 1990er-Jahren habe ich im Rahmen von Aktionsforschungen das ökologische Engagement von Kindern und Jugendlichen viele Jahre begleitet. Grundsätzlich zeigte sich, dass eine nicht verdrängende Haltung gegenüber der Umweltzerstörung die beste Voraussetzung bietet, um aktiv zu werden. Entwicklungspsychologisch offenbarte sich schon damals die späte Kindheit – das Alter zwischen 10 und 14 Jahren – als bester Lebensabschnitt, um sich für die Umwelt zu engagieren. Auffällig ist, dass es vor allem Mädchen sind, die sich ökologisch sensibilisiert zeigen. Schließlich ist auch ein Befund der internationalen Vergleichsstudien bemerkenswert: In keinem anderen Land sind die Menschen ökologisch so hoffnungslos wie bei uns. Von einer australischen Regenwaldschützerin könnten wir vielleicht lernen, wie wir ökologisch sensibel und kraftvoll bleiben können: „Negativität treibt die Zerstörung voran, Positivität ist ansteckend. Also lächelt und rettet die Erde!" (vgl. Sohr 2000).

Das ökologische Gewissen

Im Life Coaching stellt sich die Frage, wo der Schlüssel liegt, der zu Veränderungen führt. Sowohl in den Gesundheits- als auch in den Umweltfragen steht die Wissenschaft etwas hilflos vor dem Phänomen, dass es eine Kluft zwischen unserem Wissen und Handeln gibt. Wissen wir denn nicht, was wir tun? Warum tun wir dann nicht, was wir wissen – weder individuell noch kollektiv, gesellschaftlich und global?

Weil das bloße Umweltbewusstsein offenbar nicht ausreicht, um entsprechende Taten folgen zu lassen, geht es darum, tiefer zu schauen. Meine jahrzehntelange Forschung hat mich darin bestärkt, dass das Geheimnis in der Entwicklung unseres ökologischen Gewissens liegt – definiert als „Sensibilität für die Achtung der Würde der Natur".

Ökologisches Gewissen zeigt sich dreidimensional in philosophischen Prinzipien (Sohr 2000):

- Das „Prinzip Angst": Die Angst ist ein heilsamer Auslöser, nicht gleichgültig zu bleiben, sondern sich aus einem Ernstfallbewusstsein heraus zu bewegen.
- Das „Prinzip Hoffnung": Die Hoffnung wird durch die Hoffnungslosigkeit herausgefordert, gibt aber die Hoffnung nicht auf, etwas bewirken zu können.
- Das „Prinzip Verantwortung": Die Verantwortung appelliert an unsere Ehre, dass es unsere Pflicht ist, nach Antworten auf ungelöste Fragen zu suchen.

In der Synthese vereinigt sich im ökologischen Gewissen das „Prinzip Trotz" – als Ausdruck einer Gesinnung, etwas gegen die Umweltzerstörung aus Verantwortung tun zu sollen, aus Angst tun zu wollen, aus Hoffnung tun zu können und aus Gründen des Gewissens tun zu müssen. Der Arzt und Friedensnobelpreisträger Albert Schweitzer sprach in diesem Zusammenhang von der „Ehrfurcht vor dem Leben": „Ich bin Leben, das leben will, inmitten von Leben, das leben will." Im Sokratischen Sinne ist diese Ehrfurcht vor dem Leben letztlich die Konsequenz unseres Nichtwissens um die Welt.

Life Coaching PRAXIS

Was tun Menschen, die nachhaltig die Welt verändern?

Team-Coaching: Während meiner Doktorarbeit begleitete ich viele Kinder, die sich in sogenannten Green-Teams bei Greenpeace engagierten. Zwei 14-jährige Mädchen, die bei der Weltklimakonferenz vielseitig aktiv waren, erzählten mir, was sie bewegte: „Es gibt so viele idiotische Leute, total egoistisch und bequem, die nicht kapieren, dass sie etwas ändern müssen, da sie denken, dass sie nicht mehr so lange leben. Die sind so dämlich, denen ist das Wirtschaftswachstum so viel wichtiger als alles andere. In der Politik gibt es so ein paar Idioten, die da oben sitzen, die man noch nicht mal selbst wählen kann, die über unsere Zukunft entscheiden."

Einzel-Coaching: Im Rahmen meines Engagements bei Greenpeace lernte ich den ältesten Umweltaktivisten Deutschlands kennen. Der „alte Fritz" riskierte auch im Alter von fast 80 Jahren bei manchen Aktionen sein Leben, etwa wenn er sich (obwohl er schon seinen vierten Herzschrittmacher hatte) mit einem Fahrradschloss an Schienen kettete, um einen Atommülltransport aufzuhalten. Während ich ihn begleitete, verriet er mir seine stärkste Motivation: „Ich muss als Christ Gottes Schöpfung verteidigen."

Selbst-Coaching: Als Psychologiestudent wunderte ich mich, dass das Studium von der Wissenschaft des Lebens so theoretisch war. Ich suchte praktische Erfahrungen und ging in das Hospiz eines Krankenhauses. Dort lernte ich eine alte Frau kennen, die keine Angehörigen mehr hatte und von der es hieß, sie würde bald sterben. Wir verbrachten noch vier Jahre jeden Sonntagnachmittag miteinander. Am Ende, sie lag sie bereits im Koma, wachte sie noch einmal auf, um mir zu winken. Mit ihrer positiven Lebenshaltung bis zum Tod hat sie auch meinem Leben viel Kraft gegeben.

Fazit: Es gibt viele Wege, sich für das Leben zu engagieren.

Einladung zur Reflexion

Wo bist du ein Unterschied auf dieser Welt? Schreibe mindestens ein Vorhaben auf, künftig anders zu leben – als deinen Beitrag für eine nachhaltige Welt.

2. | Achtsamkeit

In diesem Kapitel erfährst du, wie du Achtsamkeit leben kannst, jeden Tag und überall, ganz gleich, woher du kommst, ganz gleich, ob du religiös, spirituell orientiert oder agnostisch bist.

Nach einer kurzen Einführung in die philosophischen und praktischen Grundlagen von Achtsamkeit in den ersten beiden Unterkapiteln tauchen wir in verschiedene Lebensbereiche menschlichen Seins ein, um zu ergründen, wie Achtsamkeit das Erleben des Einzelnen und der Gesellschaft verändern kann.

Wie in Kapitel 1 und 3 dieses Buchs bist du am Ende eines jeden Unterthemas eingeladen, selbst zu reflektieren und damit einen ersten Schritt zu gehen, um anders zu leben.

Abgesehen von reichhaltigen Versen und Spruchzitaten wird in diesem Kapitel unseres Lebensratgebers komplett auf zusätzliche Expertenstimmen verzichtet. Dieser Entschluss ist das Ergebnis einer emotionalisierten Debatte darüber, welche Koryphäen und Autoren aus wissenschaftlicher, berufspolitischer und moralischer Sicht vorwiegend zitiert werden sollten. Da nicht alle benannt werden können, die zum Thema Achtsamkeit etwas zu sagen haben, würde eine Inklusion erfordern, aus der Fülle von Veröffentlichungen über Achtsamkeit einzelne hervorzuheben und andere zu unterschlagen. Und deshalb wird im Kapitel Achtsamkeit ganz darauf verzichtet.

Ferner gibt es wie in der Positiven Psychologie auch in der Achtsamkeitspsychologie Statements, die mit „großen" Namen der aktuellen Achtsamkeits-Community assoziiert werden. Jedoch können wir nicht wissen, ob diese Erkenntnisse originär von ihnen stammen. Vielleicht wurden sie bereits vor hunderten oder tausenden von Jahren von buddhistischen Urhebern formuliert, die keine Copyrightverletzung einklagten, weil für sie in ihrer digital entfernten und zurückgezogenen Lebensrealität nicht vorhersehbar war, wie ihr Wissen später westlich vermarktet würde. Selbst mit dem entsprechenden Wissen hätten sie eine Reaktion oder gar Klage unterlassen, denn auf Materialismus und geistiges Eigentum zu pochen waren für sie Ausgeburten geistiger Unfreiheit und Ego-Knechtschaft. Ihre Weisheit stellten sie der Menschheit kostenlos zur Verfügung und ohne einen Gegenwert zu erwarten.

Achtsamkeit ist was nicht? Achtsamkeit ist was? Achtsamkeit ist.

Achtsamkeit ist im Rahmen der aktuellen New-Age-Bewegung zu einem inflationär gebrauchten Modebegriff geworden, der in die mediale Welt und fast alle Sparten menschlichen Lebens triumphalen Einzug gehalten und so manchen Autor oder Achtsamkeits-Coach zum Multimillionär gemacht hat. Unter seriösen Wissenschaftlern wird Achtsamkeit oft als die dritte Welle der Psychologie bezeichnet, eine Revolution, entstanden durch die Zusammenführung kognitiver (gedanklicher) Konzepte, die maßgeblich der Feder westlich sozialisierter Psychologen entstammen, mit buddhistisch-philosophischen Weisheiten und meditativen Zugängen zu klareren Bewusstseinsebenen.

Bei genauerer Betrachtung der zahlreichen Angebote auf dem westlichen Selbsterfahrungsmarkt offenbart sich schnell, dass eine Mehrheit der Anbieter und User von Achtsamkeit gar kein tiefer gehendes Verständnis der Lehre hat, die sie praktiziert. Oft wird in die achtsamkeitsbegleitenden Meditationen in regelmäßigen Abständen ein „Om" im abgehackten Staccato-Stil eingebunden, das als unendlicher Urlaut im Legato lang gezogen auszusprechen ist. Es kommt regelmäßig zu Verquickungen von Achtsamkeit und Aufmerksamkeit, wobei Achtsamkeit viel mehr ist als bloße Aufmerksamkeit. Positive Psychologie und Achtsamkeit werden undifferenziert als Analogien verwendet, dabei gibt es, trotz einer engen Verwandtschaft der beiden Disziplinen, auch trennscharfe Unterschiede.

Die überwiegende Zahl der „Schicki-Micki-Achtsamkeitsfollower" legt keinen Wert auf ein tiefer gehendes Verständnis der uralten vedischen Lehren, in denen Achtsamkeit wurzelt. Es genügt ihnen, modebewusst dem Schein zu folgen und eine Stunde pro Woche oder im Rahmen eines Kuraufenthaltes den oft falsch ausgesprochenen Anweisungen eines im Wochenendverfahren „qualifizierten" Achtsamkeitstrainers zu folgen. Ist die Übungseinheit beendet, wird sekundenschnell und ohne es überhaupt zu bemerken, zurück auf Alltag, zurück auf Autopilot geschaltet. Dabei ist ein übergeordnetes Ziel der Achtsamkeit, zwischen Sein und Schein zu unterscheiden und auch im Alltag authentische Momente der Achtsamkeit zu praktizieren und ihre philosophischen Prinzipien zu verstehen.

Vielleicht fragst du dich, weshalb dir per Ausschlussprinzip erklärt wird, was Achtsamkeit nicht ist, und du denkst, es sei doch besser zu definieren, was Achtsamkeit ist. Die simpelste und zugleich treffsicherste Antwort ist:

Achtsamkeit ist.

In diesem Minimalsatz aus Subjekt und Prädikat ist die gesamte Essenz von Achtsamkeit enthalten. Selbstverständlich kannst du hiervon zahlreiche Erweiterungsvarianten ableiten, beispielsweise durch die Ergänzung eines mit einem Adjektiv beschriebenen Objekts:

Achtsamkeit ist pures SEIN.

Solltest du dich zukünftig für die Teilnahme an einem Achtsamkeitstraining entscheiden und es wird eingangs gefragt, wer von euch sich bereits mit Achtsamkeit beschäftigt hat oder gar weiß, was Achtsamkeit ist, kannst du nun antworten: „Achtsamkeit ist." Oder: „Achtsamkeit ist Sein." Hast du einen wissenden Trainer oder eine wissende Trainerin erwischt, wird deine Antwort gewertschätzt und verstanden werden. Andernfalls frage dich, ob du dich von einem Menschen trainieren lassen möchtest, dem bereits das Urverständnis von Achtsamkeit fehlt.

Wirst du positiv überrascht, würdest du dich als fortgeschrittener Praktiker der Achtsamkeit freuen, jedoch ohne dem damit verbundenen Stolz „Ich habe es gewusst und mich in der Gruppe als besonders clever gezeigt" nachzuhängen. Dieses uns Menschen oft immanente Streben würdest du als Köder des Egos identifizieren und es wie ein kluger Fisch umschwimmen.

In der englischen Sprache, mit ihren sonst so begrenzten grammatikalischen Differenzierungsmöglichkeiten, hilft die im Deutschen unübliche Continuous- bzw. Verlaufsform, um die Essenz von Achtsamkeit noch passgenauer auszudrücken:

Mindfulness is being.

Im Gegensatz zu „sein" oder „to be" zeigt die „Ing-Form" noch deutlicher an, dass Achtsamkeit im aktuellen, einmaligen Augenblick des Hier und Jetzt stattfindet – voll seiend ist –, indem unser Bewusstsein (Mind) komplett ausgefüllt (full) ist von dem, was wir mit unseren fünf Sinnen, dem Sehen, Hören, Riechen, Schmecken und Tasten, wahrnehmen können.

2.1 Mit allen Sinnen im Hier und Jetzt leben

*„Es gibt nur zwei Tage in deinem Leben, an denen du nichts ändern kannst.
Der eine ist gestern und der andere morgen."*
(Dalai Lama)

Jetzt

Wie das Zitat des Dalai Lama verdeutlicht, findet Achtsamkeit stets im Hier und Jetzt statt. Diese Prämisse ermöglicht unerahntes Wachstum, ist heilsam und erlösend zugleich. Die darin enthaltene Weisheit wurde nicht von sogenannten Achtsamkeitsexperten des 21. Jahrhunderts erfunden. In den meisten Kulturen findet man sie, in der Regel deutlich früher und in verschiedenen Formulierungen, die immer wieder die Essenz des Jetzt betonen. Hier einige Beispiele:

Der russische Schriftsteller Leo Tolstoi (1828–1910) betonte: „Denke immer daran, dass es nur eine wichtige Zeit gibt: Heute, hier. Jetzt.", während der viatnamesisch-buddhistische Mönch Thich Nhat Hanh (1926–2022) formulierte: „Die beste Weise, sich um die Zukunft zu kümmern, besteht darin, sich sorgsam der Gegenwart zuzuwenden."

Der Dichter und Naturforscher Johann Wolfgang von Goethe (1782–1832) hingegen wählte folgende Worte für die Beschreibung von Achtsamkeit: „Denn das ist eben die Eigenschaft der wahren Aufmerksamkeit, dass sie im Augenblick das Nichts zu allem macht." – Man darf davon ausgehen, dass er mit „der wahren Aufmerksamkeit" Achtsamkeit meinte.

Die meisten Menschen beschäftigen sich gedanklich und im Gespräch mit der Vergangenheit oder der Zukunft, so als habe die Vergangenheit ihr Leben abschließend besiegelt oder ein Hinsehen auf eine bessere Zukunft könne die Enttäuschung über Vergangenes und Gegenwärtiges lindern. So schlussfolgert Laotse: „Wenn du depressiv bist, lebst du in der Vergangenheit. Wenn du Angst hast, lebst du in der Zukunft. Wenn du inneren Frieden erlebst, dann lebst du in der Gegenwart."

Menschen mit einer depressiven Grundstimmung selektieren oft vermeintlich negative Ereignisse aus ihrer Vergangenheit und interpretieren sie auf eine zutiefst hoffnungstötende Art und Weise. Richten sie ihren Blick überhaupt gen Zukunft, dann sind ihre Gedanken oft geleitet von einem Phänomen, das Psychologen „negative Triade" (= „Dreiheit") nennen. Es kommen drei negative Zukunftsprophezeihungen zusammen, die das Selbst, die Welt und die Zukunft betreffen und jede Hoffnung im

Keim ersticken. Sie glauben beispielsweise, die Welt sei schlecht, sie selbst seien hilflos in dieser schlechten Welt und dies ändere sich niemals.

Der gedankliche Ausstieg aus Vergangenem und die Fähigkeit, für einen Moment keinerlei Prophezeiungen bezüglich der Zukunft anzustellen, kann sehr befreiend sein. In einer Vielzahl empirischer Studien wurde gezeigt, dass Achtsamkeitstrainings sogar bei schwer depressiv erkrankten Menschen eine effektive Alternative zu anderen Therapieformen und Psychopharmaka darstellen. Auch für Menschen, die traumatische Erfahrungen durchleiden mussten und nicht wissen, wie es zukünftig weitergeht, ist der Fokus auf das Hier und Jetzt und die Erkenntnis „Egal was war, egal was sein wird, jetzt bin ich!" ankernd.

Auch wenn du zu denjenigen gehörst, die in ihrem Leben weder Depressionen noch Traumata erlebt haben, ist für dich das Hier und Jetzt ein sicherer Anker und die Möglichkeit, den Ballast der Vergangenheit abzuwerfen bzw. jetzt bewusst anders zu leben; oder genauso wie früher zu leben, wie zu dem Zeitpunkt, an dem du bereits Achtsamkeitserfahrungen gemacht hast. Das trifft auf die meisten Menschen zu, nur waren wir uns der Erfahrung zu dem Zeitpunkt nicht gewahr. Wenn du als Kind wie ein Entdecker Schmetterlinge auf einer Blumenwiese beobachtet, zum ersten Mal etwas Neues geschmeckt oder als Jugendliche/r erstmals deinen Körper neu erkundet hast, dann waren das Augenblicke der Achtsamkeit. Achtsamsein ist also etwas, das wir bereits von Geburt an können, es jedoch im hastigen und zukunftsgetriebenen Modus des Tuns mehr und mehr verlernt haben. Durch diese rein tun-gesteuerte und ergebnisorientierte Lebensart ohne Momente des Seins entsteht übrigens das sogenannte Burnout-Syndrom, das als typische Krankheit unserer Zeit auch unseren gesellschaftlichen Lebenswandel widerspiegelt.

Halten wir im positiven Sinne fest, dass die Fähigkeit, mit der Erkundungsneugier eines Kindes Achtsamkeit zu erfahren, uns Menschen angeboren und lebenslang zugänglich ist. Wir müssen sie nicht von der Pike auf neu erlernen, sondern lediglich eine etwas „eingestaubte" Fähigkeit wiederentdecken und reaktivieren.

Hier

Ebenfalls positiv ist, dass du Achtsamkeit überall erfahren kannst. Du brauchst keinerlei teures Equipment und im Grunde ist es nicht einmal nötig, irgendeinen Kursraum oder einen besonders inspirierenden Ruheort aufzusuchen. Da sie nicht wertend ist, dem Motto folgend „Es ist wie es ist", kannst du Achtsamkeit erfahren, wenn du auf deinem Schreibtischstuhl im Büro einige Momente lang in die Empfindungen deines Körpers hineinspürst, achtsam eine Fliege beobachtest, die bei dir zu Hause herumfliegt, auf einer großen Kreuzung in Kalkutta die Geräusche, Gerüche und den chaotischen Verkehr wahrnimmst, einer Dorfkuh beim Grasen zuschaust oder auf deinem Krankenbett deine Atmung achtsam beobachtest.

Achtsamkeit ist also eine Lebensart, die du immer und überall kultivieren kannst. Dabei hast du unendlich viele Möglichkeiten, ganz gleich, ob du arm oder reich bist, in einer Metropole oder auf dem Lande wohnst.

Die Unmöglichkeit, zu scheitern

Die Unendlichkeit an Möglichkeiten unterscheidet den Ansatz der Achtsamkeit grundlegend von anderen Methoden, die wir ausprobieren und oft früher oder später als gescheitert erklären. In der Welt der Achtsamkeit gibt es, genauer betrachtet, kein Scheitern. Das liegt zum einen daran, dass Achtsamkeit in einem von Wertung freien Raum existiert und ein Richtig versus Falsch, oder Erfolg versus Scheitern deshalb gar nicht definiert sind. Der Achtsamkeit ist eine solche Dualität (= Aufteilung in zwei) fremd, denn Achtsamkeit propagiert Ganzheitlichkeit. Zum anderen liegt es daran, dass du in jedem Moment wieder neu damit beginnen kannst, diesen Moment zu einem achtsamen Moment zu machen. Natürlich können wir Menschen nicht IMMER achtsam sein, aber wir können sehr wohl immer wieder aufs Neue achtsame Momente in unseren Alltag einweben, um so anders zu leben, als es uns bisher im Tun-Modus möglich war.

Achtsamkeit ist also eine Lebensart, die du immer und überall kultivieren und bei der du anders leben kannst. Jeder neue Tag schenkt dir dafür unendlich viele neue Möglichkeiten, immer, überall und kostenlos. Alles, was du hierfür benötigst, bist du selbst und eine Bewusstheit über dein Sein, das du über deine Sinne erspürst.

Mit allen Sinnen

„Wo immer du bist, sei ganz dort!" So lautet eine Empfehlung des zeitgenössischen Autors Eckhart Tolle. Gemäß den Prinzipien der Achtsamkeit bedeutet dies, dass all unsere Sinne für das Erleben des aktuellen Augenblicks geschärft sind. Im Umkehrschluss heißt das: Wir sind vielleicht körperlich anwesend, aber nicht wirklich präsent, wenn unsere Sinne aus- oder selektiv eingeschaltet sind, wir im Autopilotmodus ohne Bewusstsein handeln oder unsere Gedanken uns parallel wie Blitze in verschiedenste Richtungen ablenken, so wie ein gefangener Affe, der wild in seinem Käfig umherspringt.

Zur Verdeutlichung ein Beispiel:

Du gehst in deinen Garten, um ihn achtsam zu genießen. Du erfreust dich kurz an einer erblühten Rose, indem du sie betrachtest und an ihr riechst. Dann kommen die Gedanken: „Ist der Geruch angenehm?" „Woran in der Vergangenheit erinnert er mich?" „Weshalb blühen die anderen Rosen nicht so schön?" „Letztes Jahr haben aber mehr Rosen geblüht!" „Morgen muss ich unbedingt Rosendünger kaufen!" „Ach, und diese Rose muss ich zurückschneiden … und das Unkraut jäten … und das Haus aufräumen und …"

Ohne dass du es bemerkst, haben dich deine Gedanken „gehijackt" und deine Sinneserfahrung, ohne zu bewerten den Garten zu betrachten und den Duft der Rose wahrzunehmen, endete nach wenigen Sekunden – eine Rückkehr gibt es nicht.

Hier das Gegenbeispiel:

Du gehst in deinen Garten, um ihn achtsam wahrzunehmen. Du schreitest achtsam, vielleicht barfuß, durch deinen Garten und erspürst bei jedem Schritt das kribbelnde Gras unter deinen Fußsohlen. Du nimmst wahr, wie der eine Fuß abrollt und das Gewicht aufnimmt, kurz vor dem Abheben des anderen Fußes. Zufällig führt dich dein Weg zu einer erblühten Rose. Du betrachtest sie in all ihren Details und Facetten: Blütenblätter, die schon weiter oder weniger geöffnet sind, das Spiel der Farben, du siehst einen Tautropfen, in Zeitlupe herabperlend. Du berührst die Rose, spürst die scharfen Dornen des Stiels und die Zartheit der Rosenblätter. Du riechst den Duft der Rose und es kommt der Doppelgedanke: „Gefällt mir dieser Duft? Woran erinnert er mich?" Du nimmst wahr, dass deine Gedanken auf Wanderschaft gehen, um in der erinnerten Vergangenheit nach ähnlichen Düften zu suchen und eine Bewertung vorzunehmen, ob dieser Duft sich für deine persönliche Kategorie von „angenehm" qualifiziert. Du registrierst, dass deine Gedanken von der Sinnebene des Hier und Jetzt in die Vergangenheit und ins Bewerten abwandern wollten und kehrst zurück zur Wahrnehmung der Rose an sich.

Bald darauf werden dich deine Gedanken immer und immer wieder entführen wollen, aber es gelingt dir, früher oder später, immer wieder zu bemerken, dass du vom Hier und Jetzt und von der puren Sinnesempfindung abgekommen bist, und du kehrst immer wieder hierzu zurück. Allmählich bemerkst du, dass du durch dein Bewusstsein zum Kutscher deiner wie Pferde galoppierenden Gedanken geworden bist und erlebst Momente der Ruhe und des Hierseins im ursprünglichen Sinne.

Wenn das Denken die Sinneserfahrung einschränkt

Oft ist es für kognitiv sehr einfach strukturierte Menschen oder für Menschen, die an Alzheimer erkrankt sind und viele Herausforderungen zu meistern haben, um ihr Leben zu bewältigen, einfacher achtsam zu sein als für „Gedächtnisweltmeister", weil sie weniger von ablenkenden Gedanken irritiert werden. Alzheimer ist eine dementielle Erkrankung, bei der sich die Denkfähigkeit langsam zurückbildet und Betroffene in ihrer Erinnerungsfähigkeit mehr und mehr eingeschränkt sind. Genau dies erleichtert paradoxerweise die Fähigkeit zur Achtsamkeit.

Dazu ein Beispiel:

Als junge Psychologiestudentin habe ich unter anderem ehrenamtlich auf einer Demenzstation beim Londoner *National Health Service* gearbeitet. Die Menschen, die dort lebten, konnten sich oft schon am Folgetag nicht mehr an Erlebtes oder die Begegnung mit mir erinnern. Aber genau deshalb freuten sie sich jeden Tag aufs Neue, mich kennenzulernen. So durfte ich tagtäglich hören, wie schön es sei, dass heute endlich mal ein junger Mensch zu Besuch da ist.

Während gleichaltrige Londoner ohne Demenz aufgrund ihrer Kriegserlebnisse zunächst zurückhaltend waren bei der Kontaktaufnahme mit einer Psychologin aus Deutschland, spielte es für die Demenzbetroffenen keine Rolle, woher ich kam. Die tagtägliche Erstbegegnung war unvoreingenommen und ohne Wertung. Sie sahen mich an, sie hielten meine Hände und erfühlten meine Haut. In diesen Momenten waren sie wesentlich präsenter als so mancher vom Tun getriebene Denksportprofi.

Und jetzt bist du am Zug: Lass die wesentlichen Ereignisse deines Lebens Revue passieren. Welche davon kannst du auf allen Sinnebenen so konkret beschreiben, dass ein anderer Mensch nachempfinden kann, wie es sich angefühlt hat, dein Ereignis zu erleben?

Achtsames Heiraten

Wenn ich Menschen nach ihrer Hochzeit frage, können sie auf der Sachebene Fakten benennen. Sie berichten, wie das Wetter war, wie viele Gäste geladen waren, wie viel die Hochzeit gekostet hat und welchen Schnitt das Brautkleid hatte, wessen Rede die beste und die schlechteste war und erinnern sich an besondere Vorkommnisse. Hochzeitsfotos und Hochzeitsvideos helfen bei der Erinnerung von Details. Nur die wenigsten sind jedoch in der Lage, konkret auf der Sinnebene ein so bedeutsames Ereignis zu beschreiben. Sie sind sprachlos, wenn sie gefragt werden: „Wie hat sich der Gang zum Altar auf der Sinnesebene konkret angefühlt?", „Wo haben Ihre Lippen einander berührt beim ersten Kuss als Verheiratete?" „Wessen Hand hat das Messer geführt, als Sie die Hochzeitstorte gemeinsam angeschnitten haben?" Diese Sinnesdetails kennen die wenigsten. Bei der Tortenfrage können sich die meisten nicht einmal daran erinnern, wessen Hand oben auf lag am Messer, ob beim Anschnitt ein Widerstand zu fühlen war oder das Messer geschmeidig durch die Creme glitt.

Viele geben ein kleines oder großes Vermögen für den vermeintlich schönsten Tag ihres Lebens aus, ohne ihn tatsächlich erlebt zu haben.

Achtsames Essen

Ein anderes Beispiel betrifft uns alle. Es geht um das Thema Essen, das im 1. Kapitel (siehe Kap. 1.5) bereits aufgegriffen wurde. Wie viele Bissen haben wir in unserem Leben bereits in den Mund geschoben, grob gekaut, geschluckt und verdaut? Wie viele Kilokalorien haben wir so in unseren Körper gepumpt, manchmal weil es notwendig war, manchmal aus Gier, Kompensation oder Langeweile mit verheerenden Langzeitfolgen für Figur und Gesundheit? An welche Mahlzeit in deinem Leben kannst du dich auf der Sinnesebene erinnern, sodass deine Beschreibung mir ermöglichen würde, dieses kulinarische Erlebnis nachzuempfinden?

Achtsam zu essen bedeutet, die Mahlzeit vor dem Essen visuell wahrzunehmen, bestenfalls bereits vor dem Kochen, eine Fähigkeit, die uns durch Fast-Food und das Aufwärmen von Fertiggerichten in der Mikrowelle abhandengekommen ist. Hier sind Kochshows und Kochkurse – lernen, mit frischen Zutaten und Schritt für Schritt selbst etwas zuzubereiten – eine positive Tendenz, eine Rückkehr zum Ursprung.

Ist die Mahlzeit fertig auf dem Teller, führt ein achtsam essender Mensch die Gabel zum Mund und spürt, wie die Lippen die Nahrung aufnehmen. Auf dem Weg zum Mund hilft der Geruchssinn, die Aromen der Nahrung auf der Gabel zu riechen. Beim

Beißen ist es möglich zu hören, welche Zutaten aufgrund ihrer Konsistenz kross sind und welche sich lautlos beißen lassen. Anstatt sofort herunterzuschlucken, erfühlen Zähne und Zunge die Konsistenz der Nahrung. Durch achtsames Beißen verändert sich die Konsistenz und eine bunte Palette diverser Aromen entfaltet sich. Verschiedene Zutaten können herausgeschmeckt werden. Achtsames Kauen von Pumpernickel-Brot setzt beispielsweise einen süßen Geschmack frei, der bei sofortigem Schlucken nicht erfahrbar ist. Erst nach langem und achtsamem Kauen werden achtsam der Moment des Schluckens erspürt und der Nachgeschmack, der folgt, wenn die Nahrung die Mundhöhle verlassen hat. Geübte achtsame Esser können sogar erspüren, wie die Nahrung die Speiseröhre entlang gleitet und im Magen ankommt. Sie füllen die Gabel erst dann, wenn der vorherige Bissen achtsam geschluckt wurde, anstatt schon die nächste Schaufel vor der „Futterluke" positioniert zu haben.

Achtsames Essen fördert die Genussfähigkeit und hilft zugleich, die Essensmenge zu reduzieren, etwa bei Menschen, die abnehmen möchten. Anstatt sich das Essen zu verbieten, was in der Regel nicht förderlich ist, weil wir das, was wir nicht dürfen, umso mehr begehren, kommt eine paradoxe Intervention zur Anwendung.

Wenn du zu diesen Menschen gehörst, erlaube dir, alles zu essen, was du möchtest und so viel, wie du möchtest – so lange du es auf eine achtsame Art und Weise isst. Nimmt dein Mund tatsächlich erst dann den nächsten Bissen auf, wenn der vorherige gerochen, geschmeckt, taktil mit Zähnen und Zunge erforscht, gekaut und dann schließlich achtsam geschluckt wurde, hast du deine Essgewohnheit so verlangsamt, dass das Sättigungsgefühl bei einer geringeren Kalorienzufuhr einsetzt, selbst wenn du „verbotene" Nahrungsmittel isst.

Dein dominanter Sinn

Gesunden Menschen stehen grundsätzlich alle fünf Sinne zur Verfügung. Bei Tieren hat sich evolutionsbedingt oft ein bestimmter Sinn besonders stark entwickelt; Hunde z.B. können besser riechen als andere Lebewesen. Bei uns Menschen gibt es keine vergleichbare Spezialisierung, oft aber eine Präferenz für einen bestimmten Sinn. Deshalb lernen Kinder, deren präferierte Sinne Hören und Sehen sind, in herkömmlichen Schulen erfolgreicher, da an der Tafel oder auf Tablets visuelle Reize angeboten werden, die von Lehrenden auditiv kommentiert werden. Unser dominanter Sinn kann, oft ohne, dass wir es bemerken, wesentliche Lebensentscheidungen beeinflussen. Jemand mit einem dominanten Geruchssinn kann beispielsweise einen nach allen Matching-Kriterien gut geeigneten und optisch attraktiven Partner bei einem Date in den sprichwörtlichen Wind schießen, weil der Geruch oder das aufgelegte

Parfum unpassend erscheint. Bei jemandem mit einem ausgeprägten Gehörsinn könnte dasselbe passieren, weil die Stimme der anderen Person nicht auf der als angenehm empfundenen Wellenlänge liegt.

Um anders, im Sinne von bewusster, zu leben, ist es für dich hilfreich zu erkennen, welcher Sinn oder welche Sinne bisher vorrangig für dich war/en. Wenn du achtsame Momente in deinem Leben erschaffen möchtest, beginne gern mit deinem dominanten Sinn und nutze dann bewusst auch alle anderen Sinne, um ihre Nachreifung zu ermöglichen. Hierdurch wirst du dein Leben in seiner gesamten sensorischen Fülle wahrnehmen.

Eine solche Zuwendung hin zu einer volleren und bewussteren Sinneserfahrung kann zu ganz neuen Erlebnissen führen. So geht es z.B. Corona-Genesenen, die endlich wieder schmecken können wie vor ihrer Erkrankung, oder entwöhnten Rauchern, die berichten, dass ihr Geruchs- und Geschmackssinn ihnen wieder erlaubt, Dinge zu riechen und zu schmecken, die sie zuletzt als Kinder oder bevor sie Raucher wurden, geschmeckt und gerochen haben.

Das „Full" in Mindfulness

Mindfulness ist das englische Wort für Achtsamkeit. Übersetzen wir *Mind* der Einfachheit halber mit *Bewusstsein* und *fulness* mit *Vollsein* oder *vollem Sein*, dann bedeutet Achtsamkeit „Vollsein des Bewusstseins". Hierin steckt ein besonderes Prinzip der Achtsamkeit, das sich sowohl psychologisch als auch physikalisch gut nachvollziehen lässt und zugleich zeigt, dass Achtsamkeit auf naturwissenschaftlichen Prinzipien fußt und deshalb keinen Glauben erfordert.

Die physikalische Analogie ist einfach. Ist ein Behältnis vollständig mit einer Materie gefüllt, bleibt kein Raum für etwas anderes. Genau das ist das Prinzip von Achtsamkeit mit allen Sinnen. Ist dein Bewusstsein in einem bestimmten Moment ganz ausgefüllt mit dem Erleben auf allen Sinnesebenen, bleibt kein Raum für ablenkende Gedanken.

Genau hier setzt die Psychologie an: Wenn du selbst solche neutralen Bewusstseinspausen herbeiführen kannst, dann ist es dir auch möglich, automatisierte negative Reaktionsmuster zu unterbrechen und hierdurch dein Leben in eine andere Richtung zu dirigieren.

Beispiel:

Stell dir vor, du liebst deinen Partner / deine Partnerin. Immer wieder kommt es aber ungewollt zu Provokationen, einer von euch beiden fühlt sich vom anderen verletzt und reagiert heftig. Die Emotionen schaukeln sich hoch, ihr sagt oder tut Dinge, die schwer zu heilende Wunden schlagen.

Stell dir nun vor, du könntest zu Beginn einer solch typischen Eskalation einen Moment der Achtsamkeit einschieben, indem du mit deinem Tastsinn spürst, wie deine Füße mit dem Boden verankert sind oder indem du ohne zu bewerten wahrnimmst, wie dein Atem in deinen Körper ein- und ausfließt und wie sich beim Atmen die Bewegungen deines Körpers verändern. Vielleicht nutzt du deinen Sehsinn und beobachtest die Mund- und Körperbewegungen der anderen Person, ohne diese zu deuten.

Auf diese Weise könntest du deine zuvor automatisierte Reaktion bewusst unterbrechen und andere Entscheidungen treffen. Vielleicht hörst du zu, bis die andere Person alles rausgelassen und sich „emotional entleert" hat. Oder du gehst weg mit den Worten: „Lass uns gern ein anderes Mal darüber reden, wenn mehr Ruhe eingekehrt ist!" Oder du hast die innere Freiheit, die andere Person paradoxerweise in der emotionalen Erregung in den Arm zu nehmen und sie wortlos zu halten. Höchstwahrscheinlich würde dein Beziehungsleben einen anderen Lauf nehmen.

Achtsamkeitspraxis

Hauptgeschäftsführer (55 Jahre)

Der Geschäftsführer einer bundesweit etablierten Autohauskette kam in meine Praxis und berichtete, er nutze schon seit Jahren ambulante und stationäre therapeutische Angebote, um sein Burnout-Syndrom zu überwinden. In den Kliniken oder Kureinrichtungen verspüre er eine leichte Besserung, am Tag der Rückkehr ins Büro sei jedoch alles wieder beim Alten.

Ich begleitete ihn an drei typischen Arbeitstagen zu den typischen Orten und Terminen und beobachtete, wo und wann er am deutlichsten im Tun-Modus gefangen war. Wir verankerten an fünf Orten zu fünf festen Zeitpunkten seines typischen Berufsalltags kurze Momente der Achtsamkeit mittels einer kurzen Atemübung, achtsamen Laufens, achtsamen Essens, achtsamen Händewaschens und achtsamen Zuhörens vor jeder Konferenz. Über einen Klingelton seines Handys wurde er an jede Achtsamkeitseinheit erinnert.

Heute lebt er Achtsamkeit im Berufs- und Privatleben und das nicht mehr nur punktuell. Anstatt wie zuvor im Affentempo weiter zu expandieren und die hundertste Filiale zu eröffnen, kommt pro Jahr maximal eine Filiale dazu. Die frei gewordene Zeit hat er in die bestehenden Filialen investiert, die hierdurch noch gewinnbringender laufen. Einen Teil dieses Gewinns reinvestiert er in professionelle Achtsamkeitstrainings für seine Mitarbeitenden in Form von In-House-Trainings, sodass ein Üben im Realkontext ermöglicht wird.

Finanzvorstand (53 Jahre)

Der Finanzvorstand eines Top-Ten-Dax-Unternehmens kam in meine Praxis, weil er Panikattacken hatte, wann immer er in Sitzungen vom Podium aus sprechen musste. Bisherige Therapieversuche waren gescheitert und er nahm Psychopharmaka, um die sich bedrohlich anfühlenden Empfindungen irgendwie zu betäuben, litt dann jedoch unter den Nebenwirkungen der Medikamente.

Durch Achtsamkeit lernte er, vor Beginn einer Rede sein Bewusstsein zu füllen, indem er mit seinen Fußsohlen den Quadratmeter Boden, auf dem er stand, erspürte. Er lernte, die auslösenden „Trigger-Gedanken" früherer Panikerfahrungen zu erkennen und dann Akzeptanz zu zeigen, im Sinne von: „Ach, da seid ihr Gedanken ja wieder. Wenn ihr unbedingt wollt, begleitet mich bei meiner Rede!", und nach jedem Satzende für wenige Sekunden auf Bodenhaftungsachtsamkeit umzuschalten. Gemeinsam übten wir in einem der realen Konferenzräume, indem er dort die Personen in seiner Vorstellung imaginierte, die typischerweise seine kritischsten Zuhörer waren.

Heute ist jede neue Konferenz für ihn die positive Möglichkeit, über sich selbst hinauszuwachsen, wobei er aus sentimentalen Gründen bei jeder Rede, egal wo auf der Welt sie stattfindet, die inzwischen abgetragenen Schuhe trägt, mit denen wir diese Situationen gemeinsam eingeübt hatten.

Medizinstudentin (23 Jahre)

Eine Medizinstudentin aus einfachsten familiären Verhältnissen kam in meine Praxis und klagte, wie ihre Vorfahren mütterlicherseits an schweren Depressionen zu leiden. Sie habe inzwischen schon so viel Unterricht verpasst, weil sie einfach nicht aus dem Bett kommen könne. Sie mache nichts aus dem hart erkämpften Studienplatz und werde bald exmatrikuliert. Alle klassischen Therapiekontingente seien ausgeschöpft und sie wolle Methoden der Achtsamkeit erlernen, von denen sie gelesen habe. Am schwersten falle ihr, sich zu aktivieren. Sie wolle erst die depressiven Gedanken loswerden und dann endlich anfangen zu leben.

Anstatt gegen die depressiven Gedanken anzukämpfen, lernte sie, sich mit ihnen zu versöhnen: „Ihr ungebetenen Gäste, da seid ihr ja wieder. Anstatt darauf zu warten, bis ihr weg seid, nehme ich euch jetzt mit in die Uni! Heute lernt ihr etwas über Neurologie. Falls euch das zu langweilig ist, dürft ihr euch einen anderen Gastgeber suchen, ansonsten bleibt als meine Begleiter!"

Sie lernte, auch die mit der depressiven Stimmung einhergehenden Körperempfindungen ohne Bewertung wahrzunehmen und wir vereinbarten, dass sie trotz der depressiven Begleiterscheinungen (und mit ihnen) zur Uni gehen, die Eingangstür ihrer Fakultät berühren und dann für sich entscheiden sollte, ob sie nach Hause zurückkehrt und sich im Bett die Decke über den Kopf zieht. Sie blieb bei jeder Vorlesung und ist inzwischen voll qualifizierte Fachärztin für Neurologie und Psychiatrie.

Einladung zur Reflexion

Hier & Jetzt
Worauf möchtest du im Hier und Jetzt deiner aktuellen Lesesituation deine Achtsamkeit lenken?

BeSINNung
Was war bisher dein präferierter Sinn?
Auf welchen Sinn hast du bisher am wenigsten geachtet?

Bewertungsfreie BeSINNung im Hier und Jetzt
Wähle etwas aus, was du jetzt, ohne es zu bewerten, mit allen Sinnen erfahren möchtest.

Reminder
To remind kommt aus dem Englischen und bedeutet, sich erinnern. Ein Reminder ist folglich eine Erinnerung oder eine Erinnerungshilfe. Wie möchtest du dich zukünftig daran erinnern, Momente der Achtsamkeit in dein Leben einzuweben, um zukünftig anders zu leben?
Hierfür gibt es unzählige Möglichkeiten. Du könntest z.B. einen bestimmten Ort oder Moment festlegen (z.B. auf dem Weg zum WC oder beim Schließen der Haustür) oder einen bestimmten Zeitpunkt (z.B., wenn ein Gongton, den du auf deinem Handy als Weckton einstellst, dich daran erinnert) oder immer dann, wenn du spürst, dass du mehr tust als du bist. Vereinbare gern einen Reminder, also eine Erinnerung mit dir selbst, um zukünftig anders zu leben.

2.2 Lebensführung im Garten der Achtsamkeit

„Es gibt überall Blumen für den, der sie sehen will."
(Henri Matisse, 1869–1954)

Aus achtsamkeitsphilosophischer Sicht gedeutet beschreibt das blumige Zitat des französischen Malers und bedeutenden Künstlers der klassischen Moderne, dass in der Natur bereits alles vorhanden ist, was der Mensch benötigt, um achtsam zu leben. Es ist nur abhängig vom Willen des Einzelnen, sehen zu wollen. Die Tatsache, dass du jetzt diesem Buch Zeit widmest, zeigt, dass du über diesen Willen verfügst, anders zu leben oder zumindest eine gewisse Neugier in dir trägst, wie eine andere Art zu leben aussehen könnte. Sicherlich wünschst du dir hierzu konkrete Empfehlungen. Was die Achtsamkeit betrifft, so ist eine Empfehlung, mithilfe von Metaphern ihre Prinzipien zu verstehen.

Im vorhergehenden Kapitel wurden Gärten und Rosen als Beispiele für Orte und Naturphänomene angeführt, die klassischerweise geeignet sind, um mit ersten Achtsamkeitserfahrungen zu beginnen. Der Garten ist aber auch eine bedeutsame Metapher, um den philosophischen Nährboden der Achtsamkeit verständlicher zu machen.

Die Lehren der Achtsamkeit sind besonders tief im Buddhismus verwurzelt, und sie wurden in Sanskrit, der ältesten indischen Sprache, verfasst. Sie sollten nicht nur für eine intellektuelle Elite verständlich sein, sondern auch für „einfache" Menschen, die häufig einer Arbeit in der Landwirtschaft nachgingen. Deshalb finden sich so viele bildhafte Bezüge zu Gärten, Landwirtschaft, Flora und Fauna.

Bei Rumi heißt es: „Blicke über deine Gedanken hinaus und trinke den reinen Nektar dieses Augenblicks."

Das Wort „Augenblick" verweist auf das Hier und Jetzt. Außerdem gibt es die Empfehlung, dich durch eine Fokussierung der Sinne von der trügerischen Welt der Gedanken zu lösen, um die Süße des Lebens zu spüren. Für Letzteres verwendet Rumi das Wort „Nektar", eine bildhafte Bezeichnung aus der Welt der Pflanzen.

Den Garten der Achtsamkeit kultivieren

Vereinfacht ausgedrückt, hat jeder Mensch einen eigenen inneren Garten, den es zu kultivieren gilt. Kultivieren im herkömmlichen Sinne bedeutet, zu pflügen, zu pflanzen, zu bewässern, von Unkraut zu befreien. In der Analogie bedeutet es, dass du durch die Art zu leben Gärtner deines eigenen inneren Gartens und schließlich auch deines eigenen Lebens bist. Es geht also darum, wohlwollend für ein gesundes Wachstum in deinem inneren Garten zu sorgen, indem du die Saat des Guten aussähst (Gutes tun), durch regelmäßige Momente der Achtsamkeit deine Aussaat und bereits gewachsene Pflanzen wässerst (Achtsamkeit als wiederkehrende Lebensart praktizieren) und Schädlinge (negative Einflüsse anderer und destruktive eigene Taten) und überwucherndes, sich um die Pflanzen schlingendes Unkraut (Gedankenspiralen und Gefangensein im Tun-Modus), das immer wieder neu versucht zu wurzeln, aus deinem Garten entfernst. Die hoffnungsvolle Botschaft besteht darin, dass du jederzeit in deinen Garten der Achtsamkeit zurückkehren kannst, um ihn zu kultivieren, ganz egal wie zugewuchert er auch sein mag.

Spätestens durch die Beschäftigung mit diesem Buchkapitel hast du bereits den ersten Samen der Achtsamkeit in deinem inneren Garten gepflanzt. Jetzt darfst du dich dazu entscheiden, ihn zu hegen und zu pflegen, sodass er wachsen kann. Den kontinuierlichen Prozess der Gartenpflege nennt man „Kultivierung".

Mono statt Multi

Eine Form der Pflege besteht darin, Freiräume in deinem Leben zu schaffen, in denen du erkennst, dass du dich gerade im Multi-Modus befindest und bewusst zum Mono-Modus zurückkehrst. Das ist eine besonders große Herausforderung in der heutigen Zeit, denn unsere Gesellschaft lehrt uns, dass Multitasking eine erstrebenswerte Fähigkeit sei. Wer mehrere Dinge gleichzeitig erledigen kann, ist effektiver. In einer Welt, die auf Effizienz ausgerichtet ist und in der Tech-Giganten darum wetteifern, schnellstmöglich neue Märkte zu erobern und technische Innovationen ungeachtet ihrer Konsequenzen zu entwickeln, erscheinen Mono-Tasker (Menschen, die sich auf eine Sache konzentrieren) als überholte, lebensunfähige Dinosaurier. Darüber hinaus lernen wir bereits in der Schule, mehrere Dinge zeitgleich zu tun. Die digitalisierte Welt mit ihren vielen Möglichkeiten ist zugleich das Einfallstor in den Käfig, der uns unbemerkt dazu zwingt, im Hamsterrad des unendlichen Tuns auf der Stelle zu treten.

Inzwischen sind wir dermaßen darauf konditioniert, den Moment jederzeit zu unterbrechen, um jede Nachricht auf dem Handy sofort zu lesen. Allein das Handy hat uns also – als Heilsbringer und Burnoutfalle – zu Multitaskern erzogen.

Wann hast du zuletzt etwas gegessen, ohne dabei auf dein Handy oder den Fernseher zu sehen, dich zu unterhalten oder parallel deine Aufmerksamkeit auf eine zweite oder dritte Sache zu richten?

Die Kultivierung deines Gartens der Achtsamkeit erfordert stets Momente des Mono-Seins. Da unser Gehirn inzwischen geprimet, also gewissermaßen darauf konditioniert ist, viele Impulse gleichzeitig zu empfangen, sind eine Entwöhnung und ein digitaler Detox nötig, um überhaupt wieder im Mono-Modus wahrnehmen zu können. Wie bei allen anderen Suchterkrankungen führt jedoch das erneute unachtsame Eintauchen in die digitale Welt, auch nach einer erfolgreichen digitalen Detox-Kur, zurück in die Sucht des Multi-Tuns.

Frei von Wertung im Dukkha-Rad des Lebens

„Solange du nach dem Glück jagst, bist du nicht reif zum Glücklichsein."
(Hermann Hesse)

Bereits der Schriftsteller Hermann Hesse hatte erkannt, dass die teleologische (zielorientierte) Jagd nach einem Idealzustand unmöglich zu Glückseligkeit führen kann. Aus Sicht der Achtsamkeitsphilosophie befeuert diese Jagd sogar zwangsläufig das Gefühl, unglücklich zu sein. Zum einen verführt die Jagd dazu, vom Hier und Jetzt abzuschweifen und einem vermeintlich verbesserten Zustand in der Zukunft hinterher zu jagen. Hierdurch wird der wertvolle Moment des aktuellen Seins unachtsam vergeudet.

Hinzu kommt, dass das Ganze mehr ist als die Dualität zwischen Glück und Unglück oder zwischen Gutem und Schlechtem. Es gibt keine allgemeingültige Definition von Glück. Für manche ist es die Abwesenheit von Unglück, für andere Momente hedonistischer Ekstase oder die Ego-Bestätigung, die mit beruflichem Erfolg wie einer Beförderung einhergeht. Für Menschen, die der Lehre der Achtsamkeit folgen, bedeutet Glücklichsein: Die Fähigkeit, trotz allen zum Leben dazugehörenden Leidens, im Sein des gegenwärtigen Moments mit dem, was ist, zu verschmelzen.

Es ist, wie es ist!

Damit unterscheidet sich die Philosophie der Achtsamkeit, die keine Religion ist, auch merklich von der Positiven Psychologie. Anstatt Lebensrealitäten, Missstände auf der Welt oder Leid, wie es bei manchen Extremverfechtern der Positiven Psychologie vorkommt, schönzureden, geht es im Garten der Achtsamkeit darum, die Realität klar zu erkennen und sie zu akzeptieren (gemäß dem Motto „Es ist, wie es ist"). In Folge dieser Erkenntnis darf selbstverständlich geändert werden, was geändert werden kann, und zwar beginnend bei sich selbst. Das Unveränderliche wird akzeptiert, und um anders mit ihm leben zu können, geht man anders mit ihm um.

Heilsamer Umgang mit Dreck, Matsch und Leid des Lebens

Zur metaphorischen Verdeutlichung hilft das Dukkha-Rad. *Dukkha* ist ein Kernbegriff aus dem Sanskrit und bedeutet Leid und zugleich Dreck. Ganz gleich, wie viel „Glück" wir gehabt haben mögen, Leid ist Bestandteil eines jeden Lebens. So drehen wir das Rad unseres Lebens, manche unaufwändig auf einer glatt asphaltierten Straße, während andere auf einem steinigen Acker schuftend den Karren durch den Dreck ziehen müssen.

Früher oder später sammelt sich Dreck in jedem Lebensrad an, bei manchen mehr, bei manchen weniger. Er erschwert uns das Rollen des Rads. Zuweilen sind es sogar die Schönsten, Reichsten und Erfolgreichsten mit den leichtesten Rädern auf den bequemsten Straßen, die versuchen, dem Unglücklichsein durch Suizid zu entfliehen. Wie du dein Auto oder Fahrrad nach einer Fahrt durch den Matsch reinigst, so ist es ratsam, auch das Dukkha-Rad unseres Lebens regelmäßig zu reinigen, um geschmeidiger durch selbiges zu rollen.

Ausstieg aus Diskrepanzorientierung

Schicksalsschläge, die Thema eines späteren Kapitels sind (siehe 2.5, S. 109 ff.), erweisen sich oft als große, leidvolle Matschklumpen in den Speichen unseres Rads. Darüber hinaus sammeln sich minütlich kleinere Dreckpartikel an, die in der Summe das gesamte Rad zum Stillstand bringen können. Dieser Dreck ist das Produkt unserer eigenen Gedanken, sozusagen selbst produziertes Leid. Es entstammt der ständigen Tendenz des Menschen, einen Idealzustand zu postulieren und dann diskrepanzorientiert zu bewerten, wie weit er und sein Leben von diesem Ideal abweichen.

Da es immer eine Abweichung geben wird, ist ständige Unzufriedenheit vorprogrammiert. Selbst wenn der geglaubte Idealzustand eintreten sollte: Wir können ihn nicht festhalten, weil alles vergänglich ist und die Natur des Menschen darin besteht, immer nach Höherem zu streben. Hierdurch genügen wir uns nie selbst. Andere genügen uns nicht. Unser Leben, so wie es ist, genügt uns nicht.

Lebe anders, indem du immer wieder aussteigst aus diesen Bewertungsmustern, die unser Leben nur scheinbar berechenbarer machen!

Gesellschaftliche Bewertung

Wie die Toxizität des digitalen Wandels das Problem des Multi-Modus-Tuns verschärft, so verschlimmert das gesellschaftlich etablierte Bewertungssystem (das kulturell verschiedenartig ausgeprägt, dennoch überall vorhanden ist) unsere Diskrepanzorientierung. Wir in der westlichen Welt lernen schnell, was von uns gewünscht wird. Lob und Tadel gibt es schon für Kleinkinder, davon abhängig, ob sie sozial erwünschtes Verhalten zeigen, z.B. ihren Teller leer essen, das Zimmer aufräumen und gute Schulnoten nach Hause bringen.

In 12 bis 13 Jahren Schule werden unsere heranreifenden Persönlichkeiten reduziert auf Noten von sehr gut bis ungenügend, später auf ein numerisches Punktesystem von 0 bis 15. Medizin und Psychologie dürfen wir inzwischen nur studieren, wenn wir die Perfektion eines Numerus Clausus von 1,0 oder sogar 0,8 erreicht haben. Aber jeder, der das schwindende Glücksgefühl kennt, das mit der Note „sehr gut" kommt, kennt die Frage: „Aber kann ich diese Note dauerhaft halten?" Bis zum Ende eines Arbeitslebens werden wir beurteilt und bewertet, mal anlassbezogen, mal turnusmäßig, mal subjektiv, mal professionell durch wirtschaftspsychologische Profis.

Der Psychotherapeut und Theologe Carl Rogers (siehe Kapitel 1) hatte bereits erkannt, dass wir als Menschen nur transzendieren und innerlich wachsen können, wenn wir bedingungslose Akzeptanz und Liebe erfahren. Nun scheint es kaum möglich, die Welt derart zu verändern, dass man uns diese Liebe und Akzeptanz entgegenbringt. Aber es liegt in der Möglichkeit jedes Einzelnen, sich selbst und anderen wohlwollend, d.h., nicht wertend und nicht vergleichend, zu begegnen.

Wenn du im Garten der Achtsamkeit Unkraut jätest, dann bedeutet das: Du erkennst, wenn deine Gedanken dich zu Bewertungen verführen. Betrachte die Rose und rieche ihren Duft. Erfahre und erlebe, wie sie aussieht und duftet, anstatt dich zu der Bewertung verführen zu lassen, ob dir Aussehen und Duft gefallen oder gar dazu, was du an ihr verändern möchtest. Lass bewertende Gedanken vorbeiziehen!

Greifen wir das Beispiel des verdreckten Fahrrads oder Autos abschließend noch einmal auf: Mach es sauber und fahr weiter! In der Waschanlage würdest du auch nicht noch mal im Gully nachsehen, wie der abgespülte Dreck aussieht und dich übermäßig mit ihm beschäftigen. Lass ihn abfließen!

Nährendes versus Zehrendes

So, wie es im Garten der Achtsamkeit Bedingungen und Mitlebewesen gibt, die das gesunde Wachstum des Gartens fördern oder behindern, so gibt es in unserem Leben Menschen, Aktivitäten und Lebensbedingungen, die emotional nährend oder zehrend sind.

Der ehrliche Blick hierauf hilft bei lebensverändernden Entscheidungen. Soll dein Garten erblühen und du möchtest zukünftig anders darin leben, werfe Zehrendes auf den Komposthaufen, sodass gegebenenfalls etwas Nährendes daraus werden kann. Bewässere und erhelle nährende Beziehungen und schaffe mehr Raum für nährende Aktivitäten in deinem Garten. Vielleicht gibt es auch exotische oder unscheinbare Pflanzen, um die du deinen Garten erweitern möchtest.

Eventuell gibt es Gewächse in deinem Garten, die du nicht so leicht entfernen kannst, oder du entscheidest dich bewusst dafür, sie in deinem Garten zu belassen, obwohl sie mehr aufzehren als sie Nährendes produzieren. Das ist völlig in Ordnung. Sorge aber dafür, dass du an anderer Stelle Nährendes pflanzt, sodass das Zehrende nicht dominiert. Pflegst du beispielsweise einen Menschen aus Liebe oder Pflichtgefühl und das zehrt an deiner Energie und an deinen Nerven, schau, welche Momente du trotz der Einschränkungen mit diesem Menschen genießen kannst. Könnte dir vielleicht jemand bei der Pflege dieses Menschen helfen? Sorge auch dafür, dass du vor und nach jeder Pflegehandlung Momente der Achtsamkeit und der energetischen Neuladung ganz für dich hast.

Erschaffe und erhalte ein Equilibrium (Gleichgewicht) im Ökosystem deines inneren Gartens!

Achtsamkeitspraxis

Internationaler Schauspieler (42 Jahre)

Ein international bekannter Schauspieler kam in meine Praxis. Finanziell war er sehr gut gestellt, er hatte in vielen Blockbustern mitgespielt und berichtete, wie jedes neue Filmangebot und jede zelebrierte Premiere ihn flüchtig mit einem Glücksgefühl erfülle. Er wurde von vielen beneidet, was für ihn inzwischen gewöhnlich geworden war. Er war zutiefst unzufrieden und überlegte, wie er sein volles und zugleich unerfülltes Leben beenden könnte.

Wir vereinbarten: Bevor er diese Entscheidung treffen würde, sollte er eine Achtsamkeitsreise unternehmen, mit einem sehr geringen Budget, allein, in Regionen, wo man ihn nicht kannte. Dabei führte er ein Achtsamkeitstagebuch, in dem er notierte, was er auf der Sinnesebene erlebte.

Bei seiner Rückkehr hatte er sich längst entschieden, anders zu leben. Er zog in ein anderes Land und heiratete eine Frau, die sich in ihn verliebt hatte und nicht in das öffentliche Bild des Schauspielers. Heute produziert er selbst Filme, in denen es um Momentaufnahmen des Lebens geht.

Gymnasiastin (17 Jahre)

Eine mittellose Schülerin kam in meine Praxis und beklagte, unglücklich mit ihrem Leben zu sein. Sie bringe zwar regelmäßig Einsen nach Hause und werde in der Schule aufgrund ihrer Leistungen respektiert, fühle sich jedoch ungeliebt. Bestätigung bekomme sie nur durch Leistung. Zu Hause erwarte man inzwischen nur Bestnoten, bereits bei einer 1- seien ihre Eltern enttäuscht. Sie würde bei einer so schlechten Note deshalb sofort unkontrolliert in Tränen ausbrechen. Die anderen Jugendlichen seien neidisch auf ihre guten Noten und würden sie als „die Einser-Tussi" labeln.

Was passierte dann? Sie forderte die Mitglieder ihrer Familie auf, je drei positive Eigenschaften aufzuschreiben, die sie an ihr wahrnehmen und die nichts mit Leistung zu tun hatten. Sie ließ sich ein T-Shirt drucken mit der Aufschrift „Ich bin ..." gefolgt von den Lieblingseigenschaften, die ihr attestiert wurden, plus dem selbst formulierten Statement: „Ich bin ich!" In der Schule verbrachte sie Zeit mit „den Chillern", die ihr bisher immer als komplettes Gegenteil und „mega relaxt" vorkamen. Sie entwickelte eine Nachhilfemethode, bei der die gute Note zweitrangig ist und die Freude am Wissensgewinn und an der Kompetenzerweiterung im Vordergrund steht. Obwohl ihre Abiturnote eine Zulassung für alle Studiengänge ermöglicht, möchte sie Philosophie studieren.

Premier-League-Fußballer (24 Jahre)

Ein hoch dotierter Fußballspieler der englischen Premier League kam in meine Einzelcoachingpraxis. Nachdem er mir seinen monetären Wert als Fußballspieler in Pfund mitteilte, wohl in der Erwartung, ich würde mich für einen „wertvolleren Coachee" noch mehr bemühen, wurde schnell klar, dass sein früher Erfolg dazu geführt hatte, dass er seinen Wert als Mensch alleinig auf seine fußballerischen Leistungen reduzierte. Beim Teampsychologen wollte er sich nicht outen, aber er verspürte panikartige Angst, bei Spielen zu versagen, insbesondere deshalb, weil inzwischen neue, jüngere und schnellere Spieler nachgerückt waren.

Wir identifizierten Elfmetersituationen als seine größte Angst, gingen zusammen aufs Spielfeld und verinnerlichten achtsames Schießen, bei dem er jeden Muskel und den Bewegungsablauf der einzelnen Körperteile erspürte. Dabei lernte er, Gedanken wie „Du musst treffen" und „Wenn du den verhaust, bist du wertlos" zu erkennen, auszuradieren und zum Spüren der Schussvorbereitung zurückzukehren. Heute ist er nach wie vor erfolgreicher Fußballprofi und ich freue mich ganz besonders, ihn bei Fernsehübertragungen von Fußballspielen in Elfmetersituationen zu sehen.

Einladung zur Reflexion

Garten der Achtsamkeit

Visualisiere deinen Garten der Achtsamkeit. Welche Samen sind bereits gesät, welche Pflänzchen gepflanzt? Wie möchtest du dafür sorgen, dass dein Garten ausreichend und kontinuierlich Zuwendung bekommt, um zu wachsen und zu gedeihen?

Welche externen Schädlinge und welche Art gedanklichen Unkrauts waren bisher in deinem Garten am häufigsten zu finden? Wie kannst du dafür sorgen, dass sie zukünftig nicht mehr in deinem inneren Garten wurzeln können?

Multi-Modus-Detox

Wie kannst du dich täglich vom Multi-Modus unserer schnelllebigen, effizienzfokussierten Gesellschaft entgiften? Vereinbare mit dir einen Ort und eine Zeit, um täglich zehn Minuten ohne digitale Medien achtsam im Mono-Modus zu erleben, wie z.B. eine Tasse Tee oder Kaffee zu trinken.

Ausstieg aus dem Dukkha-Rad gedanklicher Bewertungen

Welcher hindernde Schlamm steckt gerade in deinem Dukkha-Rad fest und erschwert dir das Rollen deines Lebensrades? Welche gedanklichen Bewertungen haben dazu geführt, dass der Schlamm sich festsetzen konnte? Identifiziere sie und lasse sie bewusst los.

Nährendes fördern

Erstelle eine Liste mit den zehn häufigsten Aktivitäten eines für dein Leben typischen Tages. Schätze diese Aktivitäten ein, indem du ein N für *nährend* oder ein Z für *zehrend* hinter die einzelnen Aktivitäten schreibst. Manche Aktivitäten können nährend und zugleich zehrend sein.

Schaue dann, ob die nährenden Aktivitäten in deinem Alltag überwiegen. Falls nicht, ändere deine Bilanz, indem du proaktiv entscheidest, welche zehrenden Aktivitäten du gegen mehr nährende Aktivitäten ersetzen kannst. Manchmal genügt es, eine Aktivität auf eine andere Art und Weise zu gestalten, um sie in etwas Nährendes umzuwandeln.

Wer sind die zehn Menschen, mit denen du am häufigsten in deinem aktuellen Leben zu tun hast? Wie wirken sich diese Kontakte auf deine Nährend-Zehrend-Bilanz aus? Wenn du erkennst, dass es eine ungesunde Bilanz ist, ändere die Konstellation der Menschen in deinem Leben, indem du mehr nährende Bindungen eingehst und mehr zehrende Bindungen beendest. Sollte das nicht möglich sein, schaue, wie du die zehrenden Bindungen gesünder für dich gestalten kannst.

2.3 Achtsamkeit mit Tieren und in der Natur

> *„Lass deinen Geist still werden wie einen Teich im Wald. Er soll klar werden, wie Wasser, das von den Bergen fließt. Lass trübes Wasser zur Ruhe kommen, dann wird es klar werden, und lass deine schweifenden Gedanken und Wünsche zur Ruhe kommen."*
> (Buddha)

Metaphern aus der Natur

Mithilfe naturbezogener Metaphern lassen sich die Prinzipien der Achtsamkeit besonders gut verdeutlichen. Zugleich ist die Natur selbst in ihrer ganzen Vielfalt ein besonders geeignetes Erkundungsfeld, um Achtsamkeit zu praktizieren. In der Natur sind wir unserem eigenen Sein am nächsten, da wir selbst Teil der Natur sind, aus ihr kommen und im Zyklus des Lebens wieder zu Staub oder Asche zerfallen. Selbstverständlich können wir auch achtsam beobachten, wie sich der Zeiger einer Uhr mechanisch bewegt oder achtsam zuhören, wie unsere Kaffeemaschine brummt und zischt. Achtsamkeitserfahrungen in der Natur jedoch verbinden uns darüber hinaus mit den Wurzeln unseres Seins, weshalb beispielsweise Bergwandern (siehe Kap. 1.6, „Berge versetzen") so effektiv ist.

Das Buddha-Zitat zu Beginn dieses Unterkapitels ist ein Bespiel für ein naturbezogene Metapher. Es verdeutlicht, dass unser Geist durch die Hektik des Alltags und die – durch die (Fehl-)Deutungen unserer Gedanken ausgelöste – Verwirrung eingetrübt ist. Wir glauben zu wissen, aber durch den interpretativen Drang unserer Gedanken verkennen wir häufig den Unterschied zwischen Tatsache und Deutung. Fehldeutungen führen zu Fehlinterpretationen, unnötigen Gefühlswallungen und münden schließlich in Handlungen, die Konsequenzen nach sich ziehen.

In hunderten von Achtsamkeitstrainings habe ich ein Szenario benutzt, in dem die Teilnehmenden sich Folgendes vorstellen: In einer gut besuchten Fußgängerzone sehen sie auf der anderen Seite eine ihnen bekannte Person, die sie von Weitem grüßen. Die andere Person geht weiter.

Anschließend werden die gedanklichen, emotionalen und physiologischen Reaktionen sowie die Verhaltensimpulse der Teilnehmenden analysiert. Diejenigen, die noch ganz am Anfang des Achtsamkeitstrainings stehen, interpretieren meistens negative Absichten – die andere Person habe sie absichtlich ignoriert. Daraus resultieren negative Folgegedanken über die Person: Auf emotionaler Ebene Enttäuschung und Wut und manchmal sogar der Entschluss, die Person beim nächsten Mal zu ignorieren oder sich an ihr zu rächen.

Andere Teilnehmende suchen irgendeine Schuld bei sich selbst und glauben, etwas Negatives getan zu haben und deshalb nicht zurückgegrüßt worden zu sein. Die hieraus resultierenden Emotionen: Scham und Traurigkeit, die unmittelbare körperliche Reaktion, den Kopf zu senken und sich verstecken zu wollen, Vermeidung und sozialer Rückzug.

Auf die Frage, was im Szenario passiert sei, antworten erstere: „Die blöde Person war so frech, mich absichtlich nicht zurückzugrüßen." Die selbstunsicheren Teilnehmenden antworten: „Ich habe bestimmt etwas getan oder die andere Person schämt sich für mich und hat nicht zurückgegrüßt, um in der Fußgängerzone nicht zu zeigen, dass wir uns kennen."

Dieser Drang, alles interpretieren zu wollen, wurde schon in den 1930er-Jahren als „effort after meaning" bezeichnet: Um die Welt verstehen, einordnen und vermeintlich kontrollierend einschätzen zu können, selektiert unser Gehirn fortwährend Informationen und generiert Deutungen, die es uns dann als Tatsachen präsentiert.

Am Ende des Achtsamkeitstrainings haben die Teilnehmenden gelernt, dass ihre Emotionen und Reaktionshandlungen die Folge von Deutungen ihres unruhigen Geistes sind, negativ genährt durch persönliche Unsicherheiten und unterstellende Interpretationen. Denn was ist tatsächlich passiert? Sie haben in der Fußgängerzone eine Person von Weitem gegrüßt und dann gesehen, dass diese Person weiterging. **STOP!** Alles Folgende waren negative Interpretationen. Vielleicht hat die andere Person den Gruß gar nicht gesehen. Oder vielleicht fühlte sie sich gar nicht gemeint und dachte, jemand anderem gelte der Gruß. Es könnte auch sein, dass die Grüßenden in der vollen Fußgängerzone das Zurückgrüßen aus der Ferne nicht gesehen haben.

Und so geht es uns Tag für Tag: Mehrfach fehlinterpretieren wir etwas – mit verheerenden Folgen für unser Selbstwertgefühl und unsere sozialen Bindungen.

Nach einer meditativen Übung oder einigen Momenten der Achtsamkeit, aus einem ruhigen Geist, der klar bis auf den Grund eines Teiches blicken kann, anstatt sich im getrübten Gedankenmorast zu verirren, bleiben die negativen Fehldeutungen des oben beschriebenen Szenarios übrigens aus!

Achtsamkeit in der Natur

Achtsamkeit in der Natur ist eine effektive Möglichkeit, um den Geist immer wieder beruhigend zu ankern. Weil die Natur alle Sinne anspricht, ist Achtsamkeit in der Natur ein besonders erfüllendes Erlebnis. Weder Uhr noch Kaffeemaschine duften, glücklicherweise zumindest der Kaffee selbst, also das Produkt. Begegnen wir einem Baum mit all unseren Sinnen, können wir ihn nicht nur betrachten oder uns an ihn lehnen. Wir können seine unterschiedlichen Gerüche wahrnehmen, die er je nach Jahreszeit hat. Wir können die feinen Äderchen der Blätter ertasten und die Beschaffenheit der Baumrinde und seiner Früchte.

Achtsamkeit mit Tieren

Am intensivsten sind Achtsamkeitserfahrungen mit Tieren. Man kann sie sehen, hören, riechen und spüren, nicht nur statisch wie einen Baum, sondern in der Bewegung, in der Interaktion. Genau deshalb erfreuen sich tiergestützte Therapieformen mit Hunden, Pferden, Eseln, Alpakas und vielen anderen Tieren immer größerer Beliebtheit. Sie sind sogar dazu geeignet, Menschen, deren Erlebensweisen dem autistischen Formenkreis zugeordnet werden, „ins" Fühlen und in die Interaktion mit einem anderen Lebewesen zu bringen.

Ein Grund für die Intensität tierbezogener Achtsamkeit ist die Wahrhaftigkeit von Tieren. Sie sind. Sie sind so, wie sie sind. Sie sind wahrhaftig und unverstellt.

Bereits der französische Philosoph Michel de Montaigne (1533–1592) schlussfolgerte: „Fürstenkinder lernen nichts gründlich, außer vielleicht das Reiten: Das Pferd ist weder ein Schmeichler noch eine Hofschanze und wirft den Sohn des Königs ebenso gut ab wie den Sohn des Karrenschiebers."

Der Hund als besserer Mensch

Tierliebe ist ehrlich und unschuldig. Tiere lieben bedingungslos, ohne zu bewerten oder zu verurteilen. Deshalb haben Menschen verschiedenster Herkunft die Authentizität von Tieren schon immer hervorgehoben. Unter ihnen war der amerikanische Schriftsteller Josh Billings (1818–1885), der besonders den Hunden Tribut zollte: „Mit Geld kann man einen guten Hund kaufen, aber nicht das Wedeln seines Schwanzes." Und: „Der Hund ist das einzige Wesen auf Erden, das dich mehr liebt als sich selbst."

Johannes Rau (1931–2006), der achte Bundespräsident der Bundesrepublik Deutschland, der allein aufgrund seines Amtes viele menschliche Begegnungen weltweit machen durfte, kam zu dem Schluss, dass Hunde die besseren Menschen seien: „Mein Hund ist als Hund eine Katastrophe, aber als Mensch unersetzlich!"

In eine ähnliche Trompete wie Rau blies der legendäre Jazz-Musiker Louis Armstrong (1901–1971), wenn es um die Vorzüge des Hunds als achtsamen Gefährten ging: „Mit einem kurzen Schweifwedeln kann ein Hund mehr Gefühl ausdrücken als mancher Mensch mit stundenlangem Gerede."

Überwältigende Momente der Achtsamkeit mit Tieren

Im achtsamen Kontakt mit Tieren ist es möglich, belastende Lebensereignisse zu bewältigen, man kann aber auch überwältigend positive Lebenserfahrungen machen.

Traumabewältigung mit Archi und Gretchen

Zu meinen wichtigsten Weggefährten gehören die Therapie-Beagle Archi und Gretchen. Bei meinen eigenen Kindern konnte ich beobachten, mit welcher Stimmung sie aus dem Kindergarten oder aus der Schule kamen. Flog der Ranzen in die Ecke und sie legten sich zu einem der Hunde auf den Teppich, war sofort klar, dass sie etwas erlebt hatten und die Hunde quasi automatisch als heilsame Tröster oder bei positiven Erlebnissen als Glücksteiler dienten – und zwar noch bevor ich erfuhr, was passiert war. Bei belastenden Ereignissen war das Erlebnis nach dem Hundekuscheln sicher nicht besser, aber der Umgang damit anders.

Aufgrund dieser Beobachtung band ich insbesondere Archi vermehrt in Therapiesitzungen mit traumatisierten Menschen ein und machte die Erfahrung, dass über die empirisch validierten, inzwischen weit entwickelten traumatherapeutischen Methoden hinaus es die Präsenz und Wärme des vertrauensvoll auf dem Rücken liegenden Archis war, die es Menschen wesentlich erleichterte, mit der Hundepfote in der Hand gefühlt Unaussprechliches zu verbalisieren.

Überwältigender Moment der Achtsamkeit mit Tauben

Noch heute ist die in den 1960er- und 1970er-Jahren als Schönheits- und Sexidol bekannte Brigitte Bardot vielen Menschen ein Begriff. Sie war bereits sehr jung als Schauspielerin zu Rum gekommen, hatte mehrere gescheiterte Ehen hinter sich und war mit daran beteiligt, dass das ursprünglich kleine Fischerdörfchen St. Tropez zum Inbegriff des Jetsets wurde. Heute ist sie politisch umstritten und widmet sich seit vielen Jahren ausschließlich dem Tierwohl.

Zurückblickend auf ihr Leben resümiert die 1934 geborene Bardot: „Meine Jugend und meine Schönheit schenkte ich den Männern. Jetzt widme ich meine Weisheit und meine Erfahrung den Tieren."

Ein besonderes Achtsamkeitserlebnis bietet sich täglich den vermögenden Yachtbesitzern, Möchtegerneignern und einfachen Badenden, die zur richtigen Zeit vor Bardots Küstenhäuschen *La Madrague* vor Anker gehen. Jeden Tag zur selben Zeit fliegen hunderte von Tauben aus allen Himmelsrichtungen auf das kleine eher Hütte als Haus zu nennende Anwesen zu und positionieren sich dort auf den Terrakottaschindeln. Sie warten auf ihre Fütterung, gurren und begrüßen schließlich die Hauseigentümerin, indem sie auf ihr zerzaustes Haar zufliegen. Dieses tierische Naturereignis ist so überwältigend, dass in St. Tropez vorübergehend die schrille Partymusik verstummt. Yachteigner wenden ihren Blick von ihren plastisch modellierten Jungschönheiten ab, das Schiffspersonal hält inne und pausiert beim Schrubben der Bootsplicht. Für einige Augenblicke sind alle eins, vereint in dem Erlebnis dieses Naturschauspiels.

Achtsamkeitsbasierte Managementtrainings mit Pferden

Ein Zitat unbekannten Ursprungs besagt, dass man Glück nur anfassen könne, wenn man ein Tier streichelt, und jedes Kind weiß, wo das Glück der Erde zu finden ist: auf dem Rücken der Pferde.

Mehr und mehr Studien beschäftigen sich inzwischen mit Achtsamkeit durch das edle Wesen Pferd. Laut einigen dieser Studien wird bereits das achtsame Betrachten von Pferden auf einer Weide von den Beobachtenden als erholsam eingeschätzt. Als praktizierende Achtsamkeitstrainerin und passionierte Pferdeliebhaberin kombinierte ich beides in meiner Abschlussarbeit an der *University of Oxford* und entwickelte achtsamkeitsbasierte, pferdgestützte Therapieformen und Managementtrainings mit verblüffenden Ergebnissen.

Das bislang eindrucksvollste Ergebnis ist, dass ausgerechnet diejenigen – meist erfolgsorientierte „24/7-Anzugträger" –, die mit Tieren gar nichts am Hut und gerade um Pferde einen besonders großen Bogen gemacht hatten, am meisten von der achtsamen Begegnung mit diesen Tieren profitierten. Ohne Vorerfahrungen und oft eher mit einer Aversion gegen Pferde kamen sie nur, weil ihr Arbeitgeber es angeordnet hatte oder weil sie mir als Coach keinen Korb geben wollten.

Zwanghaft kontrollierende Manager lernten – mit und von dem Pferd – loszulassen. Und die eher unsicheren machten die Erfahrung, die Zügel der Führung selbstsicher und zugleich achtsam empathisch in die eigene Hand zu nehmen. Noch erstaunlicher war, dass sie vielleicht erstmals nach langer Zeit ins Spüren und Erleben kamen. So konnten sie später benennen, wie sich die warme Luft anfühlt, die die Pferde aus ihren samtweichen Nüstern ausatmen, die Weichheit des Fells im Vergleich zu Schweif und Mähne zu spüren und wie es sich anfühlt, gegen den Strich zu putzen. Weil sie zunächst Furcht vor der Begegnung hatten, waren sie vorsichtig achtsam, woraus sich dann eine positive Achtsamkeit entwickelte, die Sauberkeitsfanatikern ermöglichte, sogar den Staub der Pferde zu tolerieren und, auf einem Strohballen liegend, die achtsame Erfahrung vertiefend Revue passieren zu lassen.

Zusammenfassend schließt dieses Kapitel mit den Worten der deutschen Lyrikerin Roswitha Block: „Achtsamkeit bedeutet, behutsam sein mit sich selbst und allen Geschöpfen dieser Erde."

Achtsamkeitspraxis

Manager der Finanzbranche (52 Jahre)

Ein hochrangiger Manager der Finanzbranche wurde zu einem pferdgestützten Achtsamkeitstraining an mich verwiesen. Aufgrund seines kontrollierenden Führungsstils hatten derart viele Mitarbeitende gekündigt, dass die Geschäftsführung einen anderen Weg gehen wollte, um seine Führungskompetenz zu erweitern. Herkömmliche Führungstrainings waren bereits gescheitert.

Unmotiviert und voller Widerstände erschien der Manager in für ein pferdgestütztes Training unangemessener Kleidung. Wir einigten uns zunächst auf den kleinsten gemeinsamen Nenner, den Tag irgendwie mit den Pferden herumzukriegen. Von allen Pferden wählte er das kleinste Pony aus.

In der Reflexion wurde er sich seiner eigenen Ängste gewahr, dass alles Neue nicht kontrollierbar sei, so auch die Pferde. Deshalb hatte er auch die neuen Skills vorheriger Führungskräftetrainings nicht angewandt. Wir testeten seine Deutung, dass Neues stets negativ und bedrohlich sei, indem er sich Schritt für Schritt auf zahlreiche Ersterlebnisse mit dem Wesen Pferd einließ. Schließlich bat er darum, mit unserem Riesenpferd zu interagieren und bemerkte, dass der sanfte Riese viel einfacher zu führen ist als ein störrisches Pony und seine Furcht deutungsbedingt und nicht real war. Mit Pferdegeruch, Resten von Heu, Stroh und Staub verließ er beglückt den Hof. Wie beim Führen der Pferde wollte er künftig einen sicheren Weg vorgeben und sich zugleich in das Tempo und die Befindlichkeiten der Mitarbeitenden einfühlen.

Traumatisiertes Mädchen nach Hundeattacke (12 Jahre)

Ein Mädchen, das von zwei Kampfhunden angefallen und entstellt worden war, wurde in meine Praxis gebracht. Auf ihrem ersten Weg ins Behandlungszimmer umrundete sie mit großem Abstand das Körbchen von Beagle Archi, der unangeleint darin ruhte und still die Augen zu ihr hochrollte.

Mittels traumaspezifischer Techniken lernte ihre Psyche, das Erlebte zu bewältigen. Am Ende der Behandlung, Monate später, reflektierte sie die Therapie und bedankte sich. Die heilsamste Erfahrung, abgesehen davon, endlich Flashbacks und Albträume losgeworden zu sein und wieder unter Hunden im Park spazierengehen zu können, war der Kontakt zu Archi. Der lag bei der Abschiedssitzung breit auf dem Rücken ausgestreckt auf ihrem Schoß, während sie seine langen, samtigen Schlappohren in kreisenden Bewegungen streichelte. Im Lauf der Behandlung hatte er sich eigenständig – scheinbar proportional zum Behandlungsfortschritt – Sitzung für Sitzung, Stück für Stück an sie herangerobbt, sodass es zu einer natürlichen Annäherung kam, die Archi selbst aufgrund seines achtsamen Einfühlens in das Mädchen dosierte. Sie nahm ein Foto von Archi mit in ihr Leben und besucht den inzwischen ergrauten Beagle-Herren auch heute noch.

TV-Moderatorin (55 Jahre)

Eine erfolgreiche TV-Moderatorin kam in die Achtsamkeitspraxis, da sie sich entfremdet fühlte. Seit Jahren habe sie nur Kameras um sich herum und ein zwar nettes Team, das jedoch auch technisch spezialisiert sei, auf Kamera-, Ton- und Schnitttechnik. Die dicke Schminke fühle sich an wie eine Maske, mit der sie inzwischen durchs Leben ginge, um innerhalb der vorgegebenen Sendezeit Kontroversen und Konflikte zu befeuern, die die Zuschauer an den Fernseher fesseln sollten.

Ein Achtsamkeitscoaching mit Pferden half ihr, sich anders wahrzunehmen und die Person hinter der Maske aus Make-up und Lidschatten kennenzulernen. Heute moderiert sie weiterhin ihre Show und steht mindestens genauso lange hinter der Kamera, um Tiere zu filmen und so mithilfe der Technik achtsam magische Momente festzuhalten.

> **Einladung zur Reflexion**
>
> *Deutung versus Tatsache*
> Lass bitte den letzten Monat Revue passieren. Was war deine heftigste Reaktion? Rekonstruiere, welche Emotionen dieser Reaktion vorausgegangen sind. Welche Gedanken waren die Vorboten dieser Emotion? Was war der erste Gedanke, der diese Gedankenkette auslöste? War dieser Gedanke eine Deutung der Situation oder eine Tatsache? Bedenke, dass als Tatsache gilt, was wissenschaftlich beweisbar ist, ohne dass andere Interpretationen – ganz gleich wie unwahrscheinlich sie erscheinen – möglich sind.

Achtsamkeit mit dem Naturelement Wasser
Dein nächstes Duschen ist eine Chance, Achtsamkeit durch das Naturelement Wasser zu erleben. Stehst du, so wie immer, unter der Dusche, kommen vielleicht automatisch Gedanken, die in der Vergangenheit typischerweise deine Duscherfahrung begleitet haben, Gedanken über deinen Körper, Gedanken über Beziehungen, Gedanken über deine Arbeit oder dein Studium und Planungen. Vielleicht denkst du darüber nach, was heute zu tun ist oder du denkst an politische Entscheidungen, die möglicherweise dazu geführt haben, dass du es dir nicht mehr leisten kannst, warm zu duschen.

Stattdessen erspüre einmal deine Haut vor dem Duschen und richte dann, beim Duschen, alle Sinne auf das Element Wasser. Erspüre, wo die ersten Tropfen deinen Körper berühren und folge dem Fluss des Wassers über deinen Körper. Wo und wie genau fließt das Wasser? Wohin kullern einzelne Tropfen? Welche Körperteile sind ausgespart, wenn du dich nicht aktiv bewegst, damit Wasser dorthin fließt? Erspüre die Temperatur und den Geschmack des Wassers auf deinen Lippen. Erspüre, wie deine Hände beim Einseifen über deinen Körper gleiten, die Konsistenz von Schaum und das Trocknen des Wassers auf deiner Haut, wenn du die Duscharmatur ausdrehst.

Du hast vermutlich tausende Male in deinem Leben bereits geduscht. Wie oft davon achtsam?

Achtsamkeit mit Tieren
Du bist herzlich eingeladen, Achtsamkeit mit Tieren zu erleben. Bist du ohnehin ein großer Tierfan, ist JETZT ein guter Moment, im Mono-Modus einige Augenblicke ganz und mit allen Sinnen bei deinem Tier zu sein. Hast du kein eigenes Tier, besuche eins im Tierheim.

Nimm darüber hinaus achtsamen Kontakt zu einem Tier auf, das du bisher noch nicht erspürt hast. Am größten ist der Erfahrungswert, wenn du ein Tier auswählst, das dich bisher wenig interessiert hat oder vor dem du dich eher etwas fürchtest. Besteht eine reale Gefahr, plane diese Begegnung bitte mit geschulten Begleitern vom Fach, die Experten für dieses Tier oder Konfrontationstherapie sind. Es braucht kein Löwe zu sein. Ein Regenwurm oder eine Motte sind ebenso geeignet.

Hattest du bisher gar kein Faible für Tiere, wähle für die erste Begegnung ein Tier aus, auf das du dich am ehesten einlassen kannst. Begegne dem Tier so, dass du einem anderen Menschen, der dieses Tier nicht kennt, hinterher berichten kannst, wie es aussieht, riecht, sich anfühlt und anhört, sodass diese andere Person die Begegnung auf allen Sinnesebenen nachempfinden kann, ohne dem Tier selbst begegnet zu sein.

Achte dabei auf die menschliche Tendenz, das Erlebte zu bewerten. Statt zu bewerten („Es hat sich so schön angefühlt" oder „Es hat ekelig gerochen"), beschreibe nicht wertend, was du wahrgenommen hast und kombiniere dadurch Gelerntes aus den vorhergehenden Unterkapiteln.

2.4 Achtsamkeit in menschlichen Beziehungen

„Es ist nicht wichtig, was du betrachtest, sondern was du siehst."
(Henry David Thoreau)

Die Schnelllebigkeit des digitalen Wandels hat sich viral auf die meisten Lebensbereiche übertragen. Noch in den 1980er-Jahren galt es als Tugend, einem Arbeitgeber möglichst lange – manchmal sogar lebenslang – „treu" zu sein. Heute zeichnet sich aus, wer viele verschiedene Berufsstationen vorweisen kann, möglichst progredient, das bedeutet, dass sie im Verlauf höherrangig werden, gemessen an Status, Einkommen und Verantwortung. Die Bereitschaft, Herausforderungen zu bewältigen, nimmt ab. Lieber wechseln wir zu einem anderen Arbeitgeber, sobald erste Probleme auftauchen.

Ähnlich verhält es sich mit menschlichen Beziehungen, insbesondere Partnerschaften. Bei ersten Dissonanzen oder wenn die Partnerschaft den Charme des Neuen verliert, jagen Menschen dem nächsten Verliebtheits- oder auch nur Sexerlebnis hinterher, immer häufiger sogar, während die aktuelle Beziehung noch besteht. Immer schneller langweilen wir uns und es locken das Überangebot vielversprechender Datingplattformen und unverbindliche Erotikabenteuer.

Gleiches gilt für Freundschaften. Aufgrund der Globalisierung können wir ausgiebig reisen und neue Bekanntschaften schließen, auf manchen Kreuzfahrtschiffen mehrere pro Abend. Langanhaltende Freundschaften, die bedeuten, auch das Dünn in „durch dick und dünn gehen" auszuhalten, werden zunehmend seltener.

Das hat damit zu tun, dass wir uns immer mehr von Oberflächlichkeiten leiten lassen und das schnelle hedonistische Glück suchen, das im Reiz des Neuen liegt. So lassen wir uns verführen, ein neues Handy oder Auto zu kaufen und ständig neue Beziehungen einzugehen. Dabei würde es sich lohnen, den aktuellen Partner tiefgründiger und achtsamer zu erleben. Achtsame Partner gucken einander nicht an, sie SEHEN einander. Achtsame Partner übertönen einander nicht im Redeschwall. Sie HÖREN einander. Achtsame Partner sind auch nach vielen Jahren sexuell erfüllt, denn sie erleben jede Berührung als neu und einzigartig, wenngleich sie sie mit demselben Menschen erfahren.

Achtsame Menschen könnten ihre Partner unter Tausenden identifizieren, nur anhand ihrer Augen, Stimme oder ihres Geruchs. Mit verbundenen Augen könnten sie das eigene Pendant erkennen, nur durch einen Kuss oder eine Berührung.

In achtsam geführten Beziehungen geht es nicht darum, mit wem was erlebt wird. Selbstverständlich sind im Liebesleben neue Spielweisen erlaubt, im Vordergrund steht jedoch das Wie, die Art und Weise, den Moment mit dem anderen mit allen Sinnen in sich aufzunehmen.

Weshalb streben Milliarden Menschen weltweit täglich nach einem Orgasmus? Genauer betrachtet ist es der Moment der intensivsten Entspannung, also der Augenblick, in dem du maximal loslässt und dabei ganz und vollumfänglich das SEIN in deiner eigenen Lebensenergie spürst.

Die Prinzipien partnerschaftlicher Beziehungen lassen sich selbstverständlich per se auf alle menschlichen Bindungen übertragen. Beim Besuch eines kranken oder alten Menschen in einer Einrichtung schafft es mehr Nähe, die besuchte Person – vielleicht sogar ohne Worte – aktiv und bewusst zu SEHEN, zu berühren und zu streicheln, als routinemäßig die mitgebrachen Blumen in einer Vase zu platzieren, obligatorisch zur Begrüßung und zum Abschied zu umarmen und die gemeinsam verbrachte Zeit mit belanglosen Worthülsen zu füllen.

Im Umgang mit Kindern ist es besonders wichtig, über das Reden und Instruieren, das Tun und Tadeln hinaus stille Momente, beispielsweise des Haltens und des Betrachtens, in den stressigen Alltag einzuweben.

Achtsamkeitspraxis

Verwaltungsjurist (29 Jahre)

Ein junger Jurist suchte mich auf, weil er unzufrieden war mit seinem ihm sinnlos erscheinenden Leben. Er habe alles, was gesellschaftlich wünschenswert sei, einen anerkannten Job, ein gutes Aussehen, sichere finanzielle Verhältnisse, eine attraktive Partnerin. Über Erotik-Dating-Portale organisierte er heimlich Erotikabenteuer mit anderen Frauen in Hotels. Diese Abenteuer eigneten sich, um kurze, intensive Kicks zu erzeugen und zugleich sein Selbstwertgefühl als Mann zu bestätigen. Nach kurzer Zeit ebbte das positive Gefühl ab und hinterließ eine Leere, die er versuchte, mit dem nächsten Erotikabenteuer zu füllen. Daraus war eine Sucht geworden, die ihm Probleme bereitete, da er sich bald mit allen willigen Frauen aus der Umgebung sexuell vergnügt hatte.

Der Weg der Achtsamkeit war für ihn zunächst wie eine Entziehungskur – als würde man jemanden, der täglich die verschiedensten Speisen und aphrodisierende Cocktails genießt, schlagartig auf Wasser und Brot setzen. Er kappte zunächst alle sexuellen Beziehungen, was anfangs nicht ohne Rückfälle blieb. Doch schließlich lernte er, sich selbst zu erkennen und zu lieben. Seine nächste Beziehung begann er zunächst ohne Sex, und danach praktizierte er ein Jahr lang seine Sexualität bewusst ohne Zielorientierung, also ohne aktiv auf Orgasmen hinzuarbeiten. Was inzwischen aus ihm geworden ist, weiß ich nicht.

US-Sängerin (34 Jahre)

Eine amerikanische Sängerin meldete sich zum Online-Coaching auf Englisch an. Viele Partnerschaften hatte sie in der Glamourwelt des Showbiz begonnen, und keine hielt länger als ein halbes Jahr. Sie wollte wissen, ob europäische Psychologen vielleicht einen anderen Ansatz hätten, um solche Beziehungsabbruchsbiografien zu durchbrechen.

Gemeinsam analysierten wir das Muster ihrer Partnerwahl und bemerkten, dass nicht sie aktiv ihre Partner ausgewählt hatte, sondern sie jedes Mal ausgewählt wurde. Ihre bisherigen Partner waren allesamt Männer, die in ihrem Licht strahlen wollten und in der Vorgeschichte ausschließlich kurzlebige Partnerschaften geführt hatten. Alle waren sie ins Beginnen verliebt und wechselten – je nach Interesse der Medien an ihren neuen Beziehungen – schnell zum nächsten Star oder Sternchen.

Unter ihrem unbekannten zweiten Vornamen begann sie selbst zu daten und traf Männer, die aus ihrem bisherigen Raster fielen und in der Vergangenheit bereits langlebige Beziehungen geführt hatten, etwa Männer, die nach vielen Ehejahren verwitwet waren. Sie trafen sich an nicht besonders glamourösen, abgeschiedenen, „schnörkellosen" Orten. Mit denjenigen, die für sie infrage kamen, verbrachte sie eine Woche in einem einfachen Bergdörfchen und dann ging jeder seiner Wege, um zu erfühlen, ob sie einander vermissten. Schließlich heiratete sie einen Witwer aus der Schweiz, der ohne Fernseher lebte, keinen ihrer Song-Clips gesehen hatte und sich in die Frau anstatt in ihren Ruhm verliebte.

Psychologin und Buchautorin (50 Jahre)

Ich bin aktuell im zweiundzwanzigsten Jahr in erster Ehe verheiratet. Obwohl ich in der Regel sehr rational und bedacht entscheide, heiratete ich meinen Mann, nachdem wir uns in jüngeren Jahren schicksalhaft am Ende der Welt in einem Antikcafé für Senioren getroffen und nur zwei Wochenenden und eine gemeinsame Urlaubswoche miteinander verbracht hatten. Als die Standesbeamtin mir die alles bedeutende Frage stellte, ob ich ihn heiraten wolle, dachte ich, wie verrückt es doch sei, sich als psychologischer Profi lebenslang an einen Fremden zu binden, der sich über einen so kurzen Zeitraum problemlos verstellen könnte.

Auf der Sinnebene fühlte sich alles stimmig an und so sagte ich JA. Wir heirateten heimlich, ohne Eltern, ohne Gäste, ohne Feier, ohne jegliches vom Wesentlichen ablenkendes Tamtam und über eine Woche erzählten wir niemandem davon. Obwohl ich bis dahin von einer prinzessinnenhaften Traumhochzeit geträumt hatte, war dieser pure Moment des „ganz WIR" die innigste und schönste Hochzeit, die ich mir hätte vorstellen können.

Für Freunde und Familie folgte Monate später noch eine Feier. Für den Eröffnungstanz wählten wir *Annie's Song* von John Denver aus, der – wahrscheinlich, ohne dass es dem Interpreten bewusst war – die Magie der Liebe vergleicht mit der Magie durch Achtsamkeit erfüllter Sinne in der Natur:

„You fill up my senses
Like a night in the forest …"

Einladung zur Reflexion

Achtsamkeit mit Kindern oder alten Menschen

Hast oder kennst du Babys, Kinder oder alte Menschen, dann besuche sie und verbringe achtsame Momente mit ihnen. Gerade Babys, die noch nicht sprechen können oder ältere Mitmenschen, die nicht mehr viel reden, sind die besten Achtsamkeitslehrmeister. Babys können dich stundenlang ansehen und mit ihrer kindlichen Neugier ständig Interessantes in deinem Gesicht finden.

Achtsam daten

Wähle bei deinem nächsten Date, sei es mit einer dir unbekannten Person oder dem eigenen Partner, einen achtsameren Modus. Im Kleinen kann das zum Beispiel bedeuten, dass ihr einander aussprechen lasst und das Gehörte zurückspiegelt, als Zeichen, aktiv zugehört zu haben. Ihr könnt auch vereinbaren, wortlos bei einem Essen nur mit den Augen und Berührungen zu sprechen.

Achtsam lieben

Anstatt moralisch zu bewerten, was erlaubt und verboten ist, erkunde – vielleicht das erste Mal in deinem Leben – deinen eigenen Körper, so als begegnetest du ihm zum allerersten Mal.

Begegne deinem Partner mit derselben „jungfräulichen" Neugier bei jeder Berührung, so, als wäre es die erste und einzige.

2.5 Achtsamkeit im Umgang mit Glück und Leid

„Der Geist ist durch seine Aktivität der leitende Architekt des eigenen Glücks und Leidens."
(Buddha)

Nach diesem Zitat sind wir fähig, ein glückliches Leben aktiv selbst zu konstruieren. Die Ausdrücke „Glück gehabt" oder „Pech gehabt", die davon ausgehen, dass wir passive Empfänger von Schicksalsentscheidungen einer höheren Macht sind, wären in dieser Form nicht mehr aufrechtzuerhalten. Das ermöglicht einerseits neue Hoffnung, können wir unser Glück doch selbst in die Hand nehmen. Andererseits bedeutet es auch, Verantwortung für das eigene Leben zu übernehmen, denn das Glücksgebäude kann nur dann entstehen, wenn der Architekt die Statik berechnet, den Grundriss plant und schließlich das Haus auch proaktiv baut.

Damit ist gemeint: Es kommt im aristotelischen Sinne darauf an, welche Haltung wir zu den Ereignissen in unserem Leben einnehmen, wie wir damit umgehen. Halten wir uns an Leid fest, indem wir immer wieder darüber nachgrübeln, davon erzählen und damit Geschehenem aus der Vergangenheit vermehrt Raum in unserem *Mind* geben, bleibt kein Raum für Glücksmomente des Hier und Jetzt. Das ständige Wiederkäuen negativer Erlebnisse, die in vielen Fällen sogar nur auf Fehlinterpretationen beruhen, kerbt paradoxerweise das Erlebnis, welches wir loswerden möchten, noch tiefer in unser Gedächtnis ein.

Das Geheimnis des Glücklichseins in der Welt der Achtsamkeit besteht zum einen darin, kleine Schönheiten des Lebens zu erkennen, sie mit allen Sinnen zu erleben und dadurch vergrößernd ins Bewusstsein hineinzuzoomen. Andererseits geht es darum, Ködergedanken des Leids zu erkennen und loszulassen. Nutzen wir wieder das Bild des Dukkha-Rads (siehe Seite 93). Wer regelmäßig innehält, kommentarlos den Schlamm und Dreck aus den Speichen entfernt, sich umschaut nach unmittelbaren Momenten des Glücks, der ist seines Glückes Schmied.

Es ist so wie mit verschütteter Milch. Entweder du wischst sie auf und melkst aufs Neue, kaufst welche beim Bauern bzw. im Supermarkt oder du schüttest Wasser darauf, sodass sich der milchige Belag überall verteilt und es viel aufwändiger wird, alles wieder zu reinigen, weil die milchige Flüssigkeit inzwischen in alle Ritzen deines Zuhauses gelaufen ist und dort versauert.

Mit den Worten Buddhas

Zur Urfrage der Menschen, wie Glück gemehrt und Leid vermieden werden kann, gibt es zahlreiche Bücher und Ratgeber. Glück sells! Religionen und philosophische Weisheitskonstrukte wie die Achtsamkeitslehre liefern Empfehlungen zum Glücklichsein. Entsprechend viele Lebensweisheiten existieren zum Thema Glück und Leid. Nachstehend drei weitere, die von Buddha selbst stammen sollen:

> *„Es gibt keinen Weg zum Glück. Glücklichsein ist der Weg."* (Buddha)

Dieses Zitat ist besonders wertvoll für all diejenigen, die das Glück als Endziel betrachten und glauben, erst Ruhm ernten, Geld horten, Probleme lösen, das richtige Buch lesen, den weisesten Coach finden oder die perfekte Partnerschaft eingehen zu müssen, bevor daraus Glück resultieren kann. Buddha lehrt, anders zu leben, inmitten von Leid und Lebensherausforderungen glücklich zu sein, mit und trotz des Leids, das zur Dualität des Lebens dazu gehört.

> *„Der Mensch leidet, weil er Dinge besitzen und zu behalten begehrt, die ihrer Natur nach vergänglich sind."* (Buddha)

Eine Quelle menschlichen Leids ist das niemals endende Streben nach Besitz und Idealen, das Streben nach Titeln, das Streben nach öffentlicher Anerkennung, früher durch Urkunden, Auszeichnungen oder Pokale, heute definiert über die Anzahl der Follower in den sozialen Medien. Wir wollen so gerne schön und gesund sein, dabei sind Aussehen und Gesundheit vergänglich. Selbst der beste plastische Chirurg kann das Altern nicht dauerhaft aufhalten, sondern bestenfalls kaschieren, ohne dass dadurch lebendige, authentische Gesichter durch das Nervengift Botox zu starren Grimassen mutieren. Es geht darum, in Würde zu altern und die Vergänglichkeit des Lebens zu akzeptieren. Hieran anknüpfend sprach Buddha:

> *„Wenn du ein Problem hast, versuche es zu lösen. Kannst du es nicht lösen, dann mache kein Problem daraus."* (Buddha)

Problemlösungen sind auch in der Achtsamkeitslehre erwünscht. Dabei gibt es manche Lebensherausforderungen, die nicht lösbar sind oder nicht zu einem bestimmten Zeitpunkt in der aktuellen Lebenskonstellation. Akzeptiere also das, was tatsächlich unlösbar ist, anstatt durch einen Überfokus hierauf aus einem kleinen oder mittleren Problem ein noch größeres zu machen!

Erlebst du in deiner Partnerschaft physische oder psychische Gewalt, sei wohlwollend zu dir und verlasse diese Person. Ist dein liebevoller Partner verstorben, akzeptiere den Verlust und integriere das in dein aktuelles und weiteres Leben, was du besonders an diesem Menschen wertgeschätzt hast, anstatt am Grübeln über die Umstände seines Todes zu zerbrechen.

Passenderweise schlussfolgerte der Dalai Lama: „Nichts ist entspannender als das anzunehmen, was kommt", und dazu gehört auch der Tod.

Schon sehr früh lernen Kinder, dass man nass wird, wenn man ins Wasser geht. Ebenso sollten wir akzeptieren, dass Leid eine Lebensrealität ist. Werden wir geboren, bleibt regelmäßig der leidvolle Matsch von Dukkha an uns hängen und erschwert das Ziehen unseres Lebenskarrens. Möchtest du anders leben, akzeptiere das Unabänderliche und lass es schnellstmöglich los, indem du dir eine Dauerkarte in der Waschstraße deines Lebens buchst und den klumpigen Match regelmäßig abfließen lässt.

Der vietnamesische Mönch Thich Nhat Hanh formulierte folgende Analogie zum Umgang mit den leidvollen Stürmen des Lebens: „Wenn ein Sturm kommt, bleibt er eine Weile da und geht dann wieder …"

Das Positive an der Vergänglichkeit ist, dass auch Leid vergeht.

Achtsamkeitspraxis

Kardiologin mit Panikstörung (47 Jahre)

Eine erfolgreiche Chefärztin kam in meine Praxis und beklagte, zunehmend häufig Panikattacken zu durchleben. Sie habe bislang versucht, sie zu meiden und zu bekämpfen. Je mehr sie dagegen ankämpfe, desto stärker seien sie geworden. Wir planten für die Behandlung das Erlernen von Relaxationstechniken und die Analyse der gedanklichen Auslöser ihrer Panikattacken.

In dieser ersten Sitzung wollte ich ihr eine heilsame Aha-Botschaft mit auf den Weg geben, denn die Umsetzung der Behandlungsplanung würde einige Zeit in Anspruch nehmen. Paradoxerweise fragte ich sie: „Wie oft haben Sie eine Panikattacke nicht überlebt?" Verdutzt sah sie mich an, hielt inne und antwortete: „Kein Mal." Dann bat ich sie noch, als Kardiologin die Gesundheit ihres Herzens einzuschätzen und sie antwortete mit „stabil". Sie schlussfolgerte, dass es eine Weile dauern würde, die Panikattacken zu bewältigen und außerdem zu erkennen, weshalb sie Teil ihres Lebens geworden waren und welche nützliche Botschaft in ihnen verborgen sein könnte. Bis es so weit war, wusste sie jedoch: Ihre Panikattacken waren zwar leidvolle, ungebetene Gäste, sie würde sie jedoch überleben und sie würden immer vorübergehen.

Tochter eines indischen Vaters in Deutschland (49 Jahre)

Anfang März 2021 starb mein Vater an seinem Geburtstag, und zwar in einem Krankenhaus in einer Stadt, in der er als Werksstudent unter den schwierigen Bedingungen der 1970er-Jahre sein Berufsleben begonnen und als Rentner beendet hatte. Für mich stellt es sich so dar, dass sein Tod hätte vermieden werden können, wären die behandelnden Ärzte achtsam-analytischer vorgegangen oder hätten sie auf seine massiven Symptombeschreibungen und die Hinweise der Angehörigen gehört. Leider wurde eine Gallenblasenentzündung übersehen, die, wäre sie rechtzeitig erkannt worden, durch Entnahme relativ einfach zu behandeln gewesen wäre. Ohne rechtzeitige Entnahme führte sie zu einer Sepsis und folglich zum sicheren Tod.

Mein Vater, eindeutig einer der wichtigsten Wegbegleiter meines Lebens, verstarb schließlich auch klinisch durch das Ausschalten der beatmenden Geräte. Das Gehirn sei ohnehin nur noch Matsch. Wie traurig, dachte ich, wo doch ein so ungeheures Wissen über Weltgeschichte, Wissenschaft und Philosophie in diesem Gehirn gespeichert war. Er verstand sogar die altindische Sprache Sanskrit, was heutzutage sehr selten ist.

Mitten in der Nacht verließ ich das Krankenhaus, erfüllt von Trauer und Wut. Das erlebte Leid war sogar körperlich spürbar. Draußen, mitten im Zentrum der Industriestadt, sang ein Vogel in der Nacht und ich hörte achtsam zu. Nachdem ich in den nächsten Wochen die typischen Phasen der Trauerbewältigung durchlaufen hatte, konservierte ich das spirituelle Erbe meines Vaters in mir unter dem Motto: Perseverence (Durchhaltevermögen), Simplicity (Erkennen von Schönheit in einfachen Dingen) und Joyfulness (Fröhlichkeit im Umgang mit allen Lebewesen). Mein Sohn, sein Enkelsohn, entschied sich, Medizin zu studieren und als solcher in Demut achtsame medizinische Entscheidungen zu treffen.

Sozialarbeiter (35 Jahre)

In meine Praxis kam ein Sozialarbeiter, der tatsächlich ein genuines Interesse daran hatte, Menschen zu helfen. Lebenslang hatte er ein Geheimnis mit sich herumgetragen, das auf schwerste traumatische Kindheitsereignisse zurückging und nun wieder aufgebrochen war, weil er für seine Eltern Unterhalt zahlen sollte. In der Kindheit hatten sie ihn schwerst körperlich, psychisch und sexuell misshandelt und regelmäßig gegen Geld an wechselnde Sexkunden verkauft, von denen er abgeholt, verschleppt, auf jede erdenkliche Art und Weise gebrochen und nach erfolgter Befriedigung zurückgekarrt worden war, manchmal nach tagelangem Eingesperrtsein in einem dunklen Keller. Ausgerechnet für diese Erzeuger musste er nun Unterhalt zahlen, da das Gesetz die Kinder heranzieht und es für ihn lebensgefährlich gewesen wäre, die wahren Gründe einer Zahlungsablehnung offenzulegen.

Um das Unaushaltbare irgendwie aushalten zu können, half seine Psyche sich, indem sie fragmentierte. Eine dissoziative Identitätsstörung war die einzige Möglichkeit, zu überleben. Der Mann, der es aufgrund der Störung und seiner Vorgeschichte schwer hatte, überhaupt einen Behandler zu finden, versuchte beherzt, mit seiner Vergangenheit zu leben und das Beste aus seinen denkbar schlechtesten Kindheitsstartbedingungen zu machen.

Er akzeptierte seine Vergangenheit und gemeinsam versuchten wir, die Fragmente seiner Persönlichkeit bestmöglich zusammenzufügen und lebensfähig zu erhalten, um JETZT anders zu leben und einen Weg vom damaligen Opfer zum Helfer anderer zu beschreiten, mit und trotz dieser komplex traumatischen Vorgeschichte. Noch heute habe ich größte Hochachtung und Bewunderung für ihn!

Einladung zur Reflexion

Leid loslassen
Welches Leid sitzt aktuell in deinen Speichen fest, und wie kannst du es loslassen oder wegspülen?

Selbst produziertes Sekundärleid ausschließen
Welche Köder haben dich in der Vergangenheit dazu verführt, dich – über das ursprüngliche Leid hinausgehend – noch zusätzlich an Leid zu ketten?

Glück entstanden aus Leid
Welches Glück in deinem Leben ist aus Leid entstanden?

Glücklichsein im HIER und JETZT
Bist du JETZT glücklich oder verschiebst du das Glücklichsein gerade?

Miniversion der Glücksübung
Zeichne eine Lebenslinie, auf der du alle Momente des Glücks einträgst, an die du dich erinnerst, ganz gleich wie klein diese Momente auch gewesen sein mögen. Die X-Achse beschreibt die Zeit, die Y-Achse die Intensität deines Glücksgefühls. Verlängere die X-Achse mit einem Pfeil, der sich irgendwo in der Unendlichkeit verliert und mache dir bewusst, dass deine Zukunft noch nicht stattgefunden hat und du JETZT glücklich sein kannst, sodass dieses Gefühl auch in jeden Moment deiner Zukunft strahlen wird.

2.6 Achtsam führen in Bildung, Medien und Business

*"Der beste Führer der Welt ist der, dessen Existenz gar nicht bemerkt wird.
Der Zweitbeste der, welcher geehrt und gepriesen wird und der Drittbeste der,
den man fürchtet und der Schlechteste der, den man hasst.
Wenn die Arbeit des besten Führers getan ist, werden die Leute sagen: Das haben wir selbst getan."*
(Laotse)

Auf die eine oder andere Weise werden wir alle geführt und führen andere. Wir führen als Eltern unsere Kinder, als Erfahrene im Freizeitbereich weniger Erfahrene, als Manager unsere Teams, als Bildungsträger diejenigen, die sich qualifizieren möchten und als Medienvertreter sind wir führend für die öffentliche Meinung. Selbst diejenigen ohne berufliche Führungsaufgabe und ohne Kinder führen: sich selbst und das eigene Leben.

Zeiten des Geführtwerdens im Verhältnis zur Lebensspanne

In Deutschland soll, quellenabhängig, die Bildungsdauer im Durchschnitt bei ungefähr 18,2 Lebensjahren liegen. In dieser Zeit wird unsere Art zu denken und zu funktionieren anhand vorgegebener Bewertungsskalen und politischer Vorgaben geformt. Gehen wir von einer durchschnittlichen Lebenserwartung von ca. 80 Jahren aus (für Männer und Frauen), dann werden wir knapp ein Viertel unserer Lebenszeit – in der Regel im ersten Viertel – durch Bildung so geformt, dass wir uns in eine gesellschaftlich vorgegebene Richtung bewegen. Zählt man das Internet, das Fernsehen, den PC und ähnliche Medien als bildende Einflüsse hinzu, wird der durchschnittliche Deutsche täglich zehn Stunden medial geführt, durch die Algorithmen der sozialen Medien. Das entspricht fast der Hälfte eines Lebens. Dabei ist die mediale Konsumtendenz exponentiell steigend!

Selbstformung und Selbstführung

Ein buddhistisches Sprichwort besagt, dass der Zimmermann das Holz bearbeitet, der Schütze den Bogen krümmt, der Weise jedoch sich selbst formt.

Wenn unser Selbst so viel Lebenszeit in der sensiblen Entwicklungsphase der Bildung und der potenziell suchtgefährdenden, sogartigen Welt teils falscher Medienbotschaften ausgesetzt ist, was wird dann aus uns? Und wenn dies nicht nur den Einzelnen betrifft, sondern den Durchschnittsdeutschen repräsentiert, was passiert dann mit uns als Gesellschaft? Und wenn es in anderen Ländern ähnlich ist, was für eine Welt formen wir?

Falsche Fakten und vorsätzliche Deutung in der Gesellschaft

Bereits der Dalai Lama lehrte: „Teile dein Wissen. Das ist ein Weg, Unsterblichkeit zu erlangen."

Welches Wissen sollten wir teilen? Fakten oder politische Positionen? Ist das, was als Fakt propagiert wird, eine Tatsache oder eine vorsätzlich beeinflussende Deutung? Betrachten wir beispielhaft das Thema Zeit in der Beziehung zu Kindern in der westlichen Welt. In der Nachkriegszeit, als es nicht ausreichend bezahlte Arbeit gab und es gewollt war, dass Mütter zu Hause bei den Kindern und am Herd verweilen, wurde pseudowissenschaftlich „bewiesen", Mütter müssten bedeutend viel Zeit mit ihren Kindern verbringen, damit diese psychisch gesund heranwachsen. Jahre später, als sich die gesellschaftliche Position änderte, änderten sich auch wissenschaftliche Tatsachenbehauptungen und plötzlich galt, dass es nicht auf die Quantität der verbrachten Zeit ankäme, sondern auf die Qualität. Inzwischen sind die vermeintlich besten Mütter diejenigen, die trotz kleiner Kinder karrierebewusst in der Weltgeschichte herumjetten und in hohen politischen Ämtern heroisch die Welt retten, während fürsorglich verfügbare Mütter schnell zu Helikoptermüttern degradiert werden, so als seien sie eine homogene Negativgruppe. Tatsachenbehauptungen unterliegen also politischem und gesellschaftlichem Wandel und den Gesetzen sozialer Erwünschtheit.

Polarisierung statt Integration von Meinungsvielfalt ist zur Regel geworden. Ganz besonders in der Welt der Medien und im politischen Stimmengerangel ist diese Form der negativen Psychologie am machtvollsten. Erfolglose sind Verlierer der Gesellschaft, Erfolgreiche werden als reißende Wölfe stigmatisiert – letzteres, ohne differenziert zu schauen, auf welche Art und Weise der Erfolg erreicht wurde und zu wessen gesellschaftlichem Nutzen.

Winston Churchill (1874–1965) mahnte in Bezug auf generalisierte Fehldeutung wirtschaftlichen Handelns: „Manche Leute halten den Unternehmer für einen räudigen Wolf, den man totschlagen müsse. Andere sehen ihn ihm eine Kuh, die man ununterbrochen melken könne. Nur wenige erkennen in ihm das Pferd, das den Karren zieht."

Grundvoraussetzungen achtsamer Führung

Achtsame Führung erfordert Wahrheit und eine klare Tatsachenorientierung, ganz gleich, ob es um die Einführung junger Menschen in eine Form der Bildung oder das Führen hochrangiger Teams in der Wirtschaft, das Führen von Behörden oder das mediale Führen von Zuschauern am Bildschirm geht.

Menschen in Führungspositionen sollten – über Ehrlichkeit und Authentizität hinaus – auch über ein Mindestmaß an Introspektions- und Selbstkritikfähigkeit verfügen. Sie sollten in sich hineinblicken, eigene Entscheidungswege kennen, kritisch hinterfragen können und dies auch regelmäßig tun. Empathie und die Fähigkeit, die Geführten achtsam und mit Wohlwollen zu befähigen, gute eigene Wege zu finden, sollten weitere Grundvoraussetzungen sein. Nur die mental Reifsten sollten andere führen, denn der Same, den sie in anderen säen, formt eine Familie, ein Team, eine Behörde und in der Gesamtschau unsere Gesellschaft als solche.

Leider sind es häufig eben diese geeigneten Menschen, die eine Führungsrolle gar nicht erst anstreben, da sie die damit verbundene Ego-Bestätigung nicht benötigen. Stattdessen setzen sich vermehrt genau diejenigen durch, die in Führungsrollen großen Schaden anrichten, der sich in menschlichem Leid potenziert. Es handelt sich um unreflektierte, emotional unreife Menschen in hohen Positionen. Paradoxerweise sind oft ausgerechnet Personen mit psychopathischen Persönlichkeitsanteilen an der Spitze von Politik, Bildung, Medien und Unternehmen. Die psychopathischen Anteile wie Gefühlskälte, Manipulationsgeschick und das Ausnutzen von Empathie im negativen Sinne ermöglichen ihnen überhaupt erst, dort zu reüssieren, wo ihre achtsamen Mitmenschen längst von der Karriereleiter gefallen oder gar nicht erst aufgestiegen wären. Wenn Menschen mit psychopathischen Persönlichkeitsmerkmalen häufiger in Führungspositionen von Bildung, Politik, Wirtschaft und Medien aufsteigen, wohin führt eine solche Führungsriege unsere Gesellschaft?

Während Menschen mit psychopathischen Persönlichkeitsmerkmalen zum eigenen, narzisstischen Vorteil handeln und dabei Schaden anderer billigend in Kauf nehmen oder sogar sadistische Lust daraus ziehen, verfügen achtsam Führende über die Fähigkeit, selbstlos und zum Wohl des Teams, der Gemeinschaft oder der Bevölkerung zu handeln. Trotz aller Royalismuskontroversen kann man der verstorbenen Queen Elisabeth II durchaus attestieren, dass sie, über Jahrzehnte hinweg, oft vorbildlich eigene und familiäre Bedürfnisse hinter ihre Pflichten als Regentin stellte.

Laut einem Sprichwort kommt es auf innere Kompetenzen an, denn goldene Zügel und der begehrteste Sattel machen aus einem Esel kein Pferd. Um die schlauesten Köpfe mit den besten Führungskompetenzen und den edelsten Motiven zu rekrutieren und faire Auswahlprozesse zu gewährleisten, werden inzwischen vermehrt psychologische Profis zu Rate gezogen, die in standardisierten Assessment Centers (ACs) auswählen und Führungskräfte entwickeln. Die Verantwortung für Personalentscheidungen wird damit aber auch an Externe delegiert, deren wirtschaftspsychologische Idealvorstellungen nur selten auf einer tieferen psychologischen Ebene hinterfragt werden. Managementberatungen, die konkrete, customisierte, also individuell auf die Position zugeschnittene Szenarien konzipieren, die die tatsächlichen Aufgaben der Stelle repräsentieren, um tiefer zu ergründen, wie Bewerber in den berufsrelevanten Situationen denken, fühlen und handeln, könnten dabei helfen, achtsame Führungspersönlichkeiten auszuwählen, anstatt überselbstsicheren Blendern in den Sattel zu helfen. Managementberatungen, die diese Spezifität auf Softskills, wohlwollende Empathiefähigkeit und eine achtsame Persönlichkeit als besonderes Steckenpferd propagieren, sind ihrer Branche weit voraus.

Wenngleich diese Spezifität ein großer Fortschritt ist und bei ACs auch immer mehr Wert auf sogenannte Softskills gelegt wird, ist das Kriterium der Selbstachtsamkeit und die Fähigkeit, andere achtsam führen zu können, noch stark unterbewertet. Führungsstärke wird häufig mit Führungshärte verwechselt. Durchsetzungsvermögen und die Fähigkeit, zielorientiert zu dirigieren und die eine oder den anderen bei rauer See aus dem Boot zu schubsen, gilt in der Nomenklatur leider nach wie vor weitaus mehr als die sogenannten weichen Faktoren.

Inhalte achtsamer Führung in der Bildung

Achtsamkeit in der Bildung geht inhaltlich über die bloße Vermittlung von Wissen hinaus. Sie beinhaltet Komponenten von Herzensbildung, Selbstreflexion und den Umgang mit sich und anderen in Krisensituationen. Achtsam führende Begleiter in Kindergarten, Schule, Studium oder Lehre motivieren die ihnen anvertrauten Menschen auch immer wieder, sich beim Lernen Zeit dafür zu nehmen, sich selbst mit kindlicher Neugier auszuprobieren, anstatt sie korsetthaft in vorgegebene Normen und Erwartungshorizonte einzuschnüren und hierdurch schon in jungen Jahren die negative Saat von Zielorientierung und Bewertungsschemata einzubetonieren.

Durch eine Kette von Zufällen wurde ich schicksalhaft in die Rolle der gesamtkoordinierenden Leiterin „katapultiert" und führte konzeptionell und organisatorisch die Behandlungen von rund 100 überaus engagierten psychologischen Experten an, die bundesweit für die psychologische Nachsorge nach dem ersten Schulmassenmord (umgangssprachlich Amoklauf) rekrutiert worden waren. Ein Schüler des Erfurter Gutenberg-Gymnasiums richtete ein Blutbad an seiner Schule an, nachdem er nicht zum Abitur zugelassen worden war. Die Gesellschaft war geschockt. Ein Amoklauf mit 17 Toten. Ähnliches war bis 2002 nur weit weg in den USA passiert, jedoch nicht in Deutschland, schon gar nicht im beschaulichen Erfurt.

Plädoyer für Achtsamkeit als Schulfach

Nach den Ereignissen in Erfurt gab es internationale Konferenzen und Symposien, Talkshows en masse, in denen hitzig diskutiert wurde, wie wir die jungen Menschen in unserer Gesellschaft achtsam führen können, um so etwas zu verhindern. Bereits damals plädierte ich wiederholt eindringlich dafür, Achtsamkeit in Kombination mit Angewandter Psychologie als Schulfach einzuführen, damit junge Generationen früh lernen, eigene Gefühle zu erkennen und lösungsorientierte Skills zu praktizieren, um mit Frustration und Depression anders umzugehen, als sie in erweiterten Suiziden gewalttätig auszuagieren.

Statt auf gesellschaftlichen Wandel in Form der empfohlenen Bildungserweiterung zu setzen, war es vorhersehbarerweise einfacher, alles so beizubehalten: Amoktäter als psychisch kranke Ausnahmen deklarieren und Stundenpläne ausschließlich um die Vermittlung von Digitalexpertise zu ergänzen. Weitere Amoktaten folgten, jeweils mit weiteren, kurz aufflammenden Diskussionen, die ebenso schnell wieder erloschen.

Dabei könnten Achtsamkeit und Selbstreflexion vielleicht nicht nur zukünftige Amoktaten vermeiden, sondern junge Menschen generell emotional stabiler und mental gesünder machen, um Beziehungsprobleme im späteren Privatleben und die multiplen Stressoren eines zukünftigen Arbeitslebens konstruktiv lösen zu können, anstatt schon mit Mitte 20 die erste Burnout-Reha anzutreten.

Menschen sollten sich nicht erst später im Leben mit Achtsamkeit beschäftigen, wenn sie bereits Erkrankte eines erkrankten Systems sind. Sie sollten nicht zu speziellen Achtsamkeitsschulen gehen müssen, um wesentliche Botschaften und Methoden fern der Mainstreambildung zu erlernen. Vielmehr wäre wünschenswert, wenn Module der Achtsamkeit und sowohl psychologische Selbstreflexionsskills als auch Selbstmanagementtechniken ein ergänzender Teil eines jeden staatlichen Bildungsangebots wären.

Wie anders wäre die Welt und wie würden wir anders leben, hätte jedes Neugeborene über intellektuelle Bildung hinaus auch einen Rechtsanspruch auf Herzensbildung? Wie anders wäre unsere Medizinelite, wenn über den Anspruch eines Numerus Clausus (Notendurchschnitt) von 0,8 bis 1,0 und die Anrechnung von Bundeswehrzeiten achtsamkeitsbezogene Fähigkeiten zählten, wie Achtsamkeit im Umgang mit Menschen und in der Führung medizinischer Teams und eine achtsam-kritische

Selbstreflexion in medizinischen Entscheidungen anstelle einer intellektuell-elitären Arroganz?

Inhalte achtsamer Führung in den Medien

Die Dauer und Intensität, mit der sowohl unreife und undifferenzierte als auch gestandene Persönlichkeiten mit medialen Informationen gefüttert werden zeigt, wie wichtig es ist, dass diese inhaltlich tatsachengeleitet sind, bestenfalls versöhnend dargestellt werden und die Medienkonsumenten im positiven Sinne nähren.

Entscheidungsträger der öffentlich-rechtlichen und privaten Medien sollten selbst Führungsvorbilder sein, da ihre Programmentscheidungen Einfluss auf Millionen Menschen haben. Anstatt polarisierender Talkshows und einseitig verzerrter Darstellungen könnten gerade die Medien durch eine pluralistisch-vielseitige und nicht wertende Berichterstattung anders zu einer Faktenorientierung beitragen. Psychologisch betrachtet würden Menschen, die sich im Widerstand verorten, weniger Antrieb zur Rebellion haben, würde ihre Sichtweise nicht angegriffen. Angriffe hingegen heizen, wie Öl im Feuer, Konflikte nur an.

Trash-TV

Trash kommt aus dem Englischen und bedeutet Müll. Was in den Müll kommt, hat keinen positiven Nährwert mehr. Der Verzehr ist eher gesundheitsgefährdend, die Qualität ungenügend. Doch wie sieht es mit dem aus, was wir medial konsumieren? Mir scheint, es wird immer trashiger, sensationsfokussierter und oberflächlicher.

Wenn Menschen in Talkshows verbal aufeinander einschlagen, erhöht das die Einschaltquote. Wenn junge Menschen sich in Casting-Formaten physisch und psychisch nackt machen müssen, angelockt durch einen falschen Köder und ohne Rücksicht darauf, wie sie damit später öffentlich weiterleben müssen, tauchen wir immer tiefer in eine oberflächlich bewertende Welt ein. Wenn solche Sendungen in die zigte Staffel gehen, was unterscheidet uns dann von den Zuschauern der Gladiatorenkämpfe, die Blut, Kampf und Nacktheit sehen wollten? Was macht es mit uns, die Realzeit unseres Lebens damit zu verbringen, prolligen Familien zuzugucken, wie sie höchst unachtsam leben und die durch unsere Einschaltquoten hoch gesteigerten Gagen eigennützig in Steueroasen außerhalb Deutschlands verprassen?

Das Fernsehprogramm ist ein Spiegelbild dessen, womit wir unseren Geist füttern. Dass es einzelne Sendungen gibt, in denen eine rosarote Welt der Versöhnung vorgegaukelt wird, ist ebenso nachteilig, da eine unrealistische Positivwelt suggeriert wird und damit illusorische Wünsche geweckt werden.

Neurologische Hyperstimulation

Die vielen visuellen und auditiven Impulse, auf die die Actionfilme der heutigen Unterhaltungsindustrie programmiert sind, haben unsere Gehirne inzwischen so auf Überreizung konditioniert, dass viele junge Menschen gar nicht in der Lage wären, eine ganze Folge von *Inspector Barnaby* anzusehen, eine Tierdokumentation oder Filme, die vor den 1990er-Jahren gedreht wurden. Ist das Gehirn unterstimuliert, wird gnadenlos umgeschaltet auf ein Programm oder Videospiel, das noch stärker stimuliert. Diese Überstimulanz führt dazu, dass es uns schwerer und schwerer fällt, Achtsamkeit zu praktizieren. Neurologisch betrachtet schaltet das Gehirn bei Unterforderung im ungewohnten Mono-Modus ab und durch unser mediales Konsumverhalten konditionieren wir unsere Gehirne auf ein Funktionieren unter Hyperstimulationsbedingungen.

Inhalte achtsamer Führung in der Wirtschaft

Achtsame Führung in der Wirtschaft bedeutet, Win-Win-Entscheidungen zu treffen, von denen alle profitieren: die Firmen, die in Unternehmen tätigen Menschen und die Gesellschaft.

Eine achtsame Führungskraft ist ein gutes Beispiel und hat es nicht nötig, sich mit Titeln oder Positionen zu schmücken. Eine solche Persönlichkeit begegnet allen Menschen gleichermaßen mit Respekt, Wertschätzung, Wohlwollen und Empathie: den eigenen Vorgesetzten, wie den am schlechtesten bezahlten Assistenzkräften und dem Reinigungspersonal, das nach Dienstschluss die Papierkörbe leert und die Toiletten schrubbt.

Eine achtsame Führungskraft möchte andere befähigen und fördern und nimmt die Rolle eines wohlwollenden Facilitators (Ermöglichers) an. Sie unterscheidet zwischen der Person selbst und dem Handeln dieser Person; sie holt Menschen ab, ermöglicht ihnen, sich zu entwickeln und entwickelt sich selbst in jedem Moment weiter. So ist es möglich, konstruktiv-kritisch Verhaltensänderungen zu formulieren, ohne die Person an sich abzuwerten. Hierdurch minimiert sich die Wahrscheinlichkeit von Reaktanz, dem Impuls, sich verteidigen zu müssen oder durch Kündigung oder Quiet Quitting (innere Resignation) fliehen zu wollen.

Eine achtsame Persönlichkeit ist sich eigener Köder gewahr und webt kontinuierlich Momente der Achtsamkeit in den normalen Arbeitsalltag ein, anstatt nach der Arbeit demonstrativ die Yogamatte auszurollen.

Achtsamkeitspraxis

Milliardär (56)

Ein Geschäftsmann aus Indien meldete sich zum Online-Einzelführungskräftecoaching an. Es war sein Wunsch, jede wesentliche Business-Entscheidung achtsam und bewusst zu treffen, zum Wohl seiner Firma mit allen darin arbeitenden Menschen, der Gesellschaft und der Nachhaltigkeit. Ich kannte nur seinen Vornamen und die Branche. Er wünschte sich, auf alles hingewiesen zu werden, was er reflektieren und was ihn zu einem achtsameren Verantwortlichen machen könnte. Über zwei Jahre begleitete ich ihn hochfrequent, inzwischen zweimal jährlich. Mich beeindruckte von Anfang an seine konstruktiv-selbstkritische und beachtenswert authentische Art. Eines Tages bekam ich die Nachricht, dass er in Deutschland sei und sich eine persönliche Coachingsitzung wünsche. Wie zuvor online, war er auch während der persönlichen Begegnung demütig und motiviert von dem Wunsch, sich als Mensch in Verantwortung bewusst weiterzuentwickeln.

Am Ende der Sitzung verließ er meine Praxis und wir verabschiedeten uns achtsam. Einige Minuten später kehrte mein Sohn von der Schule heim und berichtete, dass ich nicht glauben werde, wen er gerade auf unserer Straße gesehen habe: Ein indischer Milliardär, mit dessen Erfolgen er sich im Internet häufiger beschäftigt habe. Ich sagte ihm, dass ich ihm glaube.

Gymnasiastin (16)

Auf dem Gymnasium hatte ich einen Lehrer, bei dem ich in Englisch stets ein *Mangelhaft* bekam, obwohl es eines meiner Lieblingsfächer war. Sicher war es damals eher nachteilig, einen exotischen indischen Namen zu tragen, wohingegen große Teile der westlichen Öffentlichkeit heutzutage stolz sind auf ihre deutsch-indische und indischstämmige intellektuelle Elite. Die Erfolgsgeschichten von Shakuntala Banerjee (Hauptstadtjournalistin), Ranga Yogeshwar (Wissenschaftsjournalist), Julia Niharika Sen (Nachrichtensprecherin) und Rishi Sunak (britischer Premierminister) zeigen die Akzeptanz und die Unterstützung für solche Persönlichkeiten sehr eindrucksvoll. Beim Elternsprechtag sagte der Lehrer meinem Vater, alles sei o.k. und er könne keine Verbesserungsempfehlungen geben. Die nächste Arbeit fiel für mich wieder mangelhaft aus und als er dann auch noch mein Französischlehrer wurde, hätte ich das Gymnasium fast verlassen müssen, weil ich auf dem Halbjahreszeugnis nun zwei Fünfen hatte.

Glücklicherweise wechselte der zuständige Englischlehrer, als ich 16 war. Mein neuer Englischlehrer glaubte an mich. In der ersten Klausur bekam ich eine Eins plus. Ich sollte meine Klausur als Positivbeispiel laut vor der Klasse vorlesen, eine Erfahrung, die mich prägte. Inhaltlich ging es um Absentmindedness (Nichtanwesenheit des Bewusstseins bzw. „Schusseligkeit"), dem Gegenteil von Achtsamkeit.

Englisch und Französisch wurden dann meine Leistungskurse. Auch die letzte Englischprüfung schloss ich mit 15 Punkten ab. Später lebte ich zehn Jahre in England und absolvierte vier universitäre Studiengänge in englischer Sprache, u.a. an der renommierten *University of Oxford*, manche mit Auszeichnung oder im Simultanstudium. Meine Promotion widmete ich meinem Lehrer, der mich wohlwollend-führend befähigt hatte, an mich zu glauben.

Bei einem Ehemaligentreffen begegnete ich Jahrzehnte später dem Englisch- und Französischlehrer, der mich fast meine gesamte Karriere gekostet hätte. Er war inzwischen Rentner. Als er mich fragte, was ich beruflich mache, antwortete ich nur: „Ich bin in der Gesundheits- und Beratungsbranche tätig", ohne zu erwähnen, dass ich seinen Bewertungen zum Trotz hoch erfolgreich in England studiert hatte. Es war eine sehr große Herausforderung, meinen Erfolg vor dem Hintergrund seiner bewertenden Fehleinschätzung nicht auszusprechen.

Behördenleitende Person (Alter nicht bekannt)

Eine Behördenleiterin wurde im Team „das blonde Gift" genannt. Dieses Team verabredete sich nur im Geheimen, aus Furcht, sie könnte wieder lauschend um die Ecke kommen. Sie hatte zwar einen Schutzauftrag für benachteiligte Menschen, verhielt sich aber überwiegend egozentrisch, unreflektiert, unachtsam und verachtend. Ihre menschliche Unreife und ihr Mangel an Führungskompetenz zeigten sich in nahezu jeder Entscheidung, von der Menschenschicksale abhingen. Fachlich und menschlich war sie eine komplette Fehlbesetzung. Da diejenigen, die Einfluss hätten nehmen können, untätig wegschauten, wurde nur mit Schrecken beobachtet, wie viel Unheil und Leid eine einzige, achtlose Person in Führungsverantwortung über ein Team und diejenigen bringen kann, deren Schicksale sie durch ihre Entscheidungen lenkt.

Einladung zur Reflexion

Bildung

Denke (zurück) an deine Bildung. Was hat dir im Leben geholfen und was hättest du zusätzlich gebraucht, um anders zu lernen? Wie könntest du dich in diesem Bereich jetzt nachschulen?

Medien

Blicke zurück auf deine letzte Woche. Welche Medien hast du konsumiert und wie lange? Was waren die Köder, die dich dazu gebracht haben, dein Bewusstsein hiermit zu füllen und wie möchtest du zukünftig achtsamer auswählen, um anders medial zu konsumieren?

Führung

Erinnere dich an eine konkrete Situation, in der du geführt wurdest (von Eltern, Lehrern, Vorgesetzten). Was war daran heilsam? Was hättest du dir anders gewünscht?

Wen führst du und wie kannst du so führen, dass du achtsam führst?

2.7 Visionen für eine Achtsame Gesellschaft

„Wer keinen Frieden in sich selbst gefunden hat, kann nicht zum Friedenswerkzeug werden."
(Thich Nhat Hanh)

Es stellt sich die Frage, wie eine achtsame Gesellschaft aussehen würde, was die Voraussetzungen hierfür wären und wie wir anders darin leben würden.

Wenn es unser Ziel ist, friedvoll miteinander zu leben, dann sind Achtsamkeit und liebevolle Akzeptanz unbedingte Voraussetzung. In diesem Zusammenhang formulierte Buddha: „Niemals auf der Welt hört Hass durch Hass auf. Hass hört durch Liebe auf."

Und: „In Zeiten, in denen die Menschen schlechter werden und die wahre Lehre untergeht, steigt die Zahl der Gesetzesregeln."

Viele große Denker betonen, dass der Mensch sich selbst der größte Feind ist, wenn Menschen nicht beginnen, anders zu leben.

Mit den Worten des Wiener Zoologen Konrad Lorenz (1903–1989) gesagt: „Die Fähigkeit eines Tieres, Schaden zu stiften, ist proportional zu seiner Intelligenz. Der Mensch hält auch hier die Spitze."

Leo Tolstoi (1828–1910) ging sogar so weit zu postulieren, dass persönlicher Verzicht und im Sinne der Achtsamkeit Mitgefühl gegenüber allen Lebewesen Grundvoraussetzungen für Frieden sind: „Vegetarismus gilt als Kriterium, an welchem wir erkennen können, ob das Streben des Menschen nach moralischer Vollkommenheit echt und ernst gemeint ist … Solange es Schlachthäuser gibt, wird es auch Schlachtfelder geben."

In einer achtsamen Welt würde der Einzelne nicht auf andere schimpfen, sondern in erster Linie selbst anders leben und als positives Beispiel vorausgehen. Politiker würden nicht predigen, was sie tun werden, sondern proaktiv selbst tun, was sie von den Menschen erwarten, anstatt ihre Diäten zu erhöhen, Privilegien zu missbrauchen und eigennützig die Zeit vorauszuplanen, die dem politischen Amt folgt.

Zwei Zitate untermauern diese Sichtweise:

„Der wahrhaft Edle predigt nicht, was er tut, bevor er nicht getan hat, was er predigt."
(Konfuzius)

Und: „Die Henne ist das klügste Geschöpf im Tierreich. Sie gackert erst, nachdem das Ei gelegt ist." (Abraham Lincoln, 16. Präsident der USA)

In einer achtsamen Welt ist es akzeptabel, eigene Interessen zu verfolgen und eigenen Wohlstand zu mehren, wenngleich die Verhaftung mit materieller Vergänglichkeit nicht sinnvoll ist. Das entscheidende Kriterium liegt darin, ob durch das Mehren andere geschädigt werden oder ein Sekundärnutzen für andere entsteht. So sprach Buddha: „Wer seinen Wohlstand vermehren möchte, der sollte sich an den Bienen ein Beispiel nehmen. Sie sammeln den Honig, ohne die Blumen zu zerstören. Sie sind sogar nützlich für die Blumen. Sammle deinen Reichtum, ohne seine Quellen zu zerstören."

Und: „Tausende von Kerzen kann man am Licht einer Kerze anzünden, ohne dass ihr Licht schwächer wird. Freude nimmt nicht ab, wenn sie geteilt wird."

Wie bereits Laotse schlussfolgerte, beginnt auch der längste Marsch mit dem ersten Schritt. Möchtest du anders leben, geh jetzt los, geh jetzt den ersten Schritt in ein anderes, achtsameres Leben und bewahre beim Andersleben das, was du beim Formen deiner Selbst und bei deiner Lebensführung bisher als nährend empfunden hast!

Achtsamkeitspraxis

Hochrangiger Politiker (Alter wird aus Anonymitätsgründen nicht genannt)

Ein Politiker kam zum Coaching in meine Praxis. Er wollte im Wahlkampf, besonders in TV-Interviews, sympathischer wirken, Mimik, Körpersprache und Rhetorik dahingehend perfektionieren. Ich wies das Auftragsangebot freundlich ab und lud ihn ein, gern zurückzukommen, wenn er so weit sei, innerlich wachsen zu wollen anstatt Floskeln und Gesichtsausdrücke allein um des Gewinnens wegen mechanisch einzustudieren. Er ging mürrisch mit dem Hinweis, dass es ja tausende Anbieter gebe, die ihn aufgrund seiner Bekanntheit mit Kusshand coachen würden.

Eineinhalb Jahre später stand er – nach verlorener Wahl – wieder vor meiner Tür und sagte, dass ich es schwer haben werde mit ihm, er sich aber auf eine authentische Veränderung einlassen wolle. Die Menschen würden ihm die einstudierten Sympathiegesten nicht abnehmen. Er wolle sich von innen heraus verändern, um in Interviews sein echtes „besseres Ich" sein zu können, anstatt darüber zu grübeln, wie er jetzt was sagen sollte, um gut anzukommen. Heute ist er ein „beliebterer" Politiker.

Lehrbeauftragte Person (Alter unbekannt)

Eine dozierende Person postet plakativ ihren neuen beruflichen Status in den sozialen Medien, noch bevor dieser die finale Anerkennungsstufe durchlaufen hat. Während sie medial Positivismus anpreist, sucht sie Schlupflöcher, um sich selbst zu bevorteilen.

Eine Vielzahl Studierender und Mitarbeitender erlebt sie als nicht authentisch, rein wirtschaftlich und wenig studierendenorientiert. Die abhängig Lernenden werden mundtot gemacht, kritischen Mitarbeitenden wird gekündigt, da der Kurs, den sie lehrt, viel Geld einbringt.

Internationale Koryphäe für Neurochirurgie (in seinen 50ern)

Ein international renommierter Neurochirurg, Chefarzt und Professor mit eigener Privatstation und zahlreichen Veröffentlichungen, bekommt von einem ihm unbekannten Schüler aus einem anderen Bundesland eine E-Mail, in der dieser seine Begeisterung über die Expertise und Persönlichkeit des Professors zum Ausdruck bringt. Dieser ermöglicht dem 17-jährigen Jungen, ein Schülerpraktikum bei ihm zu absolvieren und live mitzuerleben, welche Herausforderungen, Höhen und Tiefen, Erfolge und Verluste Neurochirurgen tagtäglich zu bewältigen haben. Er ist authentisch, auch authentisch wütend, etwa dann, wenn OPs anders laufen als gewünscht. In öffentlichen Talks spricht er nicht nur über sein Fachgebiet, sondern reflektiert selbstkritisch eigene psychologische Entscheidungen und Fehlentscheidungen.

Als der Schülerpraktikant gerade niedere Hilfsarbeiten auf der Station verrichtet und der Professor einen Augenblick Zeit in seinem minütlich durchgetakteten Plan hat, läuft er durch das gesamte Gebäude, sucht den Schüler, ruft nach ihm und bietet ihm eigeninitiativ an, gemeinsam ein Selfie zu machen.

Damit entzündet er eine neue, kleine Kerze an seiner eigenen großen Flamme. Der „entflammte" Schüler möchte seinem Idol nacheifern und ebenso Menschenleben durch modernste neurochirurgische Techniken retten oder nicht zu heilendes Leid erträglicher machen. Dabei war es in erster Linie die Mitmenschlichkeit und die Achtsamkeit für den hierarchisch Unbedeutendsten, die das Feuer entfachte.

Einladung zur Reflexion

Gutes Beispiel voraus
Über welche Themen hast du dich in der Vergangenheit emotional erregt, ohne selbst anders zu handeln?

Der erste Schritt
Wie kann dein erster Schritt aussehen, um ein Vorbild (gern auch im Kleinen) zu sein?

Licht aus deiner Flamme
Wodurch möchtest du das Licht eines anderen entzünden und Freude oder Begeisterung für etwas teilen?

3. Positive Psychologie

„Denken müssen wir ja sowieso – warum dann nicht gleich positiv?"
(Albert Einstein)

Die Positive Psychologie, als eine relativ junge Disziplin des 21. Jahrhunderts, wird in sieben Dimensionen vorgestellt:

- Dimension 1, „Positiver Ausblick", führt in die Positive Psychologie ein – mit einer Zeitreise von der Vergangenheit bis in die Gegenwart und dem Ausblick auf eine Zeitenwende.
- Dimension 2, „Positive Business", beschäftigt sich mit der Frage, wie wir angesichts der beruflichen Herausforderungen und Unzufriedenheiten anders arbeiten könnten.
- Dimension 3, „Positive Coaching", präsentiert die moderne Entwicklung professioneller Begleitung von Menschen mit einigen kraftvollen Wegen der Hilfe zur Selbsthilfe.
- Dimension 4, „Positive Diagnostik", gibt einen Einblick in die wichtigsten Ansätze und Instrumente, mit denen wir unsere individuellen Stärken besser erkennen können.
- Dimension 5, „Positive Education", thematisiert die vielfältigen Notwendigkeiten und Möglichkeiten einer alternativen Erziehung und Bildung, um anders zu wachsen.
- Dimension 6, „Positive Rhetorik", lädt ein, unser Kommunikationsverhalten kritisch zu beleuchten, um positive Botschaften in die Welt zu senden und darüber die Welt zu verändern.
- Dimension 7, „Positive Zukünfte", wirbt für sieben grundlegende Werte aus der Welt der Positiven Psychologie, deren gelebte Praxis unser Leben nachhaltig bereichern.

3.1 Positiver Ausblick – Zeitenwende

„Wandlung ist notwendig wie die Erneuerung der Blätter im Frühling."
(Vincent van Gogh)

Brauchen wir jetzt, im 21. Jahrhundert, wirklich eine Positive Psychologie, wo wir doch schon seit über hundert Jahren die traditionelle wissenschaftliche Psychologie an den Hochschulen haben? Wenn wir jedoch die Wissenschaft vom menschlichen Erleben und Verhalten im 20. Jahrhundert bilanzieren, so stellen wir fest, dass sie sich ziemlich einseitig mit unseren Schattenseiten auseinandergesetzt hat. Das ist sicher notwendig und wichtig. Doch es ist nur eine Seite der Medaille, die Sonnenseiten sind bislang eindeutig zu kurz gekommen. Eine zu starke Fokussierung auf Letztere birgt jedoch auch die Gefahr, von einem Extrempol zum Gegenüber zu springen. Signifikanter Fortschritt im Sinn einer Zeitenwende wäre eine ganzheitlich-holistische Wahrnehmung des Menschen – sozusagen eine Psychologie ohne Grenzen.

Ob wir diesen Punkt heute schon erreicht haben, ist eine offene Frage, deren positive Beantwortung aufgrund der existentiellen Herausforderungen dieser Welt drängender denn je scheint. Tatsache ist, dass der scheinbar neue Stern am Psychologiehimmel eigentlich kein Newcomer ist, schließlich sind die Themen so alt wie die Geschichte der Menschheit. Neu ist vor allem der Anspruch, die Sonnenseiten wissenschaftlich erforschen zu wollen. Und manchmal macht Neues Angst, auch wenn irgendwann alles einmal neu war.

Solche Sichtweisen lösen natürlich Reaktanzen aus. So bemängeln viele Kritiker der Positiven Psychologie deren angeblichen Blick durch eine „rosarote Brille", und manche Protagonisten provozieren solche Widerstände mit Befehlen wie „Good vibes only" oder „Don't worry, be happy". Das mag gut gemeint sein, doch wie wir wissen, besteht unser Leben nicht immer nur aus „Friede, Freude, Eierkuchen". Doch ganz so einfach macht es sich die Positive Psychologie überhaupt nicht, denn es geht nicht um leere Motivationssprüche und toxische Positivität, sondern vielmehr um eine befreiende neue Perspektive auf das Leben – mit einer offenen Grundhaltung, die gerade in Zeiten wie diesen wertvoll sein kann.

Positive Psychologie als moderne Idee

Wie wird Positive Psychologie von ihren Vertreterinnen und Vertretern definiert? Schauen wir uns drei Beispiele an:

1. Im *Handbook of Positive Psychology* aus Oxford heißt es: Positive Psychologie ist die „Wissenschaft dessen, was das Leben lebenswert macht" (Snyder & Lopez 2009, S. 22). Offen bleibt die Frage, was unter lebenswert verstanden wird. Hierzulande geht diese Definition auch mit einem negativen Beigeschmack einher, schließlich gab es im Nazi-Deutschland auch „lebensunwertes Leben".
2. Laut einer anderen Definition ist die Positive Psychologie die „Wissenschaft des gelingenden Lebens und Arbeitens" (Blickhan 2021, S. 9). Diese Definition knüpft an ein Verständnis von Lebenszielen an, die nach Freud und auch nach Tolstoi vor allem darin bestehen, zu lieben und zu arbeiten (Keyes 2006, S. 135). Was Gelingen heißt, ist allerdings individuell sehr verschieden. Bekanntlich gibt es auch Menschen, für die erfolgreiche Terroranschläge das Leben zu einem gelingenden machen.
3. In Anlehnung an das klassische Verständnis der Psychologie wird daher eine dritte Definition postuliert: „Positive Psychologie ist die Wissenschaft vom positiven Erleben und konstruktiven Verhalten des Menschen" (Sohr in Schwier & Sohr 2021, S. 29).

Auf die sich oft anschließende Frage, ob denn die traditionelle Psychologie so negativ war, dass eine positivere Ergänzung nötig wurde, gibt es sehr klare empirische Belege als Antwort: Wer gegen Ende des 20. Jahrhunderts psychologische Datenbanken einmal nach Begriffen wie „Angst" und „Depression" durchsuchte und außerdem nach „Freude" und „Glück", fand ein Verhältnis von „99:1 für die Erforschung von seelischem Leid" (Brockert 2001, S. 33). Demnach war die Psychologie extrem „negativ".

Bedeutsam für ein tieferes Verständnis von Positiver Psychologie ist das Bewusstsein, dass das Wort „positiv" vom Ursprung her gar nicht wertend ist. Es stammt vom lateinischen Verb *ponere*, das „setzen, stellen, legen" bedeutet. Mit anderen Worten: Positiv heißt aufzeigen, was ist (z.B. im Corona-Test). Im übertragenen Sinne geht es also darum, nichts zu beschönigen, sondern die Realität wahrzunehmen, um letztlich die Wahrheit ans Licht zu bringen. Diese Einsicht führt zu den Wurzeln der Positiven Psychologie.

Philosophische und spirituelle Wurzeln

Fragen nach einem guten, gelingenden und glücklichen Leben haben die Menschen wahrscheinlich schon immer beschäftigt – sie sind wohl so alt wie die Menschheit. So stellen alle fünf großen Weltreligionen die Frage nach dem Sinn unseres Lebens. Ihre Antworten weisen zwar große Unterschiede, doch auch einige Gemeinsamkeiten auf (Sohr 2015). Besonders auffällig sind ethische Grundüberzeugungen, welche das menschliche Miteinander beschreiben. So gibt es z.B. die berühmte „Goldene Regel" in ähnlichen Formen im Judentum, Christentum, Hinduismus, Buddhismus und Islam.

Die philosophischen Vorläufer der Positiven Psychologie werden häufig in der Antike verortet, insbesondere in Griechenland. Viele Darstellungen heben Aristoteles hervor (z.B. Blickhan 2015), der ein Schüler Platons war, und Letzterer war wiederum ein Schüler von Sokrates. Um die Potenziale einer Positiven Psychologie zu erkennen, empfiehlt sich, kurz bei den Glücksvorstellungen antiker Philosophie zu verweilen.

Diverse philosophische Schulen der Antike dachten über den Weg zum Glück nach, wie die Stoiker (Glück als Seelenruhe), die Hedonisten (Glück durch Genussfähigkeit und Lust), die Skeptiker (Glück durch Freiheit von Vorurteilen) und die Kyniker (Glück durch Unabhängigkeit und Bedürfnislosigkeit, nicht zu verwechseln mit der Gefühlslosigkeit moderner Zyniker). Für Sokrates sind Glück und Moral untrennbar miteinander verbunden in der Überzeugung, dass sittliches Verhalten zum erfüllten Leben führt. Wer nach Platon ein gutes und gerechtes Leben geführt hat, landet nach dem Tod auf der Insel der Seligen. Für Aristoteles führen dagegen auch irdische Güter zum Wohlfühl- und Werteglück. Der Historiker Herodot wies schließlich darauf hin, dass sich ein erfülltes Leben erst in der Todesstunde entscheidet, da das Glück durch menschliche Hybris gefährdet ist.

Bilanzierend ist festzuhalten, dass die Positive Psychologie ihren Namen zwar erst an der Schwelle vom 20. zum 21. Jahrhundert bekam, ihre geistigen Wurzeln reichen jedoch wesentlich weiter zurück. Bereits seit Jahrtausenden suchen Menschen nach dem Sinn und Ziel des Lebens.

Die Entwicklung psychologischer Schulen

Die Entwicklung der Positiven Psychologie ist ohne die Geschichte der Psychologie nicht zu verstehen – schließlich ist sie eine Reaktion. Der Schlüssel zum Verständnis sind die Paradigmen und Menschenbilder unterschiedlicher Schulen.

Die Psychoanalyse nach Freud gilt als erste Schule der Psychologie. Sie basiert auf einem negativen Menschenbild und ihre Geburtsstunde macht man an Freuds *Traumdeutung* (1900) fest. Nach Freud ist der Mensch von Natur aus vor allem triebgesteuert und destruktiv. In einer Psychoanalyse versucht man, die Patienten über ihre unbewussten Antriebe aufzuklären. Zwar haben Freuds Schüler, etwa Jung und Adler, den Ansatz weiterentwickelt, das negative Menschenbild blieb aber latent erhalten.

Als zweite Schule der Psychologie gilt der Behaviorismus (die Lehre vom Verhalten), welcher auf Tierexperimenten aufbaut: Pawlows Hunde und Skinners Tauben. Der Begründer des Behaviorismus ist Watson. Er wurde 1920 durch ein Experiment berühmt, bei dem er einem Baby eine experimentelle Neurose zufügte, um zu zeigen, dass jedes Verhalten erlernbar sei. Nach der Tabularasa-Theorie des Behaviorismus sind wir bei unserer Geburt ein „leeres Blatt" – ohne Innenleben und manipulierbar durch die Einflüsse der Umwelt.

Als dritte Schule entwickelte sich die Humanistische Psychologie, die Anfang der 1960er-Jahre u.a. von Abraham Maslow und Carl Rogers begründet wurde. Diese Schule geht von einem positiven Menschenbild aus, nach dem Homo sapiens ein aktiver und konstruktiver Gestalter der Umwelt ist. Maslow war zugleich ein Visionär der Positiven Psychologie. Bereits 1954 suchte er eine Psychologie, die der Liebe so viel Bedeutung wie dem Unglück schenkt.

Am Ende des 20. Jahrhunderts offenbarte sich das Feld der Psychologie als ein recht unübersichtliches Patchwork verschiedener Strömungen. Das vorherrschende Menschenbild glich einem Computer – Kognitionen dominierten Emotionen. Ein ganzheitliches Menschenbild, nach dem wir positive und negative Möglichkeiten zugleich in uns tragen, ließ noch auf sich warten.

Die späte Geburt der Positiven Psychologie

Die Geburt der Positiven Psychologie um die Jahrtausendwende ist eng verbunden mit der Geschichte Martin Seligmans, ihres Begründers. Seligman forschte über drei aufeinander aufbauende Kernthemen: zuerst über „Erlernte Hilflosigkeit" (1979). Um diese als Basis von Depressionen zu postulieren, fügte er Hunden mit Elektroschocks erhebliche Schmerzen zu. Später wurde diese Methode auch vom US-Militär als „weiße Folter" und erweiterte Verhörtechnik eingesetzt, an deren Entwicklung Seligman beteiligt war.

Sein zweites großes Werk beschäftigte sich mit „Erlerntem Optimismus" (1991), was ihn später zur Positiven Psychologie führte. Deren offizielle Geburtsstunde ist 1998 auszumachen. In seiner Antrittsrede als Präsident der amerikanischen Psychologenvereinigung (APA) warb Seligman für eine Neuausrichtung der Psychologie. Statt sich primär auf die Schattenseiten des menschlichen Seins zu konzentrieren, sollte sich Positive Psychologie auch mit den Potenzialen des Menschen beschäftigen. Animiert wurde Seligman durch seine kleine Tochter, die ihn beim „Unkrautjäten" fragte, warum er immer so negativ sei. So vollzog er seinen persönlichen Paradigmenwechsel.

Zu Seligmans Verdiensten gehört ab 2005 die Entwicklung eines ersten Masterstudiums für Positive Psychologie an der Universität Pennsylvania. Aufgrund eines Projekts über 100 Millionen Dollar mit dem US-Militär konnte er den Studiengang sehr gut finanzieren. Die Kooperation mit der Armee bezeichnete Seligman übrigens als „Mutter aller Forschung".

Auch inhaltlich förderte Seligman maßgeblich die Entfaltung Positiver Psychologie. Bei seinen Forschungen über Tugenden (2004 mit Peterson) und Aufblühen (2012) – sein drittes Kernthema – erkannte er auch Synergien im Anwendungsfeld Coaching, quasi als Therapie für Gesunde: „Das Coaching ist eine Praxis auf der Suche nach einer tragenden Säule oder, genauer gesagt, nach zwei tragenden Säulen – einerseits einer wissenschaftlich evidenzbasierten und andererseits einer theoretischen. Ich glaube, dass das neue Fach der Positiven Psychologie beide Säulen zur Verfügung stellen kann" (Seligman 2007).

Internationale und nationale Highlights

Die Positive Psychologie entwickelte sich nicht nur aus den Aktivitäten Martin Seligmans. In seiner Generation fand er auch einige „Brüder und Schwestern". Wichtige Wegbereiter waren außerdem Forscher, die sich Themen der Positiven Psychologie bereits im 20. Jahrhundert widmeten, z.B. Ellen Langer (Harvard), Edward Diener (Virginia), Charles Snyder (Kansas) oder Mihály Csíkszentmihályi (Kalifornien). Sie forschten zu Achtsamkeit, Wohlbefinden, Hoffnung und Flow.

Auch in Deutschland gab es eine kleine „Elterngeneration" der Positiven Psychologie, siehe die Publikationen von Brockert (2001), Auhagen (2004), Sohr & Rösler (2009).

Die Entwicklungen in der ersten Dekade des 21. Jahrhunderts bezeichnet der aus China stammende Kanadier Paul Wong (2011) als „Positive Psychologie 1.0". Zu Weiterentwicklern der Positiven Psychologie 2.0 gehören u.a. Barbara Fredrickson (Carolina), Robert Biswas-Diener (Portland), Robert Emmons (Davis), Kristin Neff (Texas), Kim Cameron (Michigan) und der aus Chile stammende Marciel Losada mit Forschungsarbeiten über positive Emotionen, positives Coaching, Dankbarkeit, Selbstmitgefühl und Positive Business.

In Deutschland fand die Positive Psychologie vorerst keinen Anschluss in Universitäten, sie entfaltete sich vor allem in der Praxis, z.B. in der Wirtschaft (z.B. Tomoff 2015 oder Rose 2019). Oder in der Erziehung, wo Burow (2011) eine „Positive Pädagogik" postulierte; außerdem wurde an über 100 Schulen das Fach „Glück" eingeführt. Einen Schlüsselbeitrag zur Verbreitung in Deutschland leisten auch Ausbildungsinstitute im

Inntal (seit 2013) sowie die *Deutsche Gesellschaft für Positive Psychologie* in Berlin (seit 2014).

Verstärkte Kooperationen zwischen Vertretern aus Theorie und Praxis führten schließlich 2021 zu einem akademischen Durchbruch in Deutschland, mit dem ersten Master-Studium „Positive Psychologie & Coaching" an der *Deutschen Hochschule für Gesundheit und Sport* in Berlin. So sind für die 20er-Jahre spannende Master-Arbeiten zu erwarten.

Positive Psychologie kritisch betrachtet

„Schlechte Presse für Positive Psychologe" titelt der Theologe Michael Utsch von der Evangelischen Zentralstelle für Weltanschauungsfragen. Kritik kann unterschiedliche Niveaus offenbaren. Kommentare von Kollegen wie „Ich habe zwar keine Ahnung von Positiver Psychologie, doch ich bin dagegen!" lassen erahnen, dass ein Problem in der weit verbreiteten Ignoranz und Arroganz vorherrschender Wissenschaftsvertreter liegt.

Umso wichtiger scheint es, sich mit grundlegenden Kritiken auseinanderzusetzen, wie sie psychologisch (Mayring 2012), politologisch (Steinmeyer 2018) oder soziologisch (Canabis & Illouz 2019) artikuliert werden. Kritisiert werden vor allem sieben Punkte:

- Illegitimität: Die Kritik, dass die PP eine Pseudowissenschaft sei, ist ziemlich haltlos, wie unzählige empirische Studien der letzten zwei Jahrzehnte zeigen.
- Inszenierung: Einige Kritiker stören sich am „Sendungsbewusstsein" einiger PP-Vertreter, besonders aus den USA, was hierzulande eher selten zu finden ist.
- Ignorierung: Beliebt ist auch der Vorwurf, die PP polarisiere, verbunden mit der Nachfrage, ob die traditionelle Psychologie so negativ sei.
- Idealisierung: Vorgeworfen wird der PP auch ein zu positives Menschenbild, in Form einer „Happyologie", die das Negative negiere und „Happychonder" erzeuge.
- Instrumentalisierung: Vorwürfe der Vereinnahmung entzünden sich besonders an Seligmans Forschungsprojekten für militärische Zwecke, mit denen er Resilienz und ein posttraumatisches Wachstum von Soldaten befördern wollte.
- Ideologisierung: Manche Kritiker sehen die PP in der Nähe der Ideologie des Neoliberalismus, die zu „Zwangsbeglückung und Wohlfühlterror" führe, eine Art „Upper-Class"-Psychologie für die Starken, Mächtigen und Erfolgreichen.
- Individualisierung: Die PP tendiere dazu, die Verantwortung dem Einzelnen aufzulasten, womit sie letztlich gesellschaftliche Veränderungen verhindere.

Selbst wenn einige Kritikpunkte übertrieben scheinen: Vor allem die Hinweise aus den letztgenannten Punkten sind zu bedenken. Sollte die Positive Psychologie, nach gut 20 Jahren ihrer Existenz, nicht erwachsen genug sein, um die von ihr gewünschte Zeitenwende einzulösen?

Plädoyer für eine positive Zeitenwende

Nach den wissenschaftsphilosophischen Erkenntnissen des kritischen Rationalismus entwickeln sich Wissenschaften im Normalstand kontinuierlich weiter (Popper 1934). Zugleich lässt sich soziologisch nachweisen, dass sich Wissenschaften manchmal auch in historisch kurzer Zeit durch neue Paradigmen dynamisch weiterentwickeln können (siehe Kapitel 1.1).

Die Positive Psychologie betrat um die Jahrtausendwende die Bühnen mit dem Versprechen, in Psychologie und Gesellschaft eine neue Perspektive zu fördern. Retrospektiv lässt sich bilanzieren, dass sie bisher unter ihren Möglichkeiten geblieben ist. Zwar hat sie einige innovative Theorien und Themen befördert, blieb aber in vielen Bereichen im traditionellen Denken gefangen. Dazu gehört die Limitierung ihrer Forschungsmethoden, welche fast ausschließlich das in der traditionellen Psychologie übliche naturwissenschaftliche Paradigma mit einer Fokussierung auf quantitative empirische Studien bedienen, um Menschen zu vermessen und zu zählen, statt sie in ihrer individuellen Tiefe wirklich zu verstehen. So konnte die Positive Psychologie bisher nicht dem Anspruch und der dringenden Notwendigkeit gerecht werden, gesellschaftliche Veränderungen zu befördern. Hier könnte sie noch einiges von der Humanistischen Psychologie lernen, die z.B. dazu beigetragen hat, dass die Friedens-, Frauen- und Umweltbewegungen entstanden.

Ein erster Schritt in die richtige Richtung wäre möglicherweise die Emanzipation von ihrem „Über-Vater" Seligman, der durch sein Gefangensein in der Denktradition von Behaviorismus und quantitativen Paradigmen, verbunden mit einer moralisch höchst fragwürdigen Forschungspraxis und einem stark materialistischen Wertesystem (was sich z.B. im Einfordern horrender Honorare zeigt), nicht zu einem positiven Ethos beiträgt. Auch sein „Fazit als Forscher" mit der Frage, wie eine „Religion ohne das Konzept des Leidens und der Sünde" aussähe, zeugt nicht gerade von einem „Anflug von Demut" (Rachow 2016), die einer „Höhenpsychologie" (Frankl 1977) für den selbsternannten Homo sapiens würdig wäre. So gesehen gibt es noch viel Luft nach oben für eine positive Zeitenwende, die diesen Namen verdient.

Positive PRAXIS

Wie kann sich eine „Zeitenwende" im Zusammenleben von Menschen gestalten?

Einzel-Coaching: Eine junge Frau (Mitte 30) kam in meine Praxis, obwohl sie eigentlich in ihrem Job als Projektmanagerin ziemlich erfolgreich war. Doch die Vorstellung, noch 35 Jahre in diesem Beruf arbeiten zu müssen, erfüllte sie „mit Grauen". Im Coaching ergründeten wir ihre Kindheitsberufung als Lehrerin. Die junge Frau beschloss, ihren Job zu kündigen und nochmal ein Studium zu wagen. Pünktlich zu ihrem 40. Geburtstag erhielt ich von ihr die Nachricht, dass sie eine eigene Klasse bekomme. Kurz darauf schenkte sie mir ihr erstes Kinderbuch.

Team-Coaching: Ein mittelständisches Unternehmen bat mich um die Moderation einer Zukunftswerkstatt, an der alle Mitarbeiterinnen und Mitarbeiter (etwa 20) von der Sekretärin bis zum Geschäftsführer teilnahmen. Dem Unternehmen ging es gut, doch die Führung sah eine Zeitenwende voraus. So wurden gemeinsame Zukunftsvisionen entwickelt, u.a. ein Umzug von einer Villa am Stadtrand in die City von Berlin. Sieben Jahre später residiert die Firma im Zentrum der Hauptstadt, das Personal hat sich verfünffacht, der Umsatz vervielfacht. Und der Geschäftsführer wurde in der Region als „Manager des Jahres" ausgezeichnet.

Selbst-Coaching: Wie bin ich mit der Tatsache umgegangen, dass meine Idee, ein Master-Studium für Positive Psychologie an unserer Hochschule zu entwickeln, auf vielen Ebenen auf teils erbitterten Widerstand stieß? Ich habe nicht aufgehört, Papiere zu schreiben und weiter dafür zu werben. Just in dem Moment, als mir sämtliche jahrelangen Mühen vergeblich erschienen und ich das Projekt innerlich verabschiedet hatte, öffnete sich auf wundersame Weise eine Tür, um diesen Studiengang zu verwirklichen.

Fazit: Voraussetzungen für eine individuelle, institutionelle und gesellschaftliche „Zeitenwende" sind Unzufriedenheit mit der Gegenwart und eine alternative Vision für die Zukunft.

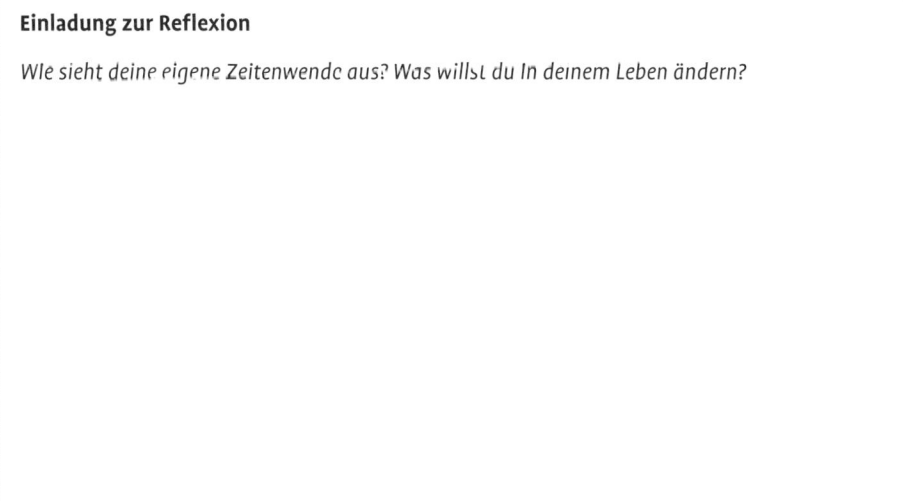

Einladung zur Reflexion

Wie sieht deine eigene Zeitenwende aus? Was willst du in deinem Leben ändern?

3.2 Positive Business – anders arbeiten

„In dir muss brennen, was du in anderen entzünden willst."
(Augustinus)

Lebst du, um zu arbeiten, oder arbeitest du, um zu leben? Wenn wir davon ausgehen, dass der Mensch eine nicht unerhebliche Zeit seines Lebens arbeitet, wäre dann nicht ein Beruf, der glücklich und Spaß macht, für alle Menschen wünschenswert? Leider sieht die Realität ganz anders aus: Die große Mehrheit der arbeitenden Bevölkerung ist unzufrieden in ihrem Job. Das ist natürlich kein befriedigender Zustand. So versucht die Positive Psychologie, hier anzusetzen.

Doch warum sind so viele Menschen unzufrieden mit dem, was sie die meiste Zeit des Tages tun? Sicher gibt es viele Gründe, wie wir noch sehen werden. Ein Grund liegt in der fehlenden emotionalen Bindung zum Arbeitgeber. Die Ursachen hierfür werden oft in der mangelhaften Führung gesehen. Daher ist die Frage nach „Positive Leadership" eines der wichtigsten Anliegen und Forschungsthemen von „Positive Business".

Hier könnte vielleicht ein einfacher Gedanke hilfreich sein: Tiere fühlen sich nicht wohl, wenn sie eingesperrt sind. Und auch wir Menschen haben nicht nur ein Bedürfnis nach Bindung, sondern wir sind gleichzeitig freiheitsliebende Wesen, sie sich entfalten wollen. Warum gibt es heute immer noch so wenige Freiräume im Beruf? Schaut man z.B. auf die Arbeitszeiten, so fällt auf: Viele Arbeitnehmer sind nach wie vor in einem engen Zeitkorsett gefangen, entweder für acht Stunden an fünf Tagen (= 40-Stunden-Woche) oder sie haben einen strikten „Nine-to-Five"-Arbeitsalltag. Oft handelt es sich dabei um Traditionen, die schon seit Ewigkeiten bestehen und nicht hinterfragt werden.

Für die jungen Menschen der „Y-Generation" werden Themen wie Work-Life Balance und weniger hierarchische Führungsstrukturen immer virulenter. Hier liefert die Positive Psychologie neue Modelle, deren empirische Überprüfungen darauf hindeuten: Ein anderes Arbeiten, das das Wohlbefinden aller befördert, ist möglich.

Die Realität der Führer

Wer das Wort „Führer" hört und historisch nicht völlig unmusikalisch ist, zuckt unweigerlich zusammen. Schließlich gehört der selbsternannte deutsche „Führer" Adolf Hitler zu den größten Massenmördern der Weltgeschichte; allein sechs Millionen Menschen meist jüdischer Herkunft ließ er in Konzentrationslagern töten. Es gab im 20. Jahrhundert weitere Megamörder, die Millionen von Menschen auf dem

Gewissen haben, etwa Mao Tse-tung oder Stalin. Auch unter gegenwärtigen Führern finden wir Staatsmänner, die ihre Macht auf brutale Art und Weise missbrauchen, ob in Russland, der Türkei oder in Nordkorea. Die von ihnen ausgeübte Gewalt wirkt überwiegend nach innen (die meisten Hinrichtungen finden in China statt), manchmal aber auch nach außen (2022 insbesondere der Angriffskrieg von Putin). Doch nicht nur Diktatoren sind Massenmörder, manchmal sind es auch Vertreter der „freien Welt", beispielsweise US-Präsidenten. So hatte Truman z.B. 1945 keinerlei Skrupel, zwei Atombomben auf das japanische Volk zu werfen.

Die genannten Beispiele sind wohl nur, aus einer makrosozialen Perspektive betrachtet, die Spitze des Eisbergs, auch wenn es einige wenige positive Gegenbeispiele gibt, oft von weiblichen „Führern", wie z.B. in skandinavischen Ländern oder Neuseeland. Potenzielle Geschlechtsunterschiede bezüglich einer friedlichen Führung relativieren sich jedoch, wenn wir die mikrosoziale Perspektive einnehmen und als Kriterium eine nachhaltige Familienführung betrachten: Hier sind es mehrheitlich die Frauen, die eine Familie auflösen, oft mit traumatischen Langzeitfolgen für die Kinder (Wallerstein 2002).

Auf der Meso-Ebene des Arbeits- und Berufslebens spielen Geschlechtsunterschiede kaum eine Rolle. So zeigt sich z.B. seit mehr als 20 Jahren in den repräsentativen Panel-Studien des Gallup-Instituts: Die Unzufriedenheit am Arbeitsplatz lässt sich maßgeblich an den Führungskräften (egal, ob männlich oder weiblich) festmachen, deren Führungsfähigkeit aus Sicht der Geführten schlecht ist. So plant mehr als die Hälfte der Geführten im Alter unter 35 Jahren, den Job zu wechseln. Als Hauptgrund wird neben den pandemiebedingten Faktoren wie Stress und Karrierechancen ein mangelhafter Führungsstil genannt, der sich z.B. in fehlender Wertschätzung und Anerkennung artikuliert (Hoffmann 2022).

Die Realität der Geführten

Die Auswirkungen mangelhafter Führung auf die Mitarbeiterinnen und Mitarbeiter werden seit Jahrzehnten intensiv erforscht – und in vielfältiger Hinsicht sind sie desaströs. So fühlt sich nur einer von sechs in den Gallup-Studien Befragten emotional an das arbeitgebende Unternehmen gebunden, der Rest macht entweder lediglich „Dienst nach Vorschrift" oder hat bereits „innerlich gekündigt". Fast die Hälfte aller Arbeitnehmer ist aufgrund der mangelnden Bindung auf dem Sprung. Die Forschung bezeichnet dieses Phänomen auch als „Great Resignation", eine besonders in Europa paradoxe Situation, wie Marco Nink, Leiter der Gallup-Studien, bilanziert: „Zusammenfassend kann man sagen, dass Europa großartig zum Leben ist, aber nicht zum

Arbeiten. Während die Arbeitnehmer sich hier mit ihrem Leben überdurchschnittlich zufrieden zeigen, sind sie gleichzeitig frustrierter mit der am Arbeitsplatz erlebten Führung als der gesamte Rest der Welt."

Die Folgen sind gewaltig: Innerhalb einer Generation hat sich die Zahl psychischer Erkrankungen am Arbeitsplatz vervielfacht. Die Anzahl der Fehltage hat in den 2020er-Jahren ihren Höchststand erreicht. Was erleben die Betroffenen? Neben Angststörungen und Depressionen sind besonders drei Phänomene auffällig:

- Stress: Weltweit ist der Stresslevel auf einem „Rekordhoch" (Hoffmann 2022). Dabei führt anhaltender Stress zu einem erhöhten Sterberisiko (Retzbach 2018).
- Burnout: Auch die Anzahl der Arbeitnehmer, die sich „innerlich ausgebrannt" fühlen, hat Anfang der 2020er-Jahre mit 38 % einen neuen Höchstwert erreicht. Unter den emotional ungebundenen Arbeitnehmern fühlt sich sogar jeder Zweite ausgebrannt.
- Mobbing: Einige Arbeitnehmer klagen auch über „Bossing" (Mobbing durch Vorgesetzte) und unter Jugendlichen nimmt „Cyber-Mobbing" zu.

Auf der Suche nach Lösungen stellen sich zunächst fundamentale Fragen nach den Werten unseres Handelns. Hier sind weniger die empirischen Wissenschaften gefragt als Philosophie und Ethik.

Zur Philosophie von Führung

Antworten auf die Frage nach den Grundwerten einer guten Führung finden wir in der Philosophie schon seit über 2000 Jahren. Hier eine Auswahl ethischer Prinzipien:

- Das Prinzip „Vorbild" geht auf antike Philosophen im Osten (Konfuzius) und im Westen (Aristoteles) sowie auch auf spirituelle Wurzeln (Jesus) zurück.
- Das Prinzip „Gemeinwohl" geht auf Rousseau (1712–1778) zurück und basiert auf einem positiven Menschenbild. Als erstrebenswert gilt das Wohlergehen aller, im Gegensatz zum Wohlergehen einzelner.
- Das Prinzip „Mündigkeit" geht auf Kant (1724–1804) zurück und ist als Fähigkeit, sich vom eigenen Verstand leiten zu lassen, grundlegend für die Aufklärung.
- Das Prinzip „Toleranz" geht auf Lessing (1729–1781) zurück. Es wirbt für Offenheit gegenüber anderen Kulturen, auch, um den Wert der Vielfalt zu fördern.
- Das Prinzip „Transparenz" geht auf Popper (1902–1994) zurück, der für einen kritischen Rationalismus plädiert und sich für eine offene Gesellschaft einsetzt.
- Das Prinzip „Verantwortung" geht auf Jonas (1903–1993) zurück und stellt Führung aufgrund heutiger globaler Herausforderungen vor neue Aufgaben.

Die genannten Prinzipien werden in der *Philosophie der Führung* des Psychologen Dieter Frey (2013) ausgeführt: „Vertritt man das Modell ethik-orientierter Führung, kann man sehr viel von den philosophischen Denkern lernen. Philosophie erläutert, was Moral ist und begründet diese. Die verschiedenen philosophischen Theorien betonen verschiedene moralische Werte und erklären, was moralisch richtiges Verhalten ausmacht. All dies ist von zentraler Bedeutung für eine ethik-orientierte Führungskraft." Fazit: Gute Führung bedarf der Einlösung philosophischer Werte.

Historische Führungsforschung

In der Praxis gibt es viele Möglichkeiten, Führung zu gestalten; Inspirationen dafür lieferte im Lauf der letzten Jahrzehnte die psychologische Führungsforschung. Der „Vater" dieser Disziplin war der Sozialpsychologe Kurt Lewin, der Mitte des 20. Jahrhunderts grundlegende Führungsstile beschrieb: Einerseits den autoritären Führungsstil mit einem dominanten und distanzierten Verhältnis seitens des Führenden zu den Geführten, andererseits den demokratischen Führungsstil, der auch durch eine Mitbeteiligung der Geführten an Entscheidungsprozessen geprägt ist. Schließlich beobachtete Lewin noch einen Laissez-faire-Stil mit wenig Orientierung. Lewins Grundmodell war später auch ein Vorbild für die Forschung über Erziehungsstile.

In den 1980er-Jahren unterschied der amerikanische Psychologe Bernard Buss zwischen einer transaktionalen Führung (mit Fokus auf die Gegenwart) und einer transformatorischen Führung (mit Fokus auf Visionen). Beide münden in eine transformationale Führung – mit dem Ziel einer Umwandlung von Werten und Einstellungen bei den Geführten.

In den 1990er-Jahren plädierte der amerikanische Managementforscher Robert Greenleaf für den sogenannten Servant-Leadership-Ansatz – ein dienender Führungsstil, der sich an den Interessen der Geführten orientiert und bei diesen zur höchsten Zufriedenheit führt.

Auf Basis seines Konzepts der Emotionalen Intelligenz warb zu Beginn des 21. Jahrhunderts der amerikanische Psychologe Daniel Goleman für den Ansatz einer emotionalen Führung. Nach Goleman zeigt sich gute Führung daran, dass sie Resonanz erzeugt. Das lässt sich vor allem bei einigen modernen Führungsstilen festmachen, die Goleman als gefühlsorientiert, coachend sowie visionär beschreibt. Insbesondere den coachenden Führungsstil kann man als eine wertvolle Weiterentwicklung würdigen, denn zentral ist hier Kommunikation mit Individuen, um spezielle Wünsche und Potentiale wahrzunehmen.

Die Ansätze von Greenleaf und Goleman waren maßgeblich für eine „Positive-Business-Forschung" im Rahmen der Positiven Psychologie.

Positive Unternehmensmodelle

Aus der Positiven Psychologie entwickelten sich im 21. Jahrhundert drei grundlegende Modelle zum Positive Business: Zwei Ansätze kommen wieder aus den USA, während der jüngste Ansatz in Europa (weiter-)entwickelt wurde.

2003 initiierte Fred Luthans den Ansatz *Positive Organizational Behavior (POB)*, der auf der Mikroebene des Individuums ansetzt. Zentral hierbei ist das „psychologische Kapital" als Ausdruck der persönlichen Leistungsfähigkeit und der Zufriedenheit. Es umfasst Hoffnung, Selbstwirksamkeit, Resilienz und Optimismus. Luthans konnte Zusammenhänge zwischen dem psychologischen Kapitel und der Arbeitszufriedenheit sowie der Leistung von Mitarbeitern belegen.

Ebenfalls 2003 begründete Kim Cameron den Ansatz *Positive Organizational Scholarship (POS)*, der auf der Makroebene der Organisation ansetzt. Cameron zufolge ist POS die Wissenschaft vom Positiven in Organisationen. Hier stehen vor allem die Autonomie der Arbeitnehmer und die Fokussierung auf deren Stärken im Mittelpunkt. Wichtige POS-Strategien sind u.a. wirksames Zuhören und positive Bekräftigungen.

Im Jahr 2019 legte der Wiener Psychologe Markus Ebner ein Konzept zu *Positive Leadership* vor, welches das PERMA-Modell des Aufblühens von Martin Seligman auf Führungsfragen überträgt und fünf Schlüssel zur „High Performance" postuliert:

P = Generierung positiver Emotionen (z.B. Spaß bei der Arbeit haben)
E = Engagement befördern (z.B. Mitarbeiter auf ihre Stärken hinweisen)
R = Förderliche Arbeitsbeziehungen (z.B. Unterstützung des Teamspirits)
M = Sinn in der Arbeit hervorrufen (z.B. Vermittlung des Arbeitswerts)
A = Ziele setzen statt „Hamsterrad" (z.B. durch gemeinsames Feiern)

Ebner konnte anhand zahlreicher empirischer Untersuchungen nachweisen, dass ein Führungsstil mit den fünf PERMA-Schlüsseln den Unternehmenserfolg beflügelt.

Feelgood-Team-Management

Angesichts der Probleme und Krisen im Großen – Realitäten in Unternehmen, mangelnde Friedfertigkeit und politische Unfähigkeit, unsere globalen Probleme zu lösen – wächst die Sehnsucht nach harmonischen Teams, die zumindest im Kleinen alternative Unternehmenskulturen des Miteinanders leben. Ein neuerer Ansatz ist das „Feelgood-Management", das „sämtliche Maßnahmen im Unternehmen [umfasst], die das Wohlergehen aller Mitarbeitenden bei gleichzeitiger Verbesserung der Arbeitsleistung unterstützen". Ziel hierbei ist „ein Unternehmen, in dem Menschen gern arbeiten" (Lange 2019) – also quasi das positive Kontrastprogramm zu den meisten Unternehmen, wie sie sich in den Gallup-Studien darstellen. In diesem Sinne sind Feelgood-Manager auch Spezialisten für positive Unternehmenskulturen, wie sie z.T. in skandinavischen Unternehmen, z.B. bei Ikea, schon anzutreffen sind.

Ein zentraler Gedanke ist der Teamspirit. Der Terminus „Team" kommt aus dem Alt-Englischen und bedeutet „Familie". So begleitet ein guter Manager sein Team wie eine Familie. In einer angstfreien, vertrauensvollen und wertschätzenden Atmosphäre gedeihen Menschen am besten, um gemeinsam in einem „kreativen Feld" zu wachsen und einen „Team-Flow" zu erleben. Beeindruckende Beispiele von Höchstleistungen solcher Synergien finden wir in der Welt des Sports oder der Musik (Burow 2015).

Inspirierende Forschungen zu diesem Komplex stammen von Marcial Losada, einem Positiven Psychologen aus Chile. Nach umfangreichen Analysen von Team-Meetings konnte Losada vorhersagen, wann Teams sich positiv entwickeln: Liegen die positiven Statements (wie z.B. Wertschätzung, Ermutigung oder Begeisterung) mindestens um den Faktor 3:1 über den negativen Aussagen (wie Abwertung oder Zynismus), kann sich ein Team nachhaltig entfalten. Mit zunehmender Nähe in einem Team (z.B. in einer Partnerschaft oder in der Kindererziehung) liegt der Faktor wahrscheinlich sogar noch höher (Tendenz: 5:1). Die schwedische Trainerin Pia Sundhage führte z.B. mit ihrer „7:1-rule" das Fußball-Frauenteam der USA zum doppelten Olympiagold.

Zeitwohlstand als Vision

Wie geht es weiter? Aus der Vogelperspektive sind gegenläufige Entwicklungen zu beobachten: Einerseits stehen die heutigen Businesswelten mehr denn je unter Stress, was angesichts gesellschaftlicher Megatrends wie Globalisierung, Digitalisierung, Pandemie oder Klimawandel auch nicht verwundert. Andererseits ist eine Gegenbewegung zu beobachten, anders zu arbeiten. Sie entsteht – im besten Fall – auch durch die Positive Psychologie, sofern sie sich nicht von neoliberalen Akteuren vereinnahmen lässt, die unter dem Deckmantel einer Resilienzförderung ihre Angestellten nur umso stärker ausbeuten – gemäß Nietzsches *Götzen-Dämmerung*: „Was mich nicht umbringt, macht mich stärker."

Unter dem Allgemeinplatz „New Work" tummeln sich jede Menge spannender Alternativen, und etliche Publikationen versprechen uns andere Formen von Arbeit, Business und Führung, z.B. *Führen mit Sinn* (Rose 2020), *Positiv führen* (Thiele 2021), *Achtsam führen* (Streb 2022) oder *Gesundes Führen* (Vorholt 2022).

Einige Menschen, die als Angestellte an Grenzen stoßen, wählen als Ausweg aus den „drei K" (kämpfen, krankwerden oder kündigen) tatsächlich die scheinbare „Flucht" in die Selbstständigkeit, die sich manchmal als heilsamer Aufbruch in ein neues Leben entpuppt. Auch hierzu gibt es Bücher, die andere Werte als Gewinnmaximierungen in den Vordergrund stellen, z.B. *Das Slow-Grow-Prinzip* mit dem Credo „Lieber langsam wachsen als schnell untergehen" (vgl. Hofert 2011).

Auf individueller Ebene gibt es zumindest im Coaching zunehmend Menschen – darunter auch Führungskräfte – für die Zeit zu einem höheren Gut mutiert als Geld. Aus der Sucht nach Selbstoptimierung und noch professionellerem Zeitmanagement wird dann eine Sehnsucht nach „Zeitwohlstand" (Sohr 2014). Schließlich sollten alle Menschen, die andere führen, auch sich selbst führen können.

Zeitwohlstand folgt anderen Visionen als Zeitmanagement (Sohr 2014):

- Qualität statt Quantität
- Zeit ist Leben statt Zeit ist Geld
- Zeit entsteht statt Zeit vergeht
- Subjektivität statt Objektivität
- Suche nach Sinn statt Suche nach Effizienz
- Leben mit der Natur statt Leben nach der Technik
- Kairos (rechter Augenblick) statt Kronos (Uhr)

So erinnert uns der Tod als die einzige Sicherheit im Leben daran, dass die weltweite suizidale Ideologie eines grenzenlosen Wachstums auf der Erde an ihre Grenze stößt – mit der Einladung, ein anderes Leben zu beginnen, bevor es zu spät ist: Statt dem Tod entgegen zu hetzen, sich besonnen und entschleunigt auf den Weg zum Zeitwohlstand machen.

Positive PRAXIS

Wie kann ein „Business" aussehen, das Freude, Erfüllung und Erfolg bringt?

Einzel-Coaching: Ein Mann, Ende 30, kam in meine Praxis, nachdem er gerade seine Arbeit verloren hatte, die ihn seit seiner Ausbildung ernährt und erfüllt hatte. Einen anderen Job hatte er nie kennengelernt, dafür allerdings einen neuen Investor, der ihn auf die Straße setzte. Im Coaching beschloss er, neue Ausbildungen rund um sein privates Lieblingsthema „Geld" zu absolvieren. Zwei Jahre später wurde er zum Personalleiter eines Krankenhauses befördert. Weil er selbst Coaching als überaus förderlich erleben durfte, engagiert er seither auch Coaches für seine Angestellten.

Einzel-Coaching: Eine junge Frau mit Migrationshintergrund kam, zusammen mit ihrem Mann in der Funktion als Dolmetscher, in meine Praxis. Anschließend bewarb sie sich erfolgreich um einen neuen Job in einem internationalen Möbelhaus. Der Ehemann war positiv überrascht von diesem Erfolg und deshalb bat er mich um Tipps, wie er das erste Assessment-Center seines Lebens meistern könnte. Es kam so zu einem zweiten Coaching, was dazu führte, dass der Ehemann aufgrund seines Erfolgs im Center eine höhere Gehaltsstufe erreichte. Unterm Strich bescherte ihm das pro Jahr eine zusätzliche Summe im fünfstelligen Bereich. Doch als ich ihm meine Rechnung vorlegte, weigerte er sich zu zahlen, weil das eigentliche Coaching doch seiner Frau gegolten habe. Meinen Support für ihn sah er offensichtlich nicht als Dienstleistung an. Als kleinen Ausgleich zog ich meinen Arbeitslosentarif für seine Frau zurück.

Selbst-Coaching: Nach Abschluss meines Studiums machte ich binnen weniger Jahre in unterschiedlichen Unternehmen mehrmals Mobbing-Erfahrungen. Wie ging ich damit um? Ich machte mich selbstständig, um mein eigener Chef zu sein – mit einer persönlichen Unternehmenskultur, in der ich meine Werte leben kann.

Fazit: Coaching kann immer dann besonders hilfreich sein, wenn wir an Grenzen stoßen. Wenn wir sie überwinden, öffnen sich oft ganz neue Horizonte.

> **Einladung zur Reflexion**
>
> *Auf welchen Schlüsselerfahrungen baust du deine berufliche Zukunft auf?*

3.3 Positive Coaching – kraftvoll begleiten

„In der Ruhe liegt die Kraft."
(Konfuzius)

Positives Coaching – ist das nicht eine Tautologie? Ist Coaching nicht von Natur aus positiv? Geht es nicht immer darum, etwas Positives zu bewirken – in dem Sinne, dass der Coachee nachher besser aufgestellt ist als vorher?

Tatsächlich gibt es Unterschiede: Positives Coaching ist tendenziell mehr stärkenorientiert als herkömmliches Coaching, und es geht nicht nur um konkrete Lösungen, sondern auch um individuelle Wachstumserfahrungen. Allerdings sind die Übergänge fließend. Für die Praxis ist es letztlich egal, aus welcher Richtung die Methode kommt – wichtig ist, dass Coaching grundsätzlich als eine Entwicklung zum Positiven zu verstehen ist.

Offenbar stehen Positive Psychologie und Coaching in Wechselwirkungen zueinander. So könnte man Coaching als ein wichtiges Anwendungsfeld der Positiven Psychologie verstehen. Umgekehrt könnte man formulieren: Wenn Coaching gut funktioniert, dann dürfte dies auf Basis Positiver Psychologie geschehen.

Der Mehrwert von Positive Coaching offenbart sich besonders deutlich in der Welt des Sports, wenn wir uns unterschiedliche Trainertypen anschauen: Ein Trainer vom „alten Schlag" ist z.B. Felix Magath. Er setzt vor allem auf eine gute körperliche Verfassung bei seinen Spielern. Für Coaches wie Jürgen Klinsmann und Jürgen Klopp dagegen sind die mentale Verfassung und eine wertschätzende Atmosphäre miteinander mindestens genauso wichtig. Beide waren hierzulande Pioniere für Positives Coaching im Sport.

Alle genannten Beispiele wirken erfolgreich und zeigen, dass es viele Wege zum Ziel gibt. Sie lassen sich auch auf andere Lebensbereiche übertragen. So ist Coaching heutzutage nicht nur auf das Arbeits- und Berufsleben beschränkt, sondern tangiert als Life Coaching stets das ganze Leben.

Life Coaching

Die Wurzeln des Worts „Coaching" gehen auf das ungarische Wort *kocsi* (= Kutsche) zurück. Mit einer Kutsche macht man sich auf den Weg, um ein Ziel zu erreichen. Um im Bild zu bleiben: Ein Coach wirkt also wie ein Kutscher, der seine Pferde (Coachees) hegt und pflegt, sie fördert und fordert, um sie herauszufordern, ohne sie zu überfordern.

Historisch hat „Life Coaching" als philosophische Hinterfragung der Existenz eine lange Tradition, die man bis in die altgriechische Philosophie zurückführen kann, auch wenn Sokrates und seine Schüler ihre Diskurse natürlich nicht Life Coaching genannt haben. Später dienten hauptsächlich die monotheistischen Religionen als Orientierung und Lebenskompass, man könnte sagen: Gott in der Rolle als Life Coach. Im Zuge der Aufklärung waren es dann wieder mehr menschliche Spezialisten, die Hilfe zur Selbsthilfe anboten. Und im 19. Jahrhundert tauchten erstmals Coaches auf, vor allem in den angelsächsischen Ländern – als Trainer im Sport oder als Tutoren an den Universitäten.

Als professionelle Dienstleistung im Berufsleben etablierte sich Coaching erst gegen Ende des 20. Jahrhunderts, zuerst vor allem als Business Coaching für Führungskräfte, seit dem 21. Jahrhundert auch zunehmend als Life Coaching im ganzheitlichen Sinn. Im Jahr 2000 bot die Universität Sydney das weltweit erste Studium für „Coaching-Psychologie" an. Hierzulande kann man „Life Coaching" seit 2015 an der Deutschen Hochschule für Gesundheit und Sport in Berlin interdisziplinär studieren.

Angela Dunbar beschreibt den Coaching-Prozess so: „Coaching dreht sich darum, Menschen dabei zu helfen, von Punkt A zu Punkt B zu gelangen." Talane Miedaner von der *Coach University* in New York bilanziert Coaching mit einer Metapher: „Coaching ist die Brücke zwischen Ihrem jetzigen Leben und dem, was Sie erreichen wollen." Und warum wirkt Coaching so gut? „Letztlich lässt sich alles in einem einzigen Wort zusammenfassen: Energie. Schon Einstein hat erkannt, dass alles um uns herum reine Energie ist" (Zschörnig 2021). Dabei sollte der Coach auch für Werte stehen, um nachhaltig wirken zu können.

Humanistisches Coaching

Wie keine andere psychologische Schule hat die Humanistische Psychologie zur Entwicklung von Coaching beigetragen. Sie geht auf den Humanismus mit seinen Wurzeln in der Antike zurück. Der klassische Humanismus geht auf Cicero zurück und stellt die Menschlichkeit (lat. *humanitas*) in den Mittelpunkt, die Cicero besonders bei den Griechen bewunderte. Aus den klassischen Ideen entwickelte sich später der Renaissance-Humanismus (nach Erasmus von Rotterdam) sowie der Neu-Humanismus (nach Humboldt). Der moderne Humanismus hat im 20. Jahrhundert viele

Gesichter, mit teilweise perversen Ausprägungen. So gibt es z.B. den Transhumanismus, welcher „dank" Technik letztlich auf die Abschaffung des Menschen hinausläuft.

Die Humanistische Psychologie steht dagegen in der ursprünglichen Tradition des Humanismus: „Wir Humanistischen Psychologen sind es leid, Psychologen zu sein, wenn Psychologie darin besteht, den Menschen als eine größere weiße Ratte oder einen langsamen Computer zu betrachten" (Bugental 1964). Daher interessierten sich Humanistische Psychologen vor allem für unsere positiven Entfaltungsmöglichkeiten als Menschen, allen voran der amerikanische Psychotherapeut Carl Rogers, der in seiner Arbeit mit Menschen drei grundlegende Haltungen entdeckte, die beziehungsfördernd wirken:

- Kongruenz (Authentizität)
- Akzeptanz (Wertschätzung)
- Empathie (Einfühlung)

Diese drei Haltungen der Gesprächspsychotherapie nach Rogers sind heute in der Ausbildung vieler sozialer Berufsgruppen fundamental. Kurz vor seinem Tod wies Rogers beim Rückblick auf seine jahrzehntelangen Forschungen darauf hin, dass er noch eine vierte Haltung beobachtet habe, die möglicherweise die allerwichtigste sei: Die Präsenz, also ein geradezu meditatives „Gewahrsein" im Hier und Jetzt. Moderne humanistische Ansätze, wie das „Präsenzorientierte Coaching" (Körber 2022), bauen auf dieser Haltung auf.

Systemisches Coaching

Die Humanistische Psychologie trug auch zur Entwicklung eines Ansatzes bei, der als Systemisches Coaching bezeichnet wird. Mithilfe verschiedener Vorgehensweisen nimmt man vor allem das Umfeld, also das System, stärker in den Blick. Anstelle der Frage „Was ist Ihr Problem?" würde ein systemisch orientierter Coach eingangs eher „Wie ist das Problem?" fragen.

Virginia Satir, die auch als „Mutter der Familientherapie" gilt, war eine der ersten systemisch arbeitenden Psychologinnen und Therapeutinnen. Ihr Ausgangspunkt war: Um Menschen in ihrer Persönlichkeitsentwicklung am besten gerecht zu werden, muss man auch signifikante Personen im familiären Umfeld in die Arbeit integrieren. Biografisch bemerkenswert ist die Tatsache, dass Satir selbst familienlos lebte. Sie konnte trotzdem unzähligen Familien, die für sie wie eine eigene Familie waren, wirkungsvoll helfen.

Systemisches Coaching ist bekannt für viele sogenannte Tools, die in der praktischen Arbeit inspirierend wirken. Virginia Satir ist zum Beispiel die systemische Aufstellungsarbeit zu verdanken, bei der sich die Anwesenden im Raum positionieren, abhängig von ihrer Beziehung zueinander. Ein ähnliches Tool ist der „leere Stuhl", der symbolisch ein Gegenüber einbezieht, das nicht anwesend ist, jedoch im Coaching-Prozess eine signifikante Rolle spielt, um eine Kommunikation zu antizipieren und sie später in vivo zu praktizieren. Dieser humanistische Ansatz geht auf die Gestalttherapie nach Fritz Perls zurück.

Ein anderes und sehr bekanntes systemisches Tool ist die „Wunderfrage", die auf den lösungsorientierten Coachingansatz nach Steve de Shazer zurückgeht. Der Coach fragt: „Angenommen, eine Fee würde über Nacht Ihr Problem lösen: Was wäre anders?"

Es gibt noch Hunderte von Tools, die im Coaching eingesetzt werden können. Viele von ihnen stammen aus dem Neurolinguistischen Programmieren (NLP), das in der Praxis sehr beliebt, wissenschaftlich aber umstritten ist, da es sehr manipulierend wirken kann.

Business-Coaching

Lange Zeit war Coaching vor allem Business-Coaching, was u.a. daran lag, dass gegen Ende des 20. Jahrhunderts vor allem große Unternehmen ein Coaching für ihre Führungskräfte nachfragten. Hier wurden und werden meist sehr hohe Honorare gezahlt, was sicher nicht passieren würde, wenn sich das Coaching für die Beteiligten nicht rentierte. Studien belegen, dass Coachingmaßnahmen von den meisten Unternehmen positiv evaluiert werden.

Typische Themen im Business-Coaching sind zum Beispiel Karriereplanung, Selbst- und Zeitmanagement, Change-Management, Konfliktmanagement, Team- und Visionsentwicklung, doch zunehmend auch Burnout-Prävention, Work-Life-Balance und Gesundheitsförderung, sodass die Grenzen zwischen Life und Business-Coaching immer fließender werden.

Wie verläuft ein klassischer Coachingprozess? Ein etabliertes Modell auf nationaler Ebene stammt von dem Business-Coach Christopher Rauen, der mit zahlreichen Publikationen auch auf digitaler Ebene viel zur Professionalisierung von Coaching in Deutschland beigetragen hat. Sein „COACH"-Modell (2003) basiert auf fünf Initialen:

Come together (Kennenlernen)
   Orientation (inhaltliche Annäherung an den Coachinganlass)
   Analysis (Untersuchung des Anliegens)
   Change (Phase der Veränderungen)
   Harbour (Zielerreichung und Abschluss)

Auf internationaler Ebene ist insbesondere das GROW-Modell zu erwähnen, welches der britische Business-Coach John Whitmore (1992) populär machte. Dieses Modell folgt ebenfalls den (vier) Initialen:

   Goal Setting (Festlegung der Ziele)
   Reality Check (Prüfung der aktuellen Situation)
   Options (alterative Strategien) und einige finale
   W-Fragen zur Ergebnissicherung einer nachhaltigen Praxis (u.a. Was? Wann? Wer? Wie?)

Whitmore betont die Idee des alternativen Wachstums, wobei er Coaching auch als Chance für eine andere Kultur des Miteinanders sieht, mit einem Coach als „Geburtshelfer", denn – so Whitmore – „wenn wir heute unseren Lebensstil nicht verändern, wird es in drei Generationen keine Welt mehr geben."

Positives Coaching

Anfang des 21. Jahrhunderts resultierte aus der Positiven Psychologie auch ein eigenständiger Coachingansatz. Nach Seligman (2007) bildet die Positive Psychologie das „Rückgrat" für Coaching. Der international führende Forscher auf dem Feld von Positive Coaching ist Robert Biswas-Diener von der Universität Portland in den USA. Biswas-Diener (2010) definiert drei Merkmale eines *Positive Psychology Coaching*: ein positiver Fokus, das Nutzen positiver Emotionen sowie die Wissenschaft der Stärken. Positive Coaching ist daher ein Coachingansatz, der das Ziel verfolgt, über den Prozess der Problemlösung hinaus persönliches Wachstum zu fördern.

Auch in Deutschland gewinnt Positive Coaching zunehmend an Aufmerksamkeit, wie jüngere Publikationen (siehe Mangelsdorf 2020, Blickhan 2021) zeigen. Ähnlich wie ein klassisches Coaching verläuft das Positive Coaching in (fünf) Prozessphasen:

1. Kennenlernen: Hier geht es insbesondere um das Herstellen einer positiven Beziehung durch Förderung positiver Emotionen, z.B. Humor.

2. Zielsetzung: Die darauf aufbauende Zielformulierung ist ein Schlüssel im Positive Coaching. Hier geht es um die Bildung von Everest-Zielen (Cameron 2013), um „hohe" Ziele, um eine Vision und ein „Growth Mindset" auszubilden.
3. Positive Diagnostik: Nach dem Vorbild des Berliner Entwicklungsmodells (siehe S. 156) stehen nun vor allem Fragen nach Stärken, Werten und dem Lebenssinn im Fokus, um eine positive Identität zu fördern.
4. Prozessarbeit: Im weiteren Coachingverlauf geht es um eine Annäherung an den wachstumsorientierten Zielzustand im Sinne einer Potenzialentfaltung.
5. Abschluss: Am Ende steht ein wachstumsorientiertes Feedback vom Coach.

Kritisch hat u.a. Tomoff (2017) auf Gefahren eines einseitig auf das Positive fixierten Coachingprozesses im Sinne eines „Selbstoptimierungswahns" hingewiesen.

Zukunfts-Coaching

Ein anderes Positive-Coaching-Modell ist das „Zukunfts-Coaching" (Sohr 2006) – quasi eine Weiterentwicklung der Methode der Zukunftswerkstatt (Jungk & Müllert 1981) für Individuen. Zukunftswerkstätten sind eine Idee des Zukunftsforschers Robert Jungk mit dem Ziel, Menschen zu bewegen, ihre Zukunft selbst zu gestalten. Die sozial-kreative Methode für Gruppen besteht aus drei Phasen: Eine Kritikphase, in der ein gemeinsames Problem vielfältig beschrieben wird; eine Fantasiephase, in der Visionen für alternative Zukünfte entwickelt werden, und eine Realisierungsphase, in der eine Agenda für den Weg vom Ist- zum Soll-Zustand entworfen wird. Die daraus resultierenden Projekte stellen eine neue Wirklichkeitsebene dar, die sich vom Ausgangszustand unterscheidet. In der Praxis werden Zukunftswerkstätten seit einigen Jahrzehnten in vielen Unternehmen und Institutionen erfolgreich eingesetzt.

Das *Zukunfts-Coaching 1.0* für Individuen besteht ebenfalls aus drei Phasen:

1. Analysephase zur Ermittlung der Schlüsselkompetenzen eines Coachees
2. Visionsphase zur Entfaltung langfristiger Visionen für die Zukunft
3. Praxisphase zur Entwicklung eines konkreten Zukunftsplans im Alltag

In der ersten Phase geht es um das *Können* (was in der Regel mithilfe eines Fragebogens erhoben wird), in der zweiten Phase um das *Wollen* (oft mit einer Fantasiereise oder Musik begleitet, um Flow-Erlebnisse zu befördern) und in der dritten Phase um das *Werden* (in Form eines Aktionsplans). Als Abschluss und Ermutigung dient ein „Burnin"-Ritual mit einer Take-Home-Message, die Coachee und Coach am Ende kommunizieren.

Das darauf aufbauende *Zukunfts-Coaching 2.0* (Sohr 2013) offeriert Coachees ein Angebot zur Vertiefung und enthält die drei Teil-Module „Weisheit" (Identifikation von Werten und Sinn), „Positive Rhetorik" (Performance individueller Botschaften) und „Charisma" (Leben und Leuchten der persönlichen Ausstrahlung). Das Ziel ist als „Charisma-Coaching" wiederum ein eigener Ansatz.

Charisma-Coaching

„Charisma" kommt aus dem Griechischen und bedeutete ursprünglich die „göttliche Gnadengabe" unserer Ausstrahlung. Alle Menschen werden mit Charisma geboren, trotzdem gilt es vielfach als Privileg einer kleinen Minderheit, das andere nicht entwickeln können. Moderne Bestseller versprechen das Gegenteil und reduzieren Charisma auf ein „Eindrucksmanagement". In speziellen Kursen geht es z.B. darum, den Bauch zu straffen, sich graue Anzüge anzulegen oder Haselnüsse mit den Pobacken zusammenzukneifen (vgl. Sohr 2013).

Die Psychologin Martina Schmidt-Tanger (2009) postuliert drei Charisma-Dimensionen:

- charismatische Essenz (authentische Attraktivität)
- emotionale Eloquenz (sprachliche Flexibilität)
- soziale Präsenz (körpersprachliches Auftreten)

Das Charisma-Konzept, das aus dem Zukunfts-Coaching entsteht, ist aber viel mehr Sein als Schein, nach dem Motto „Wahre Schönheit kommt von innen". Vielmehr führt es als Ergebnis eines mehrstufigen Coachingprozesses zu einem „Leuchten mit Weisheit und positiver Rhetorik". Typisch sind Affirmationen von Coachees mit positiven Selbstwahrnehmungen. Exemplarisch seien zur Illustration abschließend drei Glaubenssätze einer 60-jährigen Klientin vorgestellt (Sohr 2013):

- „Ich will mich in meinem Leben nie wieder verlieren, sondern bei mir bleiben."
- „Ich bin nicht perfekt, doch ich will Gutes tun und mich auch gut dabei fühlen."
- „Alles kann, nichts muss! Ich bin jeden Tag bereit, abzutreten und loszulassen."

Die Persönlichkeitsentwicklung, die in einer solchen Performance zum Ausdruck kommt, nennt der dänische Existenzphilosoph Søren Kierkegaard als Lebensziel: „Das Selbst zu sein, das man in Wahrheit ist."

Positive PRAXIS

Wie finden drei Frauen um die 30 ihre persönliche Erfüllung?

Einzel-Coaching: Eine Frau kam in die Praxis, weil sie motivationale Schwierigkeiten hatte, ihre Doktorarbeit zu vollenden. Neben einem konkreten Arbeitsplan lud ich sie zu einer Fantasiereise ein, um ihre langfristigen Zukunftsvisionen zu entwickeln. So träumte sie davon, nach der Promotion ihren langjährigen Partner zu heiraten und eine Familie zu gründen. Heute lebt „Frau Doktor" glücklich mit ihrem Mann und Sohn zusammen und arbeitet halbtags in ihrem Beruf als Psychologin.

Einzel-Coaching: Eine andere Frau kam in die Praxis, da sie massive Probleme hatte, ihre Masterarbeit zu schreiben. Im vertieften Gespräch flossen Tränen, weil ihre Blockade sich erstmals nach dem Suizid ihrer Schwester vor einem Jahr gezeigt hatte. So legte sie die wissenschaftliche Arbeit erstmal „ad acta", um ein hilfreiches Trauerseminar zu besuchen. Im Anschluss nach dieser befreienden Erfahrung gelang es der Frau, die Masterarbeit mit Bestnote zu vollenden.

Einzel-Coaching: Eine dritte Frau kam in die Praxis, da sie ihr Unternehmen ausbauen wollte. Ihr Mann wolle aber ein Kind, doch sie könne sich nur darauf einlassen, wenn „unser Nachwuchs meinen gewohnten Lebensrhythmus keine Minute stört". Ich fragte sie, ob sich Kinder auf Eltern freuen könnten, die keine Zeit für sie haben. Nachdem sie ihren Glaubenssatz relativiert hatte, wurde sie schließlich eine begeisterte Mutter, die sich in einer späteren Coaching-Sitzung, bei der es um die Frage ging, ob sie lieber eine Fortbildung besuchen oder das Wochenende mit ihrer Familie verbringen sollte, für Letzteres entschied. Sie wirkte dabei charismatisch, weil sie authentisch lebt.

Fazit: Ein Business-Coaching ist nur dann nachhaltig erfolgreich, wenn es zugleich ein Life Coaching ist, um Berufs- und Privatleben im Einklang zu erleben.

> **Einladung zur Reflexion**
>
> *Sei dein eigener Coach: Was sind deine höchsten Everest-Ziele? Welche Werte kannst du in ihnen erkennen?*

3.4 Positive Diagnostik – Stärken erkennen

„Jeder Mensch ist ein Künstler."
(Joseph Beuys)

Diagnostik als „gründliches Kennenlernen" (so die wörtliche Übersetzung aus dem Griechischen) ist eine wichtige Voraussetzung, um erfolgreich Therapie oder Coaching zu betreiben. Im Kern ist jede Diagnostik eine Bewertung. Leider sind wir es gewohnt, dass sie oft negativ ausfällt. Muss das so sein?

In unserem täglichen Leben sind wir ständig mit Bewertungen konfrontiert, sei es in der Schule, der Erziehung oder in Beziehungen. Schon früh sind wir von Negativität umgeben. Das Wort „Nein" haben wir als Kinder meist viel häufiger gehört als „Ja". Nach sechs Jahren kommen wir in der Regel in die Schule, wo wir zensiert werden. So beginnt die Angst vor schlechten Noten bzw. schlechtem Feedback. Als Kinder und Jugendliche haben wir fast täglich Bewertungen und damit eine Bewusstwerdung unserer Schwächen erlebt. Aber geht es nicht eigentlich darum, junge Menschen zu motivieren?

Auch in Beziehungen neigen wir nicht selten zum gegenseitigen Bewerten. Auch Liebesbeziehungen sind hier nicht ausgenommen, denn unbewusst vergleichen wir unsere Partner oft mit anderen Partnern. Dabei fokussieren wir leider öfter die negativen Seiten unseres Gegenübers, während wir positive Eigenschaften für selbstverständlich halten. Selbst ein Gutachten im Beruf mutiert hierzulande manchmal eher zu einem „Schl(echt)achten".

Wen wundert es also, dass viele Menschen auf die Frage „Was sind deine Stärken?" keine klare Antwort haben und schulterzuckend hinzufügen: „Darüber habe ich noch nie nachgedacht." Ein Fußballtrainer könnte sich das nicht leisten – sonst würde er möglicherweise den Mittelstürmer ins Tor stellen.

Mit seinem oben zitierten Credo vertrat der Künstler Joseph Beuys die Idee, dass jedem Menschen ein wertvolles Potenzial innewohnt, das sich nach Entfaltung sehnt.

Klassische Diagnostik

Um die revolutionäre Kraft einer positiven Diagnostik zu verstehen, lohnt ein Blick auf die traditionelle Persönlichkeitsdiagnostik, wie sie z.B. junge Menschen kennenlernen, die Psychologie als „Wissenschaft vom menschlichen Erleben und Verhalten" studieren wollen.

Das Paradebeispiel der Leistungsdiagnostik ist die Intelligenzforschung. Bereits vor über hundert Jahren wurde der sogenannte Intelligenzquotient (IQ) ermittelt, um eine Aussage über das geistige Leistungsvermögen eines Menschen zu treffen. Der Mittelwert für den IQ wurde bei 100 gesetzt, und Menschen mit einem unterdurchschnittlichen Intelligenzquotienten wurden lange Zeit in diskriminierende Schubladen gepackt. Wer einen IQ unter 70 hatte, galt früher als „schwachsinnig", unter 50 als „imbezil" und unter 25 als „Idiot".

Ähnlich ambivalente Modelle finden wir in der Diagnostik der Persönlichkeit. Die wahrscheinlich bekannteste Unterscheidung von Menschen beruht auf der Idee der Körpersäfte aus der Antike, die auch heute noch Basis von Persönlichkeitstheorien ist. Demnach gibt es vier Persönlichkeitstypen: Den extrovertiert-labilen Choleriker, den introvertiert-labilen Melancholiker, den introvertiert-stabilen Phlegmatiker sowie den extrovertiert-stabilen Sanguiniker. Bis auf den Letztgenannten sind die anderen drei Typen wenig erstrebenswerte und problematisch erscheinende „Ehrentitel".

Noch einseitigere Schieflagen können wir bei anderen „Klassikern" der Psychologie entdecken. So kennt der Psychiater Fritz Riemann in seinem Lehrbuch *Grundformen der Angst* (über 50 Auflagen mit einer Verkaufszahl von über einer Million Exemplaren) vier Möglichkeiten im Umgang mit Angst. Sie zeigen sich in folgenden Typen der Persönlichkeit: Die schizoide, die depressive, die zwanghafte sowie die hysterische Persönlichkeit.

Wer wollen wir sein? Wenn wir uns mit keinem der genannten Typen identifizieren, haben wir ein Problem, denn sie sind alternativlos.

Negative Diagnostik

Die meisten Menschen empfinden es als nicht gerade angenehm, in Schubladen gesteckt zu werden. Noch unangenehmer ist es, wenn die Schubladen negativ sind.

Nicht nur in der Eignungs- und Begabungsdiagnostik, sondern auch auf anderen Feldern ist die Diagnostik vor allem durch eine symptom- und defizitorientierte Sichtweise geprägt. Klinische Psychologie und Psychotherapie kennen zur Beschreibung psychischer Störungen insbesondere zwei Manuale, die sich kaum voneinander unterscheiden.

Eine „Diagnose-Bibel" ist das *Diagnostische und statistische Handbuch psychischer Störungen (DSM)*, das 1952 von der amerikanischen psychiatrischen Gesellschaft (APA) erstmals herausgegeben wurde und international in vielen Forschungseinrichtungen und Kliniken gebräuchlich sowie seit 2013 in fünfter Auflage erhältlich ist. Auffällig ist, dass die Zahl der Diagnosen inflationär zugenommen hat: Kannte das DSM-I (1952) über 100 Diagnosen auf über 100 Seiten, hatte das DSM-III schon über 200 Diagnosen auf fast 500 Seiten. Das DSM-5 schließlich zählt 374 Diagnosen auf 947 Seiten. Sind die Menschen innerhalb eines halben Jahrhunderts so viel kränker geworden? Das ist zumindest in einer solch rasanten Dynamik zweifelhaft. Allerdings kann eine Depression seit 2013 bereits nach zwei Wochen attestiert werden.

Ähnlich verhält es sich mit dem anderen, international etablierten Diagnostik-System. Auch in der *Internationalen statistischen Klassifikation der Krankheiten (ICD)*, von der Weltgesundheitsorganisation herausgegeben, ist ein exponentielles Wachstum von Störungen zu beobachten. So enthält die ICD-10 schon allein 261 Krankheitsgruppen.

Statt immer mehr Krankheitsdiagnosen einzuführen und so immer mehr Menschen zu pathologisieren, die früher nicht als behandlungsbedürftig angesehen wurden: Wäre es nicht an der Zeit, mehr Energie für die Frage zu investieren, wie wir psychische Stärken und Gesundheit erkennen können, um positive Entwicklungen zu befördern?

Positive Identität

Als Pionier des „Positive Psychology Coaching" (2010) postuliert Robert Biswas-Diener, dass die Positive Psychologie mithilfe einer Positiven Diagnostik zu einem erfolgreichen Positiven Coaching beitragen kann. Daher ist die Positive Diagnostik das „Herzstück" eines Positive Coaching. Bei seinen Forschungen entdeckte Biswas-Diener, dass der humanistische Psychologe Abraham Maslow in den 1950er-Jahren bereits einige Verhaltensweisen postuliert hatte, die als Grundlage einer Positiven Diagnostik und Entwicklung gesehen werden können – wie zum Beispiel:

- Regelmäßiges Erleben von Flow-Gefühlen
- Erschaffung persönlicher Gipfelerlebnisse
- Wachstumserfahrungen mit Selbstreflexion
- „Re-Sakralisierung" (Achtung und Ehrfurcht)

Im deutschen Sprachraum haben Christin Celebi und Judith Mangelsdorf (2020) das Berliner Entwicklungsmodell als Grundlage für eine Positive Diagnostik entwickelt. Sie sehen als Grundlage einer Positiven Identität drei Charakteristika, nach denen im Positive Coaching gezielt gefragt wird:

- Stärken: Was sind Ihre fünf zentralen Signaturstärken?
- Werte: Was sind Ihre bedeutsamsten Werte?
- Sinn: Was ist Ihr zentrales Lebensthema?

Diese Fragen können im Coachingprozess hinsichtlich des Coachinganliegens weiter ausgebaut werden, z.B.: „Welche Ihrer Stärken können bei der Lösung hilfreich sein?", „Wie können Ihre Werte zum Ausdruck kommen?" oder „Wie fügt sich Ihr aktuelles Ziel in Ihren größeren Lebensplan ein?" Zur Visualisierung der Ergebnisse kann ein „Lebensbaum" dienen, dessen Wurzeln die Werte und dessen Zweige die Stärken symbolisieren. Die Sonne über dem Baum steht für den Sinn des Lebens.

Stärken-Diagnostik

Stärken sind nach Biswas-Diener (2010) „persönliche, überdauernde Muster von Gedanken, Gefühlen und Verhaltensweisen. Sie sind individuell, geben Energie und ermöglichen beste Leistung". In anderen Coachingansätzen werden sie auch als „Schlüsselkompetenzen" (Sohr 2006) bezeichnet.

Inzwischen gibt es eine Reihe von Stärken-Fragebogen, von denen das *Values in Action Inventory of Strengths (VIA-IS)* das etablierteste Instrument ist. Das *Charakterstärken-Modell* (Peterson & Seligman 2004) umfasst sechs Tugenden mit 24 Stärken:

- Wissen und Weisheit (Kreativität, Neugier, Urteilsvermögen, Liebe zum Lernen und Weisheit)
- Mut (Authentizität, Tapferkeit, Ausdauer, Enthusiasmus)
- Menschlichkeit (Freundlichkeit, Bindungsfähigkeit, soziale Intelligenz)
- Gerechtigkeit (Fairness, Führungsvermögen, Teamwork)
- Mäßigung (Vergebung, Bescheidenheit, Vorsicht, Selbstregulation)
- Transzendenz (Sinn für das Schöne, Dankbarkeit, Hoffnung, Humor und Spiritualität)

Die Anwendung des Modells wird ständig weiterentwickelt. So gibt Ryan Niemiec (2014) von der Universität Cincinnati in Ohio Filmempfehlungen für jede Stärke. Tayyab Rashid von der Universität Toronto hat mit seinen Studenten 340 Übungen zum Training aller Charakterstärken ausgearbeitet (2016). Im deutschen Sprachraum bietet die Universität Zürich unter Leitung von Professor Willibald Ruch kostenlose Möglichkeiten zur Erkundung der eigenen Stärken (2015).

Auch wenn das individuelle Stärkenprofil sehr selten ist (allein für das Ranking der fünf „Signaturstärken" als psychologischen „Fingerabdruck" gibt es im VIA mehr als fünf Millionen Möglichkeiten), gibt es im Positive Coaching das universelle Motto: „Stärken stärken stärkt!" – Es lohnt sich, seine Stärken zu kennen und zu entfalten.

Werte-Diagnostik

Werte sind erstrebenswerte, moralisch gute Eigenschaften, die als „wertvoll" gelten. Der Münchner Sozialpsychologe Dieter Frey, der eine *Psychologie der Werte* (2016) vorgelegt hat, bemerkt, dass es zeitlos anerkannte Werte in der Menschheitsgeschichte gibt, die sich auch in den fünf Weltreligionen finden (Küng 1990). Exemplarisch führt Frey aus: „Kant proklamiert z.B. den Wert der Mündigkeit. Lessing proklamiert den Wert der Toleranz. Jonas plädiert die Werte der Nachhaltigkeit und Verantwortung." Es gebe allerdings auch „Helden", die bestimmte Werte gelebt haben. Frey nennt in diesem Kontext Gandhi (mit seinen gewaltfreien Aktionen), Mandela (mit seiner Zivilcourage) oder Martin Luther King („I have a dream").

Ein grundlegendes „Circumplex"-Modell zur Erfassung menschlicher Werte hat der israelische Psychologe Shalom Schwartz bereits im 20. Jahrhundert entwickelt. Er befragte Tausende von Personen aus 20 Nationen nach den Leitlinien ihres Lebens und entdeckte zehn Werte-Typen:

- Selbstbestimmung
- Stimulation
- Hedonismus
- Leistung und Erfolg
- Macht und Ansehen
- Sicherheit und Ordnung
- Tradition
- Spiritualität
- Prosozialität
- Universalismus

Diese Wertekategorien lassen sich in zwei – auch politisch bedeutsame – Dimensionen zusammenfassen: „Offenheit und Bewahrung" sowie „Selbststärkung und Selbsttranszendenz".

Sinn-Diagnostik

Sinn geht weit über Glück hinaus, wie der Berliner Philosoph Wilhelm Schmid (2007) in seinem Bestseller *Glück – alles, was Sie darüber wissen müssen, und warum es nicht das Wichtigste im Leben ist* bemerkt: „Was häufig gemeint ist, wenn nach Glück gefragt wird, ist eigentlich Sinn. Glück kann ein Ersatzbegriff für Sinn sein. Es ist die Frage nach dem Sinn, die moderne Menschen in wachsendem Maße umtreibt."

Wenn man Menschen in Deutschland fragt, was ihnen Sinn gibt, ergibt sich die folgende Top-Ten der Antworten (hierzulande in dieser Reihenfolge): „Für andere etwas tun, soziale Beziehungen, mit anderen etwas tun, Berufung, Freunde, Familie, positive Gefühle, Partnerschaft, Kinder sowie religiöser Glaube und Spiritualität" (Tausch 2006).

Im 20. Jahrhundert war es Viktor Frankl, der wie kein anderer Psychologe über die Sinnfrage nachdachte und die Logotherapie begründete. Nach Frankl (1977) trägt jeder Mensch einen „Willen zum Sinn" in sich. Im 21. Jahrhundert fragt die Positive Psychologie verstärkt nach dem Lebenssinn. In ihrer *Psychologie des Lebenssinns* präsentiert Tatjana Schnell von der Universität Innsbruck auf Basis empirischer Studien fünf Sinndimensionen, die auch diagnostisch erfassbar sind:

- Vertikale Selbsttranszendenz (Spiritualität und explizite Religiosität)
- Horizontale Selbsttranszendenz (Engagement, Generativität, Natur)
- Selbstverwirklichung (Entwicklung, Leistung, Freiheit, Kreativität)
- Ordnung (Traditionsbewusstsein, Bodenständigkeit, Vernunft, Moral)
- Wir- und Wohlgefühl (Gemeinschaft, Spaß, Wellness, Fürsorge, Liebe)

Im Positive Coaching wird im Rahmen einer sinnorientierten Zielsetzung auch mit „Everest-Zielen" (nach Kim Cameron 2013) gearbeitet. Im Zentrum steht dabei die Suche nach den höchsten Zielen, um sinnbildlich den „Mount Everest" als höchsten Berg zu besteigen.

Authentizität

Abschließend wollen wir uns exemplarisch noch einer Eigenschaft widmen, die in der Moderne, insbesondere durch die starke Zunahme digitaler Kommunikation, immer mehr verloren zu gehen scheint, ohne dass es allgemein bemerkt wird.

Stephen Joseph, ein führender Professor der Positiven Psychologie an der Universität Nottingham, beschäftigte sich mit *Authentizität* (2017), indem er eine Skala zur

Messung selbiger entwickelte. Sie enthält zwölf Items zur Selbsteinschätzung, z.B. „Ich glaube, es ist besser, man selbst zu sein als beliebt", „Ich stehe zu dem, was ich glaube", „Ich bin mir in den meisten Lebenslagen selbst treu" bzw. „Ich lebe nach meinen Werten und Glaubensvorstellungen".

Bei seinen langjährigen Forschungen entdeckte Joseph, dass authentische Menschen glücklicher, gesünder und anständiger sind, dass sie auch stärker ihre Stärken nutzen, tiefere Bindungen haben und ihr Leben als sinnvoller empfinden.

Anwendungsorientiert empfiehlt Joseph 30 praktische Übungen, um Authentizität in drei großen Schritten zu verinnerlichen:

- *Erkenne dich selbst!* Zur Übung bieten sich Fragen nach unseren Werten und Träumen sowie nach unserem „idealen Selbst" an.
- *Steh zu dir!* Zur Übung bieten sich Fragen zu unseren Abwehrmechanismen an und das Eingeständnis früherer Fehler.
- *Sei du selbst!* Hier bieten sich Übungen zur Achtsamkeit und Akzeptanz an.

Auch wenn die Frage offenbleibt, ob so grundlegende Haltungen wie Authentizität überhaupt diagnostisch erfasst und gemessen werden können, scheint es sinnvoll zu sein, diese innere Stärke zu kultivieren und zu leben, so wie Kinder sie uns vorleben und wie wir sie als Neugeborene alle noch ausstrahlten.

Positive PRAXIS

Wie entwickeln drei gut 30 Jahre alte Männer ihre Stärken?

Einzel-Coaching: Ein selbstständiger Ingenieur kam in die Praxis, weil er mit seiner Tätigkeit mehr Geld verdienen wollte, um seine beiden Familien (zwei Frauen mit jeweils einem Kind) besser ernähren zu können. Bei einer Analyse des Zeitbudgets stellte sich heraus, dass er dafür gar keine Kapazitäten hatte. Gleichzeitig ergab ein Stärken-Test, dass er seine größten Kompetenzen beruflich bisher gar nicht einsetzte. So begann er erstmal, sein Privatleben zeitlich neu zu justieren, um auch Zeit für sich selbst zu gewinnen. Diese Zeit nutzte er dann, um sein berufliches Profil zu erweitern. Innerhalb von einem Jahr stieg sein Gehalt signifikant, so dass er mir zu Weihnachten mitteilte, das Coaching nur dann fortsetzen zu wollen, falls er im nächsten Jahr mehr zahlen dürfe.

Einzel-Coaching: Ein Physiker kam in die Praxis, weil er eine Forschungsprofessur im Ausland anstrebte. Auf Basis der Analyse seiner vielfältigen Stärken entwickelten wir einen ambitionierten Zeitplan, der ihn stark motivierte. Binnen weniger Jahre erhielt er zuerst eine Professur in Europa und wurde danach Direktor einer üppig ausgestatteten Forschungsabteilung in Asien. Heute gehört er zu den weltweiten Spitzenforschern auf seinem Gebiet, mit Aussicht auf den Nobelpreis als Krönung seiner bisherigen Erfolge.

Einzel-Coaching: Ein Student kam nach der Prüfung zu mir. Er war über seine Leistung so enttäuscht, dass er einige Tränen vergoss. Da ich ihn seit einigen Jahren kannte, bot ich ihm an, ein Gutachten über seine Schlüsselkompetenzen zu schreiben. Wenige Wochen später kam er wieder, um mir zu sagen, dass seine Freundin meine, dass das Gutachten besser als jedes Uni-Zeugnis sei. Kurz danach bekam er seinen Traumjob. Der Ausweis seiner individuellen Stärken habe seinen neuen Arbeitgeber überzeugt.

Fazit: Erst wenn wir uns unserer Stärken voll bewusst sind, können wir uns nachhaltig entwickeln.

Einladung zur Reflexion

Was ist dein Alleinstellungsmerkmal („USP")? Anders gefragt: Was sind deine drei größten Stärken bzw. Schlüsselkompetenzen?

3.5 Positive Education – anders wachsen

> „Wer seinen eigenen Weg geht, kann von niemand überholt werden."
> (Marlon Brando)

Am Anfang war Erziehung, postuliert Psychoanalytikerin Alice Miller (1983). Erziehung? Ist das nicht ein antiquiertes Wort? Was heißt das überhaupt? Erziehung stammt vom lateinischen Wort *educare* und heißt „heraus-führen".

Wann beginnt Erziehung? Eigentlich schon, bevor wir aus dem Mutterleib herausgezogen werden. Denn wie kommen wir hinein? Im besten Falle, wenn wir von unseren Eltern gewünscht werden und sie sich in Liebe vereinigen. So werden wir schon vor unserer Geburt geboren. Heute wissen wir, wie entscheidend die Monate vor unserer Geburt sind – daher beginnt „Positive Education" mit Befunden zur pränatalen Psychologie.

Für die postnatale Zeit nach der Geburt und darüber hinaus kommt den Eltern eine herausragende Rolle zu. „Kinder zu haben, ist das aufregendste Abenteuer, das wir erleben können. Es ist der schwerste Beruf und die größte Herausforderung", meint der Berliner Liedermacher Reinhard Mey. Insofern wäre ein „Eltern-Coaching" hilfreich.

Der Schwerpunkt der bisherigen Forschungen im Feld „Positive Education" liegt in der Bildung. So widmen auch wir uns der Frage, welche Schlüsselkompetenzen wir brauchen, um nachhaltig wachsen zu können. Was lernen wir in unseren Schulen? Und was sollten wir lernen? Brauchen wir nicht neue „Schulen des Lebens"?

Die Antworten ergeben sich fast von selbst, wenn wir es als ein Ziel des Lebens begreifen, Weisheit zu entwickeln. Meist denken wir über Weisheit erst am Ende des Lebens nach. Doch wer Weisheit im Alter erlangen will, sollte früh damit beginnen. Auch die Positive Psychologie beginnt gerade erst, das Feld der „Positive Education" zu erforschen. Zu welch wertvollen Erkenntnissen die Beschäftigung mit dem Thema führen kann, offenbart abschließend die sogenannte Nonnenstudie am Ende dieses Kapitels.

Pränatale Zeit

Unser Leben ist ein einziges Wunder: Sichtbar, wenn auch nur winzig klein, beginnt es mit dem Tag der Befruchtung. Bereits nach drei Wochen fängt das Herz an zu schlagen und das Hirn beginnt zu wachsen. Schon im zweiten Monat haben sich die wichtigsten Organe entwickelt. Im dritten Monat wächst unser Geschlecht heran. Im vierten Monat können wir schmecken und riechen, im fünften turnen, im sechsten hören, im siebten sehen. Im achten Monat bringen wir uns in Stellung und im neunten erblicken wir das Licht der Welt.

Angesichts dieser unglaublichen Dynamik und Wachstumsgeschwindigkeit wundert es nicht, dass diese Zeit als hochsensible Phase für unser restliches Leben begriffen wird, wie Samuel Taylor Coleridge bemerkte: „Die Geschichte des Menschen während der neun Monate, die seiner Geburt vorausgehen, wäre wahrscheinlich viel interessanter und enthielte folgenschwerere Ereignisse als sämtliche sieben Jahrzehnte, die danach folgen." Tatsächlich lässt sich diese These von der pränatalen Forschung bestätigen.

Lange Zeit lag der Fokus nur auf den negativen Einflüssen, die auf den Mutterleib einwirken können, wie Alkohol, Nikotin oder Stress. Neuere Forschungen offenbaren neben den physischen zunehmend auch die Bedeutung von psychischen Faktoren. So berichtet z.B. der Psychologe David Chamberlain, Präsident der *Pre- und Perinatal Psychology Association* in seinem Buch *Woran sich Babys erinnern* von jungen Männern, die eine seltsame Angst vor Kleiderhaken entwickelten, bis sie erfuhren, dass versucht wurde, sie im Mutterleib mit einem solchen „abzutreiben".

Im Sinne der Positiven Psychologie interessiert zunehmend die Frage, wie wir die Bedingungen im Mutterleib so gestalten können, dass sich Kinder dort wohlfühlen. Hier sind alle Interventionen wirksam, die das Wohlbefinden von Mutter und Kind fördern. In diesem Sinne wird auch die bedeutsame Rolle des Vaters immer stärker wahrgenommen. Streichelt er z.B. den Babybauch, freuen sich Bewohner und Besitzerin zugleich.

Eltern-Coaching

Im Volksmund heißt es: „Eltern werden ist nicht schwer, Eltern sein dagegen sehr." Es wimmelt geradezu von teils sehr fragwürdigen Ratgebern, die Eltern überfordern und verunsichern können. In der Pädagogik der italienischen Ärztin Maria Montessori dürfen Kinder z.B. nicht gelobt werden. Dies sei genauso respektlos wie Tadel. In den Waldorfschulen nach Rudolf Steiner – ein großer Philosoph, aber auch Antisemit – können Kinder von ihren Lehrern den Satz hören: „Du sollst keinen Ball treten!" Nach dem bekanntesten Eltern-Coach der Moderne, dem dänischen Pädagogen Jesper Juul, sollten Eltern vor allem auf ihre eigenen Bedürfnisse achten. Es gibt Bestseller von Psychologinnen mit dem Versprechen „Jedes Kind kann schlafen lernen" (indem man es einfach schreien lässt), vor denen sogar der Kinderschutzbund warnt. Heute fühlen sich selbst Positive Psychologen berufen, im Sinne von „Positive Parenting" Eltern direktive Anweisungen zum Thema „Richtig loben" zu geben (Tomoff 2017).

Hier lohnt eine Erinnerung an die Erkenntnisse klassischer Entwicklungspsychologen, wie wichtig die Beziehung und Bindung (Bowlby) zur Entwicklung von Ur-Vertrauen (Erikson) ist. Der humanistische Psychologe Carl Rogers hat auf der Grundlage seiner jahrzehntelangen Forschungen zur Persönlichkeitsentwicklung wertvolle Botschaften zusammengefasst, die Eltern ihren Kindern geben können. Hierzu gehören vor allem bedingungslose Liebe, positive Wertschätzung, Geborgenheit und seine Gefühle leben. Nach Life Coach Sophie Linsler (2021) sollte *Eltern-Coaching* daher über den Blick auf elterliche Beziehungsfragen hinausgehend immer kindzentriert sein.

Eine traurige Tatsache ist, dass weltweit immer noch die Mehrheit aller Kinder geschlagen wird. Welche Folgen das haben kann, analysiert Alice Miller auf beklemmende Art und Weise am Beispiel von Adolf Hitler. Zugleich weist sie auf die subtile Gewalt hin, die Eltern ihren Kindern antun können (*Du sollst nicht merken*). Heilsame Auswege aus den beiden Grundverletzungen der Verlassenheit und Überflutung, die die meisten Menschen in ihrer Kindheit erlebt haben, zeigt der Berliner Therapeut Frank Fiess mit der Möglichkeit des „Nachnährens" durch liebevolle Beziehungen auf: So gesehen ist es für eine glückliche Kindheit nie zu spät.

Sensible Resilienz

Zu den beliebtesten Begriffen der Positiven Psychologie gehört die Idee der Resilienz. Gemeint ist die Fähigkeit, mit Stress und belastenden Situationen umgehen zu können, z.B. mit Arbeitslosigkeit, Beziehungsproblemen, Krankheiten, Traumata oder Tragödien. Eng damit verknüpft sind Forschungen über „posttraumatisches Wachstum", die auch gerne mit Nietzsches Credo „Was mich nicht umbringt, macht mich stärker" proklamiert werden. Angesichts der geistigen Nähe des Philosophen zum Nationalsozialismus und unternehmerischen Anwendungen seiner Ideen im Neoliberalismus ist Vorsicht geboten. Auch Joseph Goebbels erklärte dem deutschen Volk in seiner berüchtigten Rede „Wollt ihr den totalen Krieg?", dass die Rückschläge des Krieges ihm neue Kräfte schenken.

Die Resilienzforschung geht auf die amerikanische Psychologin Emmy Werner zurück. Sie fand heraus, dass auch Kinder, die unter widrigen Bedingungen aufwachsen, sich positiv entwickeln können (1977). Als grundlegenden Faktor identifizierte sie bei den widerstandsfähigen Kindern die Bindung zu mindestens einem Menschen.

Resilienz in diesem Sinne ist sicher erstrebenswert, wenn sie mit einer gewissen Form von individueller und sozialer Sensibilität einhergeht. Die amerikanische Psychologin Elaine Aron entdeckte (1996) das Phänomen der Hochsensibilität bei Menschen mit einer starken Verarbeitungstiefe und Empathie. Da Hochsensibilität manchmal auch mit Neurotizismus einhergeht, war sie bisher Gegenstand der Klinischen Psychologie.

Moderne Ansätze sehen Hochsensibilität jedoch weniger als Störung, sondern eher als Stärke an. So erkennt die Schweizer Sozialwissenschaftlerin Brigitte Schorr (2011) z.B. vier Arten von hochsensiblen Menschen: Empathische (z.B. Therapeuten), Kognitive (z.B. Philosophen), Sensorische (z.B. Künstler) und Spirituelle (z.B. Pfarrer). Schorr weist darauf hin, dass Hochsensibilität nicht nur im Nationalsozialismus als Schwäche galt, sondern auch im gängigen Bildungs- und Arbeitsleben wenig Respekt erfährt. Auch die Münchner Psychologin Sarah Gutland (2020) bilanziert, dass hochsensible Menschen zwar als Außenseiter gelten, doch gerade für gestörte Gesellschaften als Seismografen und „Change-Maker" wertvolle Gaben und Geschenke bereithalten.

Schlüssel zum Leben

Sollten wir eher resiliente oder sensible Menschen oder eine Mischung von beiden Persönlichkeiten fördern? Die Frage, welche Eigenschaften nachhaltig zukunftsfähig sind, beschäftigt Wissenschaftler schon länger. So stellte der Bildungsforscher Dieter Mertens (1974) einige Thesen zur „Schulung der Gesellschaft" auf und postulierte die Ausbildung von „Schlüsselqualifikationen", die über Fachkompetenzen hinausgehen. Sie sollten drei Zielen entsprechen: Einer Schulung zur Entfaltung der Persönlichkeit, zur Fundierung der beruflichen Existenz und zu gesellschaftlichem Verhalten.

In einer eigenen Studie mit dem Titel *Keys 2000* erforschte ich die Nachfrage nach Schlüsselkompetenzen zur Erreichung der o.g. Ziele, indem ich 1000 Stellenanzeigen auswertete. Darüber hinaus befragte ich Lernende und Lehrende. Als wichtigste Schlüssel zum beruflichen Erfolg erwiesen sich Kommunikation und Teamfähigkeit. Die wichtigste Schlüsselkompetenz für die Zukunft der Gesellschaft war Verantwortung, und als wichtigster Schlüssel zum persönlichen Glück offenbarte sich Liebesfähigkeit. Bezeichnenderweise war die letztgenannte Fähigkeit unter 100 Kompetenzen diejenige, welche die Befragten in unserem Bildungssystem als am wenigsten ausgebildet erlebten. Insgesamt werden 70 Schlüsselkompetenzen in unserem Bildungssystem nach Ansicht der Lernenden nicht ausgebildet. Fazit: „Die wichtigsten Dinge lernen wir in unseren Schulen nicht. Unsere Schulen brauchen neue Inhalte zum Überleben" (Sohr 2005).

Wie nachhaltig bedeutsam einzelne Schlüsselkompetenzen sein können, zeigte schon das „Marshmallow-Experiment" (1972) des Psychologen Walter Mischel. Er stellte Kinder vor die Wahl, entweder ein Marshmallow sofort zu erhalten oder zwei, falls die Kinder ein paar Minuten warten könnten. In seinen Längsschnittstudien konnte Mischel nachweisen, dass Kinder, die auf die größere Belohnung warten können, mit ihrer Kompetenz „Belohnungsaufschubverhalten" auch später mehr Erfolg in der Schule und im Berufsleben haben. Sicher gibt es noch viele lohnende Schlüsselkompetenzen, welche wir als Kinder gern gelernt hätten oder lernen würden. So stellt sich die Frage nach unseren Schulen der Zukunft.

Schulen des Lebens

Die erste „Schule des Lebens" ist in der Regel der Erziehungsstil unserer Eltern. Auch hier gibt es aus der Pädagogischen Psychologie einschlägige Forschungsergebnisse. So hat die amerikanische Psychologin Diana Baumrind (1974) unter vier Erziehungsstilen den „autoritativen" Stil als den wirksamsten für eine positive Entwicklung entdeckt; er bietet eine klare Orientierung und gleichzeitig warme Bindung. Im Sinne einer Positiven Psychologie wäre sicher auch noch eine stärkenorientierte Begleitung wünschenswert. Doch im Rückblick auf die Schule erinnern wir uns wahrscheinlich eher an den Rotstift als an grüne Smilies. So plädiert der Bildungsforscher Olaf-Axel Burow für eine *Positive Pädagogik* (2011). Wege für mehr „Lernfreude und Schul-Glück" entstehen nach Burow, wenn wir Schule als „kreatives Feld" erfahren können.

Ganz in diesem Sinne sind in den letzten Jahren erste (inter-)nationale Modellprojekte von alternativen Schulen im Geiste der Positiven Bildung entstanden. International am prominentesten ist die *Geelong Grammar School* in Australien, deren höchstes Ziel das „Aufblühen" ihrer Schüler ist. Erste positive Effekte lassen sich bereits belegen, z.B. eine positive Entwicklung psychischer Gesundheit oder die Übernahme gesellschaftlicher Verantwortung auch nach der Schulzeit (O'Connor et al. 2016).

Auch in Deutschland gibt es ein Vorzeigeprojekt mit der Einführung des Schulfachs „Glück" durch den Schulleiter Ernst Fritz Schubert (2008). Das Konzept fokussiert sich auf das Entdecken von Charakterstärken und das Streben nach Wohlbefinden und Sinn im Sinne von Lebenskompetenz (2015). Evaluationsstudien zeigen positive Effekte speziell für das Wohlbefinden bei emotional stabilen Schülerinnen und Schülern.

Eine andere Schulleiterin, Margret Rasfeld, plädiert – aufbauend auf den Erfahrungen der „Fridays-for-Future"-Bewegung – für einen „Frei Day" (2021) als einen offenen Tag im Lehrplan, an dem ein „anderes Lernen" erprobt werden kann. Ebenfalls in diesem Geist plädiert Burow (2021) für „Future Fridays" mit einem Schulfach „Zukunft", da sich nach Einstein mit dem alten Wissen die Probleme von morgen nicht lösen lassen.

Wege zur Weisheit

Seit Seneca wissen wir: „Non vitae sed scholae discimus" (Nicht für das Leben, für die Schule lernen wir). Die Schulzeit ist zwar ein fundamentales, allerdings nur ein relativ kurzes Vorspiel für das Leben. Doch auch das Leben ist endlich – ein Geschenk auf Zeit. Mit dieser biblischen Einsicht (Hiob 7.7) öffnet sich der Vorhang zur Weisheit.

Die Suche nach Weisheit ist – wie bereits im ersten Kapitel ausgeführt – der zentrale Gegenstand von Philosophie und Religionen. So finden wir Antworten auf die Frage nach dem Wesen der Weisheit überall auf der Welt, auf allen Kontinenten und in allen Kulturen. Diese Weisheitstraditionen haben teils religiös-spirituelle, teils säkular-philosophische Wurzeln. Viele sind seit Jahrtausenden und immer noch gelebte religiöse Praxis, andere haben immer noch ihren Platz in der Geistesgeschichte, etwa Philosophen der europäischen Antike.

Die klassische Wissenschaft der Weisheit ist zwar die Philosophie, doch auch die moderne Psychologie beschäftigt sich mit ihr. Für den Psychoanalytiker Erik Erikson (1973) ist Weisheit als wichtigste Entwicklungsaufgabe im Alter erreicht, wenn wir das Ende des eigenen Lebens akzeptieren können: „Sein, was man geworden ist, und wissen, dass man einmal nicht mehr sein wird." Der Berliner Gerontologe Paul Baltes (1990) definiert Weisheit als „Expertenwissen in grundlegenden Fragen des Lebens". Der amerikanische Psychologe Michael Levensohn betrachtet Selbsttranszendenz als zentrales Charakteristikum von Weisheit und die Wiener Psychologin Judith Glück integriert darüber hinaus auch das Einfühlungsvermögen, die Emotionsregulation, die Offenheit für Neues und Reflexivität in ihr Weisheitskonzept. Weisheit entsteht also nicht automatisch mit dem Alter, sondern über die Reflexion von Lebenserfahrungen.

Schließlich weist der Philosoph Gareth Matthews (1995) darauf hin, dass auch Kinder Weisheit verkörpern können. „Alle wichtigen Fragen sind Fragen, die auch ein Kind versteht", heißt es bei Milan Kundera in seinem Buch *Die unerträgliche Leichtigkeit des Seins* – es sind Fragen, auf wir keine Antwort kennen. „Werdet wie die Kinder!", ruft Jesus.

Die Nonnenstudie

Eine der wichtigsten Aufgaben von „Positive Education" ist die Bildung der Gefühle. Als Kinder haben wir meist noch einen direkten Zugang zu unseren Emotionen, den wir uns bewahren sollten – insbesondere, wenn es sich um positive Gefühle handelt.

Dies ist auch die Kernbotschaft der sogenannten Nonnenstudie, die der Psychologe David Snowden (2001) präsentierte. Sein Forscherteam schaute sich die handschriftlichen Kurzbiographien von Nonnen an, die diese beim Eintritt in den Orden 70 Jahre zuvor verfasst hatten. Es stellte sich heraus, dass diejenigen Nonnen, die in den Aufsätzen zur Motivation ihrer Berufung vor allem positive Emotionen wie Freude zum Ausdruck brachten, im Schnitt sieben Jahre länger lebten als diejenigen, die den Eintritt in das Kloster eher mit Pflichtgefühlen verbanden. Von den Letztgenannten waren noch 18 % am Leben, von den Erstgenannten dagegen mehr als die Hälfte. Positive Emotionen können also zu einer höheren Lebenserwartung führen.

Theoretisch verständlich werden die Befunde durch die Forschungen der Psychologin Barbara Fredrickson (2011). Sie hat die sogenannte Broaden-and-Build-Theorie vorgelegt. Demnach wirken positive Emotionen verstärkend, indem sie neue positive Emotionen befördern. So entsteht eine positive Aufwärtsspirale als langfristig wirksame Motivationsbasis. Fredrickson identifizierte vor allem zehn positive Emotionen: Freude, Dankbarkeit, Gelassenheit, Interesse, Hoffnung, Stolz, Vergnügen, Inspiration, Ehrfurcht und Liebe.

Ein besonders beachtetes Gefühl in der Positiven Psychologie ist das Selbstmitgefühl, das die Psychologin Kristin Neff (2022) im Buddhismus entdeckt und intensiv erforscht hat. Das Selbstmitgefühl hat nach Neff drei Komponenten: Freundlichkeit mit sich selbst, Verbundenheit mit allen Menschen und Achtsamkeit. Selbstmitgefühl umfasst auch im Erleben negativer Gefühle eine positive Betrachtung des eigenen Selbst. Damit unterscheidet es sich von Selbstmitleid, wobei beide Empfindungen in der Praxis oft nahe beieinander sind. Eine weitere Herausforderung besteht darin, die Brücke vom Selbstmitgefühl zum Mitgefühl für andere wahrzunehmen.

Positive PRAXIS

Welche neuen Richtungen können Menschen einschlagen, die innerlich wachsen?

Einzel-Coaching: Eine Sozialwissenschaftlerin, die als Referentin im Bundestag arbeitete, kam in meine Praxis, weil sie sich von der Abgeordneten, für die sie tätig war, nicht gesehen fühlte. Außerdem konnte sie mit einigen Entscheidungen moralisch nicht mehr mitgehen. Im Coaching stellte sich heraus, dass sie ihren Beruf mit einer hohen intrinsischen Motivation gewählt hatte, da sie auch etwas Sinnvolles bewirken wollte. So schrieb sie Bewerbungen und landete bei einer Nichtregierungsorganisation (NGO). Der neue Job machte ihr viel Freude. Nach zehn Jahren wechselte sie zwar die Stelle, doch zu einer anderen NGO.

Einzel-Coaching: Ein ranghoher Polizist mit einer Führungsverantwortung für 100 Menschen kam mit einer heftigen Burnout-Problematik zu mir, die in eine „Auszeit" in einer Klinik mündete. Er nutzte die Besinnungspause zum Nachdenken und fasste folgenden Entschluss: „In Zukunft möchte ich nicht mehr in der Champions-League spielen, sondern nur noch in der zweiten Liga, um mehr Zeit zum Leben zu haben." Heute hat er „nur" noch zehn Mitarbeiter und ist nebenbei als freier Schriftsteller tätig.

Einzel-Coaching: Eine Erzieherin (60 Jahre) kam in die Praxis, da sie es mit ihren Kolleginnen und ihrer Chefin nicht mehr aushielt. Sie wollte aber auch nicht früher in Rente gehen, weil sie die Arbeit mit den Kindern liebte. Im Coachingprozess entfaltete sie viele verborgene Talente. Unter dem Motto einer „Abschieds-Tournee" begann sie, jeden Arbeitstag als Geschenk zu genießen. Ihren Kolleginnen begegnete sie mit viel Humor und Schlagfertigkeit. Dabei kultivierte sie ihre Weisheit, indem sie sich daran erfreute, ihre Kita-Kinder beim Wachsen kreativ und liebevoll zu begleiten.

Fazit: Eine grundlegende Reflexion der eigenen Entwicklung kann der Schlüssel dafür sein, neue Wege zu gehen.

> **Einladung zur Reflexion**
>
> *Welche Fächer würdest du in der „Schule der Zukunft" gerne lernen wollen, um besser wachsen zu können?*

3.6 Positive Rhetorik – Signale senden

„Worte, die kein Licht bringen, vergrößern die Dunkelheit."
(Mutter Teresa)

Rhetorik ist die Champions-League der Kommunikation. Wenn wir es also rhetorisch zur Meisterschaft bringen wollen, sollten wir zunächst das ABC der Kommunikation lernen. Positive Kommunikation beginnt mit der Bewusstwerdung eines ethischen Anspruchs, der sich praktisch zum Beispiel in der Kunst des Zuhörens zeigt. Der nächste Schritt wäre dann der Anspruch einer empathischen Kommunikation, die neurowissenschaftlich nachweislich schon positive Wirkungen hat und zu positiven Interaktionen führen kann.

Auf dieser Basis lohnt sich die Beschäftigung mit der uralten Kunst der Rhetorik, die bereits in der Antike in meisterhafter Art und Weise ausgearbeitet wurde. Gerade in Zeiten von „Social Media" bzw. „Shitstorm" sollten wir uns wieder daran erinnern, denn es gibt so viel zu lernen, zum Beispiel eine „Kardial-Rhetorik", die vom Herzen kommt und die Herzen berührt. So nähern wir uns dem Ideal einer Positiven Rhetorik, die auf der Grundlage von positiven Werten wirkt. Sie ist heute umso wichtiger, weil der Mainstream unseres Zeitgeists einer negativen Rhetorik folgt, was den meisten Menschen nicht bewusst zu sein scheint.

Wir brauchen eine Art „Energiewende in unseren Köpfen". Dann sind wir fähig, eine positive Sprache zu entwickeln, die auf positiven Werten beruht und positive Taten befördert. Weit über Sprache und Rhetorik hinausgehend bedeutet die Praxis einer positiven Kommunikation auch, gesellschaftskritische Antworten auf die Gegenwart zu finden. Denn inspirierende Worte können nicht nur Fußballer dazu motivieren, Tore zu schießen, sondern sie können die Welt nachhaltig verändern. Engagierte Menschen wie Mahatma Gandhi, Martin Luther King, Nelson Mandela oder Mutter Teresa wirken hier als lebendige Vorbilder in Wort und Werk.

Ethische Kommunikation

Ethik ist eine philosophische Disziplin, die sich auch in der Praxis der Kommunikation zeigt. Dazu der Friedensnobelpreisträger Albert Schweitzer: „Was wir mit dem griechischen Fremdwort ethisch, mit dem lateinischen moralisch nennen, besteht allgemein in einem Wohlverhalten gegenüber uns selbst und anderen Lebewesen." Ethische Kommunikation ist daher auch Ausdruck von Werten.

Für den Arzt und Psychologen Michael Kastner (2004) ist ethische Kommunikation „keine sozialromantische Schwärmerei, sondern eine nackte Notwendigkeit, wenn wir zukünftige Probleme adäquat lösen wollen". So plädiert er für einige Grundsätze, u.a.:

- „Erkenne die Grenzen deiner Wahrnehmung!" – Wir nehmen alle auf unterschiedliche Weise wahr – niemand verfügt über die „ganze Wahrheit". Dass unsere Wahrnehmung beschränkt ist, hat u.a. der Neurobiologe Humberto Maturana in seiner „Biologie des Erkennens" nachgewiesen.
- „Verkneife dir Manipulationen!" – Wir sollten auf rhetorische „scharfe Messer" wie Sarkasmus und Zynismus verzichten, um Mitmenschen nicht zu verletzen.
- „Bemühe dich darum, den anderen zu verstehen!" – Dazu gehört, dem anderen aktiv zuzuhören, ihn ausreden zu lassen und sich empathisch in ihn einzufühlen.
- „Wähle den richtigen Kommunikationskanal!" – Das gegenseitige Verständnis steigt mit der Anzahl der Kommunikationskanäle. Werden unsere fünf Sinne (Hören, Sehen, Riechen, Schmecken, Berühren) zugleich aktiviert, entsteht ein Höchstmaß an Kongruenz – wie bei einem Liebespaar.
- „Schaffe eine Vertrauensfehlerlernkultur!" – Wenn Offenheit dafür vorhanden ist, dass Fehler gemacht werden (dürfen), können sie zur Lern- und Wachstumschance werden.

Eine empathische Kommunikation auf Basis ethischer Grundsätze im Sinne der Positiven Psychologie ermöglicht nach Kastner eine „gesunde Kommunikation".

Empathische Kommunikation

Empathie bedeutet, in der Lage zu sein, sich in die Welt des Gegenübers einzufühlen und diese Welt gleichsam mit dessen Augen aus einer anderen Perspektive zu sehen. Nach Rogers (1973) geht es um das Verständnis mit einem Menschen, nicht von ihm. Empathisches Zuhören ist daher keine Technik, sondern eine grundlegende Haltung.

Für Rogers' Schüler Marshall Rosenberg ist Empathie die Grundvoraussetzung einer gelingenden Kommunikation. Sein Modell der gewaltfreien Kommunikation (1999) basiert auf den vier Schritten des Aussprechens einer Beobachtung, eines Gefühls, eines Bedürfnisses und einer Bitte. Rosenberg hat das Modell auch in der internationalen Konfliktmeditation erfolgreich einsetzen können.

Für den amerikanischen Psychologen Arthur Ciaramicoli (2001) ist die Empathie „mehr als jede andere menschliche Fähigkeit" der Schlüssel für liebevolle Beziehungen.

Zur Praxis der empathischen Kommunikation postuliert der amerikanische Neurologe Andrew Newberg (2013) zwölf Strategien, die sich in der Dynamik der Kommunikation über zwei Phasen erstrecken. In der ersten Vorbereitungsphase geht es darum, sich auf einen Gesprächspartner einzustellen. Hier gibt der Autor Tipps wie „Entspannen Sie sich!", „Seien Sie im gegenwärtigen Moment präsent!", „Denken Sie an Ihre tiefsten Werte!" bzw. „Denken Sie an etwas Schönes!" – alles vor der eigentlichen Begegnung. Erst jetzt folgen Strategien für die direkte Kommunikation, wie „Achten Sie auf nonverbale Signale!", „Drücken Sie Ihre Anerkennung aus!" oder „Hören Sie interessiert zu!".

Newberg bilanziert: „Wir nennen diese Strategien ‚Mitfühlende Kommunikation', und wenn Sie in Ihren Gesprächen davon Gebrauch machen, passiert Überraschendes: Ihre beiden Gehirne – Ihres und das Ihres Gesprächspartners – fangen an, sich aufeinander abzustimmen. Diese besondere Wechselwirkung heißt neuronale Resonanz." In der medizinischen Praxis nimmt Newberg die Methode jedoch selten wahr und verweist darauf, dass Ärzte ihre Patienten im Schnitt schon nach 23 Sekunden unterbrechen.

Positive Kommunikation

Zu den führenden Forschern der Positiven Psychologie zählt Julien Mirivel, Professor für Angewandte Kommunikation an der Universität von Arkansas. Er wurde bekannt für sein Werk *The Art of Positve Communication* („Kunst der positiven Kommunikation") (2014), in dem er folgende sechs Strategien positiver Kommunikation identifiziert.

- GREET: Grüßen, um einen menschlichen Kontakt herzustellen
- ASK: Fragen stellen, um mehr über unser Gegenüber zu erfahren
- DEEPEN: Persönliche Offenheit, um Beziehungen zu vertiefen
- AFFECT: Berühren durch Komplimente und Verbindung stärken
- GIVE: Geschenke machen durch Ermutigungen und Unterstützung
- TRANSCEND: Zuhören, um Unterschiede und Grenzen zu überwinden

Einen ähnlichen Ansatz vertritt der amerikanische Beziehungsberater und Seelsorger Gary Chapman aus North Carolina, der folgende fünf „Sprachen der Liebe" postuliert: Lob und Anerkennung, Zweisamkeit, Geschenke, Hilfsbereitschaft und Zärtlichkeit. Nach Chapman werden Kinder, die von ihren Eltern diese positive Kommunikation erfahren, ebenfalls „eine Muttersprache der Liebe lernen" (1992).

Hierzulande hat die Berliner Psychologin Ann Auhagen (2006) ein Konzept für *Positive Kommunikation* auf Basis der Positiven Psychologie entwickelt. Grundlage sind ethische, christliche Prinzipien wie Nächstenliebe, Wahrhaftigkeit, Selbstlosigkeit, Großzügigkeit und Güte. Positiv zu kommunizieren heißt demnach, „eine ethische Basis für den Umgang miteinander zu akzeptieren".

Klassische Rhetorik

Die Rhetorik (aus dem Altgriechischen ῥητορική = Redekunst) ist ein Kind des alten Europas. In Griechenland gab es sogar eine Göttin der Überzeugungs- und Überredenskunst: Peitho. Für Platon war Rhetorik eine Seelenleitungskunst.

Auch im alten Rom spielte sie eine wichtige Rolle. Laut Cicero kann eine gute Rede nur von einem „vir bonus", einem guten Menschen, kommen. Die „Wissenschaft vom guten Reden" galt als „regina artis", die Königin der Künste und Wissenschaften. Noch im Mittelalter gehörte sie an den Universitäten zu den wichtigsten Künsten und wurde auch in der Renaissance, im Humanismus und in der Romantik geachtet. Im Zuge der Aufklärung jedoch wendete sich das Blatt, sie wurde abgewertet und missachtet, speziell unter deutschen Intellektuellen. Nirgendwo verfuhr man so schlecht mit der Rhetorik wie hierzulande, wobei sie ihren moralischen Tiefpunkt im Nationalsozialismus erlebte. Im qngloamerikanischen Raum hingegen wird Rhetorik bis heute geehrt und gelehrt. So ist es sicher kein Zufall, dass einige der größten Redner der Moderne (wie J.F. Kennedy, Martin Luther King, Barack Obama etc.) aus Amerika kommen, obwohl das zeitlose, ethische Fundament der Rhetorik aus dem alten Europa stammt.

Der Antike verdanken wir bekanntlich große Teile unserer abendländischen Kultur. Nach dem Motto „erst denken, dann handeln" lag der Grundstein in der Philosophie. Demokratie und Rhetorik waren bei den Griechen und Römern wie zwei Schwestern. In Rom wurde Rhetorik zum Schulfach und Quintillian ihr erster Professor. Laut Cicero verfolgt ein Redner drei große Ziele: Menschen belehren (*docere*), Menschen unterhalten (*delectare*) und Menschen bewegen (*movere*). Aristoteles entwickelte die rhetorische „Triangel". Demnach kann man Menschen überzeugen durch Logos (die Kraft der Argumente), Ethos (die Kraft der Glaubwürdigkeit) und Pathos (die Kraft der Emotionen). Besonders beliebt wurden „rhetorische Stilmittel", welche als Zutaten jede Rede würzen können. Einige Beispiele: Alliteration (Verbindung gleicher Anlaute), Chiasmus (kreuzweise Stellung der Satzglieder), Hyperbel (Übertreibung des Ausdrucks), Ironie (feiner, verdeckter Spott), Klimax (Steigerung auf einen Höhepunkt hin), Metapher (sinnbildhafter Ausdruck) oder rhetorische Fragen (bei denen sich die Antworten von selbst ergeben).

Kardial-Rhetorik

Die Kardial-Rhetorik (KR) ist ein moderner Ansatz einer Rhetorik, die dem Herzen entspringt. Begründet wurde sie vom Schweizer Pastor Tillmann Luther (2021), der auch „Europameister der Rhetorik" ist. KR beruht auf zehn Prinzipien:

1. Die KR streicht unnötige Füllwörter.
2. Für die KR ist Authentizität entscheidend.
3. Die KR formuliert positiv.
4. Die KR steht gegen manipulierende Rhetorik.
5. Die KR ist absolut zuhörerfreundlich.
6. Die KR bezieht das Publikum mit ein.
7. Die KR vermeidet PowerPoint-Übersättigung und Informationsflut.
8. Die KR fördert die frei gehaltene Rede.
9. Die KR steht für natürliche Gestik und Mimik.
10. Die KR motiviert.

Als Pastor wollte Luther Predigten halten, die die Zuhörenden verstehen, und das motivierte ihn, sich intensiv mit Rhetorik zu beschäftigen. Früher las er seine Predigten stets ab, heute hält er sie vollkommen frei.

In der Bibel finden sich für einen Pastor herausragende Vorbilder einer „göttlichen Rhetorik" (Sohr 2010). Das prominenteste Beispiel ist die Bergpredigt von Jesus, die das Publikum „entsetzt" hinterließ, was sich aus dem Griechischen auch mit „überwältigt" übersetzen lässt. Es war wahrscheinlich die rhetorisch reichhaltigste Rede der Weltgeschichte, mit einer Fülle an Stilmitteln und einer inhaltlichen Botschaft, die in nur wenigen Minuten eine Ethik für das ganze Leben entfaltet. Von der Bergpredigt wurden auch andere begnadete Redner und Friedensstifter inspiriert, wie Mahatma Gandhi und Martin Luther King.

Mit ihrer ethischen Fundierung und positiven Richtung ist die Kardial-Rhetorik ein exzellentes Beispiel für „Positive Rhetorik" im Geiste einer Positiven Psychologie.

Positive Rhetorik

Ist „Positive Rhetorik" nicht eine Tautologie? Schließlich war Rhetorik in der Antike positiv definiert. Heutzutage hat Rhetorik vielerorts eher ein negatives Image. Die Gründe sind in einem postfaktischen Zeitalter voller „fake news" allgegenwärtig. So dominiert insbesondere in Deutschland auch heute noch eine negative Rhetorik in Wirtschaft, Politik, Behörden, Schulen, Kunst und Kultur. „Nicht schlecht" lautet der deutsche Superlativ vielerorts, getoppt von „es hätte schlimmer kommen können" und der Grundüberzeugung, dass „nicht getadelt schon genug gelobt" sein muss. Auch unter den rhetorischen Bestsellern finden sich Titel wie *Manipulationstechniken*[6], *Dunkle Rhetorik – Manipuliere, bevor du manipuliert wirst*[7] oder *Satanische Verhandlungskunst*[8]. Verblüffend schamlos rufen ihre Autoren zu einem unethischen Verhalten wie Betrug, Lügen oder Mobbing auf.

Als Antwort und Alternative auf diese beklemmende Gegenwartsanalyse wurde eine „Positive Rhetorik" (Sohr 2010, 2014) begründet – eine Artikulation von Sprache mit positiven Werten nach antikem Vorbild. Sie ist nicht wertfrei, sondern stets moralisch, im besten Falle auch einzigartig brillant. Sie folgt positiven Geboten wie zum Beispiel „Es lebe die Wahrheit", „Der Mensch kann gut sein" oder „Good news are good news". Das Gute beschreibt sowohl das Ziel des Redners als auch seinen ästhetischen Weg.

Fundamental sind die Werte der Positiven Rhetorik, wobei man zwischen Primär- und Sekundärwerten unterscheiden kann. Zu uneingeschränkt positiven Primärwerten gehören zum Beispiel Anständigkeit, Dankbarkeit, Friedfertigkeit, Respekt, Wertschätzung und Liebe. Ambivalente Sekundärwerte, die leider manchmal missbraucht werden können, aber in Verbindung mit positiven Absichten weitere wertvolle Zutaten darstellen, sind zum Beispiel Charisma, Empathie, Enthusiasmus, Kreativität, Humor oder Schönheit.

Wichtig ist die Erkenntnis, dass das Positive als Gegenstand der Positiven Rhetorik, ähnlich wie die Positive Psychologie, stets das betrachtet, was ist. Es sind also nicht immer schön-seichte Worte, die sie ausmachen, sondern nicht selten auch klare gesellschaftskritische Analysen und radikale Visionen alternativer Zukünfte.

Zivilcourage

Positive Rhetorik wird die Welt verändern, wenn Werte und Worte zu Taten werden. In einer Welt, die oft Anlass zu Hoffnungslosigkeit geben kann, ist es umso wichtiger, Vorbilder für Zivilcourage wahrzunehmen. Hier einige Beispiele von mutigen Menschen:

---

6 Erdmüller, A. & Wilhelm, T. (2020): *Manipulationstechniken*. Freiburg: Haufe, 5. Aufl.
7 Jatchenko, W. (2019): *Dunkle Rhetorik*. München: Goldmann.
8 Ruede-Wissmann, W. (2003): *Satanische Verhandlungskunst und wie man sich dagegen wehrt*. München: Langen-Müller/Herbig, 6. Aufl.

- Der Inder Mahatma Gandhi (1869–1948) war ein Friedensstifter. Obwohl er mit seinem Engagement für Gerechtigkeit immer wieder gedemütigt wurde, blieb er seinem gewaltfreien Widerstand lebenslang treu, bis ihn ein Fanatiker erschoss.
- Der Amerikaner Martin Luther King (1929–1968) war ein Träumer. Er hatte den Traum, dass eines Tages der Rassismus überwunden werden kann. Dafür kämpfte er lebenslang, bis er von einem weißen Rassisten erschossen wurde.
- Der Südafrikaner Nelson Mandela (1918–2013) war ein Versöhner. Nachdem er fast 30 Jahre im Gefängnis verbracht hatte, weil er gegen die Apartheit kämpfte, gab er seinen Unterdrückern die Hand, um Weiße und Schwarze zusammenzuführen.
- Der Russe Michail Gorbatschow (1931–2022) war ein Revolutionär, der eine neue Offenheit in seinem Land einführte und einseitig Atomraketen abrüstete. Viele verdanken ihm ihre Freiheit, doch in seiner Heimat blieb er unbeliebt.
- Die aus dem heutigen Nordmazedonien stammende Mutter Teresa (1910–1997) war eine Dienerin der Nächstenliebe. Mit 18 Jahren ging sie in ein Kloster, um lebenslang den Ärmsten der Armen zu helfen. Trotzdem wurden ihr egoistische Ambitionen unterstellt.
- Die Schwedin Greta Thunberg (geboren 2003) ist eine Anwältin der Schöpfung. Als Teenager demonstrierte sie einst allein mit einem selbstgemalten Schild, bis sie die weltweite Öko-Bewegung wachküsste. Heute erhält sie Morddrohungen.

So kann jeder Mensch im Kleinen anfangen, ein Unterschied im Mainstream zu sein.

Positive PRAXIS

Was kann eine positive Rhetorik bewegen? Drei Beispiele aus einem Krankenhaus

Mediation: In dem Krankenhaus, aus dem alle Beispiele stammen, bin ich zum einen in der Fort- und Weiterbildung tätig, zum anderen als Supervisor auf einer Hospizstation. Dort haben zwei Ärztinnen einen Clinch, der sich wie ein Schatten über die ganze Station legt. Ich lade deshalb die beiden Führungskräfte zu einem Konfliktmanagement ein. Zu ihrer Überraschung beginne ich die Mediation nicht mit einer umfangreichen Konfliktanalyse, sondern mit der Frage, was die beiden Kolleginnen aneinander schätzen. Beide haben jeweils drei Minuten Zeit. Der jeweils Zuhörenden rinnen schon nach den ersten Sätzen die Tränen übers Gesicht. Beide wundern sich über die sehr positive gegenseitige Wertschätzung. Auf dieser Basis lassen sich die Konflikte konstruktiv und nachhaltig auflösen.

Team-Coaching: Kurz darauf werde ich zu einem ähnlichen Setting eingeladen – mit dem Unterschied, dass die gesamte Leitung des Seniorenhauses sich nicht „grün" ist. In der ersten Sitzung visualisiere ich das Modell der Konflikteskalation (nach Glasl), um ein Ernstfallbewusstsein zu schaffen. In der zweiten Sitzung führe ich persönliche Einzelgespräche mit allen Beteiligten. Unsere finale Sitzung kurz vor Weihnachten endet mit einem „Julklapp", wo alle Akteure für alle anderen eine positive Botschaft notieren („Was ich an dir schätze"). Danach erfreuen sich alle am neuen Teamspirit.

Einzel-Coaching: Die Personalleitung bittet mich ambivalent, eine Krankenschwester zur Stationsleitung zu ermutigen. Die „Auserwählte" erzählt mir unter Tränen, warum sie dies weder wolle noch könne. Ich helfe ihr bei der Kommunikation gegenüber der Leitung. Nachdem sie die positiven Worte der Krankenschwester auf sich wirken lässt, ändert die Leitung ihre Haltung und äußert Verständnis. Die Schwester blüht nach der Klärung regelrecht auf – die zuvor ziemlich depressive Ausstrahlung verwandelt sich in neue Lebensfreude.

Fazit: Positive Worte können unsere Umwelt konstruktiv und nachhaltig verändern.

> **Einladung zur Reflexion**
>
> *Überprüfe deine Rhetorik: Welche Worte benutzt du manchmal, die möglicherweise eine suboptimale Wirkung haben? Welche alternativen Worte willst du kultivieren?*

3.7 Positive Zukünfte – Werte leben

> „Werte kann man nicht lehren, sondern nur vorleben."
> (Viktor Frankl)

Abschließend stellt sich die Frage, welche Werte sich als so zukunftsfähig erweisen, dass es sich lohnt, sie zu kultivieren. Nachfolgend werden sieben Werte empfohlen:

- Dankbarkeit ist ein Schlüsselwert der Positiven Psychologie; ihre überaus positiven Wirkungen und Fördermöglichkeiten sind schon sehr gut erforscht.
- Hoffnung ist ebenfalls eine positive Emotion und Charakterstärke, die jedoch nicht mit Optimismus verwechselt werden sollte.
- Kreativität ist eine Schlüsselkompetenz, deren Potenzial in der Psychologie für gesellschaftliche Veränderungen (z.B. Bildung) unterschätzt wird.
- Nächstenliebe verkörpert nicht nur einen fundamentalen christlichen Wert, sondern hat nachweislich positive Auswirken für unsere Beziehungen.
- Spiritualität wurde in der bisherigen Psychologie bislang weitestgehend ignoriert, obwohl nicht nur ihre gesundheitlichen Auswirkungen sehr bedeutsam sind.
- Verantwortung ist nicht nur ein philosophisches Prinzip, sondern auch psychologisch die Voraussetzung für ein nachhaltiges Zusammenleben.
- Wohlbefinden ist zwar kein Wert an sich, dennoch Ziel Positiver Psychologie, wobei die Wege zum Glück einer Horizonterweiterung bedürfen.

Die Positive Psychologie lädt dazu ein, nicht nur nach den Werten zu forschen, sondern sie auch zu leben.

Dankbarkeit

Lange Zeit war Dankbarkeit kein Thema für die Psychologie, doch ihr Wert und Potenzial werden von der Positiven Psychologie immer stärker erkannt. Dankbarkeit ist sowohl eine positive Emotion als auch eine Charakterstärke. Zahlreiche empirische Studien belegen positive Zusammenhänge zu Wohlbefinden und Lebenszufriedenheit sowie negative gegenüber Depressionen und Materialismus. Dankbarkeit wirkt sowohl kurzfristig (Stammgäste zahlen z.B. mehr Trinkgeld, wenn sich die Kellnerin bedankt), als auch langfristig (wenn z.B. in der Kindererziehung Eltern ein dankbares Vorbild sind). Schließlich ist Dankbarkeit eine Lebenseinstellung und Haltung. Dankbare Menschen wertschätzen das Positive auf der Welt und sehen das Leben als Geschenk und Gnade.

Aus klinischer Perspektive handelt es sich bei Undankbarkeit um ein Charakterdefizit. Antiwerte zur Dankbarkeit sind, neben einer eher materialistischen Lebenseinstellung, auch Egoismus, Gleichgültigkeit und Zynismus. Dankbarkeit gilt tendenziell als eine weibliche Domäne, weil Männer sie gewöhnlich weniger zeigen als Frauen, möglicherweise aus Angst vor Abhängigkeit.

Es gibt viele gut erforschte Methoden, die Dankbarkeit befördern. Zu ihnen gehören Dankbarkeitstagebücher, -briefe, -besuche und -gebete. Psychologen empfehlen ferner eine positive Tagesrückschau („Wofür und wem bin ich heute dankbar?").

Die positiven Auswirkungen auf die Gesundheit verstärken sich, wenn Menschen nicht nur anderen Menschen, sondern Gott dankbar sind. Studien zeigen z.B., dass eine religiös bedingte Dankbarkeit das Risiko minimiert, Depressionen zu erleiden. Auch der Humanistische Psychologe Abraham Maslow beobachtete spirituelle Dimensionen der Dankbarkeit, sobald wir die Segnungen des Lebens erkennen („Wunder bleiben Wunder"). Nach dem Theologen Dietrich Bonhoeffer empfängt der Mensch „unendlich mehr, als er gibt". In diesem Bewusstsein gedeiht auch die Demut als Schwester der Dankbarkeit. Für Cicero ist Dankbarkeit die Mutter aller Tugenden. Und Robert Emmons, weltweit führender Dankbarkeitsforscher, erinnert an den christlichen Mystiker Meister Eckart: „Wäre ‚Danke' das einzige Gebet, das du jemals sprichst, würde das genügen."

Hoffnung

Ein anderer, sehr tragfähiger Wert ist die Hoffnung, die manchmal mit Optimismus verwechselt wird. Auch wenn der Optimismus viele realistische und unrealistische Spielarten hat und psychisch relevante Folgen zeitigt (man bedenke nur den Spruch „Optimisten haben das Flugzeug erfunden, Pessimisten den Fallschirm"), so ist er, im Vergleich zur Hoffnung, kognitiver, rationaler und weltlicher. Hoffnung geht stärker mit Emotionen, Vertrauen und Spiritualität einher. Der Menschenrechtler, Dichter und ehemalige tschechische Präsident Václav Havel bilanziert: „Hoffnung ist eben nicht Optimismus. Es ist nicht der Glaube, dass etwas gut ausgeht, sondern die Gewissheit, dass etwas Sinn hat, ohne Rücksicht darauf, wie es ausgeht."

Das Wort Hoffnung hat seine Wurzeln im mittelniederdeutschen Wort *hopen* („hüpfen") und ist Ausdruck eines positiven Zustands, die Antipode von Resignation, Verzweiflung und Hoffnungslosigkeit. Im Christentum gehört die „Hoffnung auf den Herrn" mit Glaube und Liebe zu den drei Tugenden mit Ewigkeitswert, während sie der Nihilist Nietzsche für das allergrößte Übel hielt. Dagegen sah der Philosoph Bloch die Hoffnung als Prinzip an, „wie ein Wärmestrom". Kritisch mit dem *Prinzip Hoffnung* setzte sich der Philosoph Anders auseinander. Er warnte davor, dass Hoffnung keine Ausrede für Tatenlosigkeit sein könne. Ihre volle Kraft entfaltet Hoffnung, wenn sie unser Handeln befördert. In diesem Sinne scheint sie überlebensnotwendig zu sein, wie der Psychoanalytiker Petri (1992) bemerkt: „In der Ansicht, dass ein Leben ohne Hoffnung auf Dauer nicht möglich ist, sind sich Philosophen und Psychologen einig." Der Hoffende gibt seinen Glauben an die Veränderung nicht auf, selbst wenn die Lage hoffnungslos erscheint, sogar beim Sterben (Kübler-Ross 1971).

Es gibt zwei Hoffnungstheorien, und welcher man folgt, hängt davon ab, ob man stärker die kognitive (dem Optimismus ähnliche) oder die emotionale Seite als mental-moralischen Blick der Hoffnung im engeren Sinne anvisiert. Unabhängig von ihrer Fokussierung geht Hoffnung mit Wohlbefinden einher, was sie auch zum Forschungsfeld der Positiven Psychologie macht. Wie Dankbarkeit ist auch Hoffnung eine positive Emotion und gleichzeitig eine Charakterstärke, die von allen 24 Stärken im VIA-Test (vgl. Kapitel 3.4) am stärksten mit einer positiven Lebenszufriedenheit einhergeht. Ein führender Hoffnungsforscher ist der New Yorker Psychologe Dan Tomasulo (2022).

Kreativität

„Kreativität ist wichtiger als Wissen", erkannte Einstein, „denn Wissen ist begrenzt". Kreativität (lateinisch *creare* = schaffen, zeugen, wachsen) meint unsere Eigenschaft, schöpferisch tätig zu sein. Es gibt drei Grundannahmen zur Erklärung von Kreativität:

- Kreativität ist ein besonders hohes Niveau des Denkens (skeptischer Ansatz).
- Kreativität kann mit sogenannten Kreativitätstechniken erlernt werden (optimistischer Ansatz).
- Kreativität existiert von Geburt an und muss nur freigelegt werden (humanistischer Ansatz).

Aus der Perspektive der Positiven Psychologie geht es darum, die letztgenannten Ansätze zu verbinden, um Kreativität zu fördern. So konnte z.B. Fredrickson nachweisen, dass Menschen, die durch fröhliche Musik in Stimmung gebracht worden waren, mehr Lösungen für eine Aufgabe fanden als Menschen, die zuvor keine oder traurige Musik gehört hatten.

Auch Joy Paul Guilford (1897–1988) geht als einer der Väter der Kreativitätsforschung davon aus, dass alle Menschen ein großes kreatives Potenzial besitzen. Besonders kreative Menschen offenbaren nach Guilford ein hohes Maß an Sensibilität, Flexibilität und Originalität. Meta-Analysen zufolge sind sie vor allem autonom, selbstbewusst und offen für neue Erfahrungen. Schon der Musiker Ludwig van Beethoven wusste: „Echte Kunst ist eigensinnig."

Zu den bekanntesten Kreativitätsmethoden gehören Brainstorming, Mindmapping sowie Zukunftswerkstätten. Entscheidend ist nahezu immer, dass offene Räume zur Entfaltung in angenehmer Atmosphäre geschaffen und Menschen auf diese Weise eingeladen werden, selbstständig zu denken und zu handeln. Hier gibt es in unserem Bildungssystem noch viel „Luft nach oben".

Der Harvard-Psychologe Gardner entdeckte im Rahmen seiner qualitativen Forschungen „Schlüssel zum kreativen Denken". An oberster Stelle nannte er die Bewahrung einer kindlichen Experimentierlust. Der Flow-Forscher Csíkszentmihályi fand heraus, dass besonders kreative Menschen fähig sind, Freude und Sinn auch im Chaos zu finden.

Nächstenliebe

„Nichts fördert das Kreative mehr als die Liebe", meint der Psychologe Erich Fromm, der Autor des Bestsellers *Die Kunst des Liebens* ist. Hier unterscheidet er zwischen verschiedenen Objekten der Liebe: Liebe zwischen Eltern und Kind, Nächstenliebe, Selbstliebe, die erotische Liebe und die Liebe zu Gott. Fromm nennt die Nächstenliebe „die fundamentalste Art von Liebe, die allen anderen Arten zugrunde liegt". Liebe gilt als stärkste Form der Zuneigung, die sich durch sehr intensive Gefühle ausdrückt. In vollendeter Form ist sie bedingungslos, vor allem in der Religion. Das höchste Gebot der Bibel lautet daher: „Liebe deinen Nächsten wie dich selbst!"

Der kanadische Soziologe Lee (1973) postuliert sechs Liebesstile:

- Eros – die romantische Liebe
- Ludus – die spielerische Liebe
- Mania – die leidenschaftliche Liebe
- Philia – die freundschaftliche Liebe
- Pragma – die vernunftgeleitete Liebe
- Agape – die selbstlose Liebe

Die selbstlose Liebe ist symptomatisch für die Nächstenliebe – als Musterbeispiel gilt die Parabel vom barmherzigen Samariter. Man könnte meinen, dass die Psychologie, die sich mit dem menschlichen Erleben und Verhalten beschäftigt, schon viel über die Liebe als größte Kraft im Universum geforscht hätte. Die Positive Psychologie beginnt so langsam, sich dafür zu interessieren. Dabei offenbaren Studien die große

Kraft, die von den Werthaltungen der Nächstenliebe ausgeht, wie z.B. Großzügigkeit oder Güte. Neben Großzügigkeit im materiellen Sinne gibt es auch eine „*generosity of spirit*" als Großherzigkeit. Wie auch die Güte geht sie mit Freundlichkeit, Empathie, dem Glauben an Gott und Lebensfreude einher. Aus der Perspektive der Humanistischen Psychologie nach Rogers ist Liebesfähigkeit die wichtigste Voraussetzung für eine gesunde Psyche.

Spiritualität

Spiritualität wurde lange Zeit von der Psychologie ignoriert und die „Wissenschaft von der Seele" wurde „ohne Seele" praktiziert. Für Freud war Religion eine „kollektive Neurose"; er verbot seiner Ehefrau die Ausübung ihres jüdischen Glaubens und pathologisierte sie. Auch andere bekannte Psychologen, wie Ellis als Begründer der „Rationalen Verhaltenstherapie", diagnostizierten religiöse Menschen als „psychisch krank", Religion sei schließlich „Kinderkram".

Angesichts der Tatsache, dass sich von den sieben Milliarden Menschen auf dieser Erde weltweit sechs Milliarden zu einem Glauben bekennen, wird es Zeit, dass die Psychologie religiöses und spirituelles Erleben respektiert. Während Spiritualität (lat. *spiritus* = Geist) im weiten Sinne Geistigkeit bedeutet, wird sie als Geistlichkeit im engeren Sinne auch Religiosität genannt, wobei sie dann in der Regel mit dem Glauben und Erleben einer Gottesbeziehung einhergeht. Es gibt aber auch atheistische Religionen wie den Buddhismus, der gerade hierzulande immer beliebter wird. Viele Menschen unterscheiden zwischen westlicher Religiosität, über die sie verachtend urteilen, und östlicher Spiritualität als Königsweg zur Freiheit. Kulturvergleichende Studien offenbaren inzwischen gravierende Unterschiede: Während sich hierzulande mehr als die Hälfte aller Menschen als weder religiös noch spirituell bezeichnet, sind es in den USA nur 5 % – und 75 % sind „sowohl als auch".

Einschlägige Zusammenhänge zwischen Glauben und Gesundheit wurden bereits in Kapitel 1.4 vorgestellt, u.a. die positive Wirkung einer „Geborgenheit im Glauben". Ein Indikator für die Tiefe ihres Seelenfriedens ist die Frage, wie Menschen mit der einzigen Gewissheit des Lebens umgehen. Forscher fragten praktizierende Gläubige verschiedener Religionen, ob sie dem Tod gelassen entgegenblicken. Dabei zeigten buddhistische Mönche unter allen Religionen die größte Todesangst.

Gemeinsam haben Religion und Spiritualität dagegen ein kritisches Hinterfragen des Materialismus. Der britische Psychotherapeut O'Hanlon (2015) sieht „3 C der Spiritualität": Connection (Verbindung), Compassion (Mitgefühl) und Contribution

(Nächstenliebe). So sollte eine Positive Psychologie auch Spiritualität als wertvollen Wert anerkennen.

Verantwortung

Verantwortung kommt von „antworten". Es stellen sich Fragen nach dem „Wer?" (Individuum oder Gesellschaft), „Was?" (Handlung oder Unterlassung), „Wofür?" (Nah- oder Spätfolgen), „Wovor?" (z.B. Gewissen oder Gericht), „Wann?" (rückwirkend, gegenwärtig, zukünftig), „Wie? (aktiv oder passiv) und „Warum?" (moralische Regeln etc.).

Philosophisch weist Sartre auf unsere Freiheit der Verantwortung hin: „Der Mensch ist für alles verantwortlich, was er tut". Jonas (1979) mahnt in seinem preisgekrönten Werk *Das Prinzip Verantwortung – Versuch einer Ethik für die technologische Zivilisation* eine Zukunftsverantwortung auch für kommende Generationen an. Als zeitloses Urbild der Verantwortung sieht er das Neugeborene, „dessen bloßes Atmen unwidersprechlich ein Soll an die Umwelt richtet, nämlich sich seiner anzunehmen. Sieh hin und du weißt – mit jedem Kinde, das geboren wird, fängt die Menschheit neu an".

Der Soziologe Max Weber unterscheidet zwischen Gesinnungs- und Verantwortungsethik, letztere heißt aktives Tun. Ein gelebtes Beispiel, was Verantwortungsethik bedeuten kann, verkörperte der Theologe Bonhoeffer, der sich aufgrund seiner Verantwortung vor Gott dem Nationalsozialismus öffentlich widersetzte und dafür ermordet wurde.

Die psychologische Forschung kreist um die soziale Verantwortung. Auhagen (1999) zufolge handelt ein Mensch verantwortlich, wenn er auf Basis ethischer Überlegungen die Konsequenz für sein Handeln sieht. Voraussetzungen für verantwortliches Handeln ist, neben einer persönlichen Ethik, häufig das Vorhandensein von Vorbildern. Daher sollte Verantwortungsbewusstsein bereits in der Erziehung gefördert werden.

Bilanzierend kann im Sinne einer *Psychologie der Werte* (Frey 2016) festgehalten werden: „Menschen, die soziale Verantwortung zeigen, sind für jede Gesellschaft wertvoll und bereichern das Leben der Mitmenschen sowie ihr eigenes Leben. Verantwortungsvolles Verhalten verbessert die Welt und ist wert-voll."

Wohlbefinden

Wohlbefinden ist kein Wert an sich, sondern ein Zustand und erklärtes Ziel der Positiven Psychologie, die auch als „Wissenschaft vom Glück" verstanden wird. So lohnt es sich abschließend, diesen Begriffen noch einmal auf den Grund zu gehen: Welche Wege gibt es, um ein nachhaltiges Wohlbefinden bzw. Glück zu erleben?

Die Positive Psychologie unterscheidet, in Anlehnung an Aristoteles, zwischen einem Wohlfühlglück, das in hedonistischer Tradition tendenziell von außen nach innen wirkt (Glück haben, z.B. durch ein gutes Essen), und einem Werteglück als Tugend, die von innen nach außen wirkt (glücklich sein, indem man z.B. seine Berufung findet). Ferner wird zwischen subjektivem und psychologischem Wohlbefinden unterschieden, das emotionale (Anwesenheit positiver Emotionen) und kognitive (Zufriedenheit mit dem Leben) Seiten umfasst. Im PERMA-Modell von Seligman (siehe Kap. 3.2) kulminierte die Glücksforschung schließlich im Begriff des Aufblühens („Flourishing") als Ziel, welches Rogers bereits in seinem Konzept der „fully functioning person" postuliert hatte.

Wohlbefinden als Wohlstandsindikator hat eine objektive und subjektive Komponente. Heutzutage offenbart sich jedoch ein Wohlstandsparadox: Während die glücklichsten Menschen nach dem *Happy Planet Index* in einem vergleichsweise armen Land wie Costa Rica leben, wächst in sehr reichen Nationen wie Deutschland oder den USA eher die Zahl der Depressionen. Liegt das nur daran, ein Minimum von Nichtmisere vorausgesetzt, dass Geld „nicht allein" – bzw. ab einem gewissen Grad „nicht mehr" – glücklich macht?

Antworten finden wir vielleicht bei Sokrates und Platon, den Lehrern von Aristoteles. Für Sokrates waren zwei Überlegungen entscheidend: Die Suffizienzthese, nach der Moral eine hinreichende Bedingung für Glück darstellt, und die Identitätsthese, nach der Moral und Glück eine Einheit bilden. Sittliches Leben führt zum erfüllten Leben – es bedarf keiner Zusätze. Denn wer nach Platon sein Leben moralisch integer geführt hat, landet nach dem Tod in vollkommener Glückseligkeit auf der „Insel der Seligen". In diesem Bewusstsein ist schon im Diesseits ein gelassenes Wohlbefinden zu erleben.

Positive PRAXIS

Was passiert, wenn Werte gelebt werden?

Einzel-Coaching: Ein Mann, Mitte 50, kam zu mir. Er hatte einen sehr gut dotierten Job als Abteilungschef in einem multinationalen Konzern verloren und war trotz vieler Bewerbungen um Stellen auf demselben Niveau seit fast einem Jahr erwerbslos. Nach der Analyse seiner Werte zeigte sich, dass Familie und Partnerschaft ganz oben auf seiner Skala standen – Sehnsüchte, die in seinem alten Job allein schon durch expansive Reiseverpflichtungen suboptimal befriedigt werden konnten. Kurz darauf war eine Bewerbung in seiner Heimatstadt auf eine Stelle erfolgreich, die weniger Geld und Stress bedeutet, doch viel mehr Wohlbefinden und Zeit ermöglicht, was sehr positiv auf seine Gesundheit und Lebenszufriedenheit wirkt.

Team-Coaching: An einem Samstag war ich als Moderator einer Zukunftswerkstatt zu der Gründung einer Jugendumweltgruppe für Teenager eingeladen. Nicht teilnehmen durfte die siebenjährige Sophia, weil sie laut Veranstalter „noch zu klein" dafür sei. Als Sophia zum Zuschauen bei ihrer älteren Schwester vorbeikam, ermunterte ich sie zum Mitmachen. Die Jugendlichen hatten die Aufgabe, ihre Visionen zu visualisieren und kamen nicht in die Gänge. Sophia begann sofort mit einem farbenfrohen Gemälde. Jetzt trauten sich auch alle anderen und die Zukunftswerkstatt wurde ein großer Erfolg.

VIP-Beispiel: Die 22-jährige Julia Hill besetzte 1997 den vom Aussterben bedrohten Redwood-Baum „Luna" in Kalifornien, den die Holzfällerindustrie zerstören wollte. Zwei Jahre später gaben die Holzfäller auf. Als die „Baum-Frau" wieder auf die Erde hinabstieg, bilanzierte sie: „Das Leben ist eine unendliche Lektion, loszulassen …"

Fazit: Der Weg zum nachhaltigen Wohlbefinden führt über das Leben grundlegender Werte.

Einladung zur Reflexion

Was sind deine Werte? Kannst du sie leben? Wenn JA: Herzlichen Glückwunsch! Wenn NEIN, folge der alten Weisheit: „Heute ist der erste Tag vom Rest deines Lebens."

4. Synthese als Essenz

„Sei selbst die Veränderung, die du dir für diese Welt wünschst."
(Mahatma Gandhi)

Wie könnte ein Life Coaching mit Achtsamkeit und Positiver Psychologie aussehen? Ausgehend von der Frage gingen wir den drei genannten Disziplinen auf etwa 200 Seiten auf den Grund. Bevor wir das Buch mit vertieften Reflexionen dialogisch ausklingen lassen, möchten wir eine kurze Zusammenfassung als Zwischenfazit geben – in Form eines Versuchs, die drei großen Inseln modellhaft als ein gemeinsames Land zu sehen, in dem wir uns bewegen.

Wenn wir Life Coaching, Achtsamkeit und Positive Psychologie grundsätzlich als drei eigenständige Disziplinen betrachten, so stellen wir bei der Lektüre ihrer Gegenstände fest, dass sie in Anlehnung an den ökosystemischen Ansatz menschlicher Entwicklung des Schweizer Psychologen Uri Bronfenbrenner (1981) dreidimensional erscheinen:

- Die erste Dimension ist die MIKRO-Ebene unserer persönlichen Beziehungen.
- Die zweite Dimension ist die MESO-Ebene unserer beruflichen Lebenswelten.
- Die dritte Dimension ist die MAKRO-Ebene unserer globalen Gesellschaften.

Verbinden wir diese drei Ebenen mit den drei großen Säulen, so ergibt sich das folgende dreimal dreidimensionale „holistische Modell der Lebenskunst" unserer Herausforderungen:

Disziplinen (horizontal) Dimensionen (vertikal)	Life Coaching	Achtsamkeits-Psychologie	Positive Psychologie
MIKRO-Ebene	Feld 1.1	Feld 2.1	Feld 3.1
MESO-Ebene	Feld 1.2	Feld 2.2	Feld 3.2
MAKRO-Ebene	Feld 1.3	Feld 2.3	Feld 3.3

Nachfolgend einige Fragen, die sich aus den neun Analysefeldern der Matrix ergeben.

Was sind exemplarische Fragen für die Disziplin „Life Coaching"?

- MIKRO-soziales Feld (1.1): Wie ernähre ich mich, damit ich mit meinem Körper zufrieden bin?

- MESO-soziales Feld (1.2): Wie bereite ich mich auf ein Bewerbungsgespräch in einer Firma vor, in der ich arbeiten will?
- MAKRO-soziales Feld (1.3): Was kann ich tun, um mich gesellschaftspolitisch zu engagieren?

Was sind exemplarische Fragen für die Disziplin der „Achtsamkeit"?

- MIKRO-soziales Feld (2.1): Wie kann ich jeden Tag selbstachtsam beginnen?
- MESO-soziales Feld (2.2): Wie kann ich meinen Werten authentisch treu bleiben und am Arbeitsplatz SEIN kultivieren, wenn fremddefiniertes TUN von mir erwartet wird?
- MAKRO-soziales Feld (2.3): Wie kann ich dafür sorgen, gesund und in Maßen medial zu konsumieren?

Was sind exemplarische Fragen für die Disziplin „Positive Psychologie"?

- MIKRO-soziales Feld (3.1): Wofür bin ich in meinem Leben nachhaltig dankbar?
- MESO-soziales Feld (3.2): Was kann ich beitragen, um die Kommunikation an meinem Arbeitsplatz zu verbessern?
- MAKRO-soziales Feld (3.3): Zu welchem Thema kann ich ein Buch schreiben, um Verantwortung für die Zukunft meiner Kinder zu übernehmen?

Unsere Beispiele bieten nicht nur Orientierung für fachspezifische Fragestellungen, sondern führen uns auch zu der Einsicht, dass reale Herausforderungen am besten mit einem integrativen Verständnis ganzheitlich begriffen und gemeistert werden können, gemäß Einsteins Diktum, dass die Gegenwart nicht mit Vergangenheit lösbar ist bzw. Probleme nicht mit dem Denken zu lösen sind, die sie erst in die Welt gebracht haben.

Als eine Art „Dach" oder Überbau kann schließlich die moderne, am renommierten *Massachusetts Institute of Technology (MIT)* in Boston entwickelte „Theorie U" des deutschen Öko-Systemikers Otto Scharmer (2019) dienen. Die Theorie geht von der Erkenntnis aus, dass die Wirksamkeit unseres Handelns am stärksten durch die innere Einstellung der handelnden Personen und ihrer Orientierung auf die Zukunft beeinflusst wird. Dieser Transformationsprozess ist das „Herzstück" von Coaching in der Praxis. Dabei geht es auch darum, alte Denkmuster zu hinterfragen, um alternative Lösungen zu gestalten. Das „U" symbolisiert den Weg von einem alten Berg zu einem höheren Gipfel. Die „Theorie U" lädt uns zu einer inneren Haltung ein, die aus einem tieferen Bewusstsein für das „große Ganze" agiert. Als Schlüssel in dem Prozess sieht Scharmer die Achtsamkeit: „Die Art meines Achtsam-Werdens prägt die Art, wie sich die Wirklichkeit um mich herum entfaltet. Warum? Weil Energie der Aufmerksamkeit folgt. Worauf du deine Aufmerksamkeit als Führungskraft, Innovator oder Elternteil auch legst – es ist der Ort, an den die Energie des Systems und deine eigene Energie hinfließt."

Im Vorwort seiner „Essentials der Theorie U" würdigt Scharmer drei Inspirationen – neben der Achtsamkeit die Aktionsforschung sowie die Impulse der Zivilgesellschaft in der Tradition u.a. von Mahatma Gandhi, Martin Luther King und Nelson Mandela. Heute sieht er die Menschheit vor der Herausforderung, das Egosystem-Bewusstsein in ein Ökosystem-Bewusstsein zu transformieren, um vom Ich zum Wir zu kommen.

Nach Scharmers Analysen sehen wir heute in dreifache Abgründe. In den ...

- *ökologischen* Abgrund durch die noch nie dagewesene Umweltzerstörung, die nachhaltig zum irreversiblen Verlust der Natur führt.
- *sozialen* Abgrund durch das Auseinanderfallen der Gesellschaft in arm und reich, was zum Verlust des sozialen Zusammenhalts führt.
- *spirituellen* Abgrund, der sich z.B. in Burnout, Depressionen und Suiziden offenbart und zum Verlust von Sinn und positiver Zukunftswahrnehmung führt.

Dabei werden die drei Abgründe als Symptome desselben Grundproblems gedeutet: Die Kluft zwischen Selbst und Natur, Gemeinschaft und einem höheren Selbst. Als Weg einer Überbrückung beschreibt Scharmer den Prozess des Prescending (Synthese aus Sensing und Presence), also des Anwesendwerdens durch Erspüren der Gegenwart. Hilfreich dabei sind drei Gesten der Bewusstwerdung: Das Innehalten, das Umlenken und das Loslassen. Hier gibt es wieder drei Wege: Die Öffnung des Denkens, Öffnung des Herzens und die Öffnung des Willens (Mut). Als meist unterschätzte Fähigkeit in dem Prozess gilt das Zuhören, vor allem das empathische sowie das schöpferische Zuhören, sowohl für Mikro-, Meso- und Makro-Ebene – sowie für die Mundo-Ebene des Planeten Erde.

Größte Hemmnisse auf diesem Wege sind einerseits gedankenloses Handeln (bedingt blinde Umsetzungen), andererseits handlungsloses Denken (Paralyse durch Analyse). Den „größten Feind" der Achtsamkeit haben wir nach Scharmer „selbst in der Hand – das Smartphone". Als praktische Therapie hilft hier z.B. eine stille Stunde am Morgen, „in der du dein Smartphone mal einfach liegen lässt". Scharmer selbst beschreibt diese Auszeiterfahrung als Geburtsstunde seiner Botschaft: „Du musst dein Leben ändern!"

Grundlagen einer Veränderung sind die Ahnung, das Bewusstsein und der Leidensdruck, dass wir unser Leben verändern sollten. In seinem über 700-seitigen Werk *Du musst dein Leben ändern* erinnert der Philosoph Peter Sloterdijk (2009) an ein Gedicht von Rainer Maria Rilke, welches der Dichter 1908 im Pariser Louvre schrieb, wobei er am Ende eine innere Stimme hörte, die ihm zurief: „Du musst dein Leben ändern!" Sloterdijk sieht darin eine wertvolle, aber unbequeme „Ermahnung", die den Bedürfnissen unseres Zeitgeistes zuwider ist, für den reale „Drohungen immer nur ein Teil der Unterhaltung und Mahnungen ein Teil der Show" sind. Heute steht die Menschheit, nur ein Jahrhundert nach Rilkes Eingebung, laut Sloterdijk vor dem absoluten moralischen Imperativ. „Aus ihm spricht die Sorge um das Ganze. Denn die einzige Tatsache von universaler ethischer Bedeutung in der aktuellen Welt ist die diffus allgegenwärtig wachsende Einsicht, dass es so nicht weitergehen kann."

In diesem Sinne umspannen unsere drei Disziplinen sämtliche drei Zeitdimensionen: Positive Psychologie steht für das Fundament des Wissens, der Werte und Weisheit, die wir aus der Vergangenheit (bis zur Gegenwart) schöpfen. Die Achtsamkeit steht vor allem für die Gegenwart, die Präsenz und das Dasein im Hier und Jetzt. Und das Life Coaching führt uns zum Handeln und weist Wege in die Zukunft.

5. | Epiloge

5.1 Epilog des Autors

> *„Wie eine träge Herde Kühe schauen wir kurz auf und grasen dann gemütlich weiter."*
> (Herbert Grönemeyer)

Was hast du als Coach aus der Beschäftigung mit Life Coaching gelernt?

Life Coaching als Profession ist noch jung, und doch eigentlich so alt wie die Menschheit. Eltern versuchen, ihre Kinder auf dem Weg ins Leben zu coachen. Sokrates coachte die Jugend, was weder von den Führern in Athen noch von seiner Frau gerne gesehen war. Heute gibt es wahrscheinlich kein interdisziplinäreres Studienfach als Life Coaching – kein Wunder, unser Leben ist komplex. Die moderne Gesellschaft neigt jedoch dazu, sich immer mehr ums eigene Ego zu drehen. Mit dem Smartphone in der Hand geht der Blick für unsere Mitwelt verloren. Der dänische Psychologe Svend Brinkmann (2018) diagnostiziert eine „Religion des Selbst" – also eine Weltanschauung, bei der es vor allem um Selbstoptimierung geht. Dabei springt die Ökonomisierung der Gesellschaft mit ihrem betriebswirtschaftlichen Ziel der Gewinnmaximierung auf das Individuum über, das jetzt ständig nach seiner Glücksmaximierung sucht. Das erzeugt immer mehr Stress. Ein wirklich hilfreiches Life Coaching, bei dem es im Vergleich zum üblichen Business-Coaching nicht nur um Fragen der Karriere geht, braucht deshalb mehr denn je die Philosophie – also die Liebe zur Weisheit.

Wäre hier nicht auch die Positive Psychologie gefragt?

Sie kann uns sicher wertvolle Impulse geben. In den letzten Jahren habe ich gelernt, dass ich als Life Coach immer dann sehr wirksam sein kann, wenn ich Erkenntnisse der Positiven Psychologie anwende. Besonders in einem Land wie Deutschland, das nicht gerade für seine Dienstleistungsmentalität und Begeisterungsfähigkeit bekannt ist, können uns Themen wie Dankbarkeit, Demut oder Teamspirit die Augen öffnen. Die PP sollte nicht nur über Selbstmitgefühl, sondern auch über Mitgefühl forschen.

Trotzdem ein klares „Plädoyer pro PP"?

Die moderne wissenschaftliche Positive Psychologie ist ein relativ junges Fach, das vor über 20 Jahren von Seligman in den USA begründet wurde. Meine Hoffnung ist, dass die PP langsam erwachsen wird und in Europa eine eigene Identität entwickelt. So ähnlich wie Freud lange Zeit als Übervater der traditionellen Psychologie wirkte, liegt der Schatten von Seligman über der Positiven Psychologie: Ein Mann, der keine Skrupel hatte, Hunde zu quälen, Soldaten beizubringen, wie sie ohne Gewissensbisse töten können, und allein für die Honorare seiner Vorträge ein Vermögen zu verlangen. Wer anders leben möchte, grenzt sich von asozialen und materialistischen Werten ab. Adorno sagte einst: „Auschwitz beginnt dort, wo man denkt, es sind ja nur Tiere …"

Und für welche PP stehst du?

Für eine engagierte PP, ethisch sensibel, spirituell nachhaltig und gesellschaftskritisch.

Was meinst du damit konkret?

Das hat diverse Dimensionen. Ich beginne mal mit einem aktuellen Thema aus dem Jahr 2022. Wenn ein Mann den Befehl gibt, sein Nachbarland zu überfallen, um Männer, Frauen und Kinder abzuschlachten, so geht das uns alle an. Sind wir auf der Seite der Opfer oder auf der der Täter? Können wir mit Ländern Geschäfte machen, deren Führer das Leben mit Füßen treten, etwa in Russland, China oder in der Türkei? Was für die politische Seite gilt, sollte im Berufs- und Privatleben nicht anders sein. Können wir bei Mobbing zusehen? Oder wenn Eltern Kinder zu Scheidungswaisen machen? Bei all diesen Themen stellt sich die Frage nach unserem Menschenbild. Traditionelle Psychologie hatte bisher entweder ein einseitig negatives oder positives Menschenbild. Alternativ wurden wir Menschen als Spielball unserer Umwelt oder unserer Gene gesehen. Positive Psychologie hätte die Chance, uns die Augen für ein ganzheitliches Bild des Menschen zu öffnen. Wir können Licht sein, oft dominieren jedoch die Schattenseiten.

Ist die Positive Psychologie nicht immer sonnig?

Weder ihr Begründer Seligman noch seine Nachfolgerinnen und Nachfolger zeigen sich sonnig, wenn sie sich von Animositäten leiten lassen oder den Antisemiten Nietzsche und sein neoliberalistisches Credo „Was mich nicht umbringt, macht mich stärker" zitieren – das hat zynische Züge. Wenn in Deutschland die große Mehrheit der Arbeitnehmer entweder nur noch Dienst nach Vorschrift macht oder schon innerlich gekündigt hat, wie es uns die Gallup-Studien seit über 20 Jahren spiegeln, dann ist es Zeit, unser Führungsverhalten zu überdenken. Anders zu leben hieße hier vor allem, Sinn, Wertschätzung und Kreativität zu fördern sowie für Gerechtigkeit zu sorgen. Ich finde es obszön, wie die Schere zwischen arm und reich immer weiter auseinanderklafft – in unserem Land und überall auf der Erde, wo ein Prozent der Reichen mehr besitzen als die ärmere Hälfte der Weltbevölkerung. Auch hier geht es um die Frage der Werte. Statt Geiz und Gier gemäß der Religion des Geldes sollten wir viel mehr Güte, Großzügigkeit und Genügsamkeit kultivieren. Statt Soziopathen wie Trump brauchen wir Empathen wie Mandela. Eine Zeitenwende wäre für mich, nicht 100 Milliarden in die Rüstung zu investieren, sondern in das Leben.

Wo siehst du weitere Felder für ein anderes Leben?

Ein anderes Beispiel unserer Zeit ist die Religion der Gesundheit, die sich im Umgang mit Corona besonders deutlich offenbarte. Für den modernen Menschen, der sich selbst für den Allergrößten im Universum hält, ist der Tod die maximale Provokation. Wenn nun ein optisch klitzekleines Virus zumindest bei der Risikogruppe von vorerkrankten, hochbetagten Personen für Gefahr sorgt, dann verbreitet sich das Virus auch mental im Sinne panischer politischer Reaktionen, die unsere überalterte Gesellschaft lahmlegen, und zwar ohne Rücksicht auf Verluste bei Kindern und Jugendlichen sowie der großen Mehrheit der Bevölkerung. Wer auf solche Folgeschäden hinweist, muss mit einem Shitstorm rechnen und wird leicht als Coronaleugner oder Verschwörungstheoretiker beschimpft. Wer permanent von Politik und Medien, aber nicht von der Pharmaindustrie „geimpft" ist, wird erschreckend schnell und scharf ausgegrenzt. Anders zu leben und gegen den Mainstream zu schwimmen, braucht Mut. Die Religion der Gesundheit zeigt sich auch in einem einseitig physischen Verständnis des Lebens, bei dem der Tod zwangsläufig verdrängt werden muss, selbst wenn die natürliche Lebenserwartung überschritten ist. Dabei liegt unsere Sterblichkeitsrate – nach wie vor – bei 100 Prozent.

Ist die Todesverdrängung nicht menschlich verständlich?

Natürlich, deshalb sollten wir auch menschlich miteinander umgehen. Alles andere als natürlich ist allerdings unser Umgang mit der Natur, auch mit der eigenen als Mensch. Ich habe wenig darüber gehört, woher das Corona-Virus eigentlich kommt, obwohl es deutliche Anzeichen dafür gibt, dass die Ursache in unserem Umgang mit Tieren liegt. Würden wir sie ernstnehmen, müssten wir unsere Praktiken sofort verändern, sonst ist die nächste Pandemie vorprogrammiert. Für unser Immunsystem ist es jedenfalls viel gesünder, frische Luft in der Natur zu inhalieren, als z.B. Masken im Freien zu tragen. Corona bietet die Chance, unsere denaturalisierte Lebensweise radikal zu überdenken.

Woran denkst du dabei?

Wer wie ich schon über ein halbes Jahrhundert auf der Erde ist, wundert sich darüber, wie schnell und wie unhinterfragt sich Menschen durch die Weltreligion der Technik verändern, sei es durch immer mehr Autos, den Wahnsinn des Weltreisens, Fernsehen, Computer und die schöne neue Welt der sogenannten sozialen Medien, die Menschen zu Autisten macht, welche oft nicht mehr mitbekommen, was um sie herum geschieht. Manche wurden sogar schon vom Zug überrollt, als sie gerade online shoppen waren. Wenn ich mit der Bahn unterwegs bin, und am Horizont leuchtet die Sonne mit einem wundervollen Auf- oder Untergang, sehen das die meisten Menschen um mich herum nicht, weil neun von zehn wie hypnotisiert auf ihr Handy starren. Daher ist die zunehmende Denaturierung auch eine Folge der Digitalisierung, die historisch dynamisch in atemberaubender Geschwindigkeit und Beschleunigung voranschreitet, während unsere seelische Entwicklung eher regrediert. Wir sind immer mehr Sklaven der Technik, aber merken es immer weniger. Wir sind blind wie in Platons Höhle und halten unsere virtuellen Scheinwelten für die Wirklichkeit. Wir machen uns abhängig von der Zahl unserer Likes, Views und Follower. Besonders Jugendliche leiden unter der Sucht, permanent chatten und whatsappen zu müssen, um „up to date" zu bleiben. Sie können gar nicht mehr zur Ruhe kommen. Der Philosoph Alexander Grau sieht in der Total-Digitalisierung ein „Krebsgeschwür", das sich rasant durch alle Lebensbereiche frisst (SPIEGEL vom 9.9.2022).

Was können wir als Erwachsene oder Eltern tun?

Vorbild sein! Wir sollten uns nicht über unsere Kinder beschweren, wenn wir unser eigenes Suchtverhalten nicht ändern. Wenn Erwachsene keine Entzugserscheinungen haben, sondern neue Lebensqualität erfahren, bleibt das Vorleben nicht ohne Wirkung. Natürlich wäre auch Aufklärung über viele weitere negative Begleiterscheinungen der Technik wichtig. Die Digitalisierung führt zu einem exzessiven Energieverbrauch. Sie kann zu einem enthemmten Sozialverhalten wie Shitstorms führen, zu Amokläufen bei ausschließlicher Sozialisation mit Gewaltvideos sowie zu einem extrem gefühlsarmen Sexualverhalten nach jahrelangem Konsum von Pornovideos. Die Indoktrination mit aggressiven Werbeinhalten, die uns täglich über den Bildschirm flimmern, ist vielen Menschen nicht bewusst. Letztlich sorgt die gigantische Vergnügungsindustrie dafür, uns abzulenken und zu zerstreuen. Unsere schöne neue Technik erzeugt nebenbei jede Menge Sondermüll. Den Sinn des Lebens können uns Siri & Co. sicher nicht verraten. Statt täglich auf kalten Geräten zu tippen, sollten wir uns wieder mit Wärme berühren.

Ein hilfreiches Leitbild auch für die Erziehung?

Nach allem, was wir entwicklungspsychologisch wissen, wäre es an der Zeit, unseren Umgang mit Kindern zu humanisieren. Hier ist Bindung noch wichtiger als Bildung – wie die pränatale Psychologie belegt, fängt sie schon im Mutterleib an, wo sich jedes Kind nur wünschen kann, erwünscht und entspannt zu wachsen, ohne abgetrieben zu werden. Dieses Urvertrauen sollte natürlich auch postnatal genährt werden, vor allem durch die Liebe und Präsenz von Mutter und Vater als biologische Erzeuger.

Das setzt voraus, dass sich Eltern gut verstehen und ihre Kinder wirklich lieben, oder?

Genau. Entscheidend ist die Liebesfähigkeit, zu der jeder Elternteil zu sich selbst, zu Partner und Partnerin sowie zu den eigenen Kindern in der Lage ist. Ein Schlüssel liegt sicher im Verhältnis der Geschlechter untereinander. Das scheint insbesondere hierzulande heute tiefgreifend gestört – ein Grund, warum unsere Gesellschaft so kinderfeindlich ist, wie internationale Studien und alltägliche Beobachtungen immer wieder offenbaren.

Wie zeigen sich diese Dissonanzen?

In den letzten 50 Jahren haben sich die Scheidungsraten vervielfacht – die Chance einer Scheidung liegt inzwischen bei etwa 40 Prozent. Neben dem Rückgang der Bindungsfähigkeit, wozu auch Heilserwartungen beitragen, die mit der digitalen Partnerwahl beflügelt werden, wenn wir bei mangelnder Perfektion eines Partners jederzeit Hunderte neuer Kandidaten auf dem Tablet serviert bekommen, wird der Umgang zwischen den Geschlechtern aggressiver. Statt Gemeinsamkeiten und auch Unterschiede zu würdigen, dominiert gesellschaftlich vielerorts der Kampfmodus, der viele Menschen verunsichert. Nach der Gender-Ideologie ist das natürliche Geschlecht ein Konstrukt, wobei die Zahl der Geschlechter nach oben offen zu sein scheint; angeblich soll sie bis zu sechs Dutzend umfassen. Obwohl die Biologie und Mehrheit der Bevölkerung das anders sehen, überwacht eine Sprachpolizei unser Denken – ein falsches Wort kann leicht zum Ausschluss aus der Gesellschaft führen. Diese Art von diktatorischer Politik, die sich bei diversen Themen immer öfter zeigt, ist sehr gefährlich. Hier sollten wir uns an Philosophen wie Kant und Popper erinnern, die für eine mündige und offene Gesellschaft ohne geistige Bevormundung plädierten.

Tangiert der Gedanke auch unser Bildungssystem?

In der Tat hat sich unser Bildungssystem weniger verändert als viele andere Bereiche in der Gesellschaft. Dabei gehört Bildung zu den wichtigsten Fragen der Zukunft. Mündige Bildung sollte junge Menschen dabei unterstützen, sich zu selbstständigen, qualitativ querdenkenden und kreativ-innovativen Persönlichkeiten zu entwickeln, wobei auch ethische und spirituelle Schlüsselkompetenzen intensiv gefördert werden.

Was bedeutet dieser pädagogische Ansatz für die Auswahl der Methoden und Inhalte?

Bei sinkender Halbwertszeit des Wissens macht ein Auswendig- und „Bulimie"-Lernen, bei dem alte Lerninhalte so schnell wieder aus dem Gedächtnis verschwinden, wie sie hineingekommen sind, immer weniger Sinn. Bildung lässt sich nicht downloaden. Alternative Bildung sollte viel mehr aktiven Raum und Zeit für die Themen geben, die junge Menschen heute bewegt und die sie auf ihr Leben in der Zukunft vorbereiten.

Um welche Zukunftsthemen geht es heute?

Die alles überragende Frage lautet, ob wir willens und fähig sind, unseren Kindern und Kindeskindern noch eine lebenswerte Erde zu schenken. Der australische Biologe Tim Flannery prognostizierte bereits vor einigen Jahren, dass die globale Klimakatastrophe, in die wir mit Vollgas unterwegs sind, in den kommenden Jahren alle anderen Themen in den Schatten stellen wird, weil sie zum einzigen Thema wird. Ähnlich artikulierte es Professor Hans Joachim Schellnhuber, ein weltweit führender Klimaforscher, Gründer des Potsdam-Instituts für Klimafolgenforschung und Entdecker der irreversiblen „Tipping Points" mit seiner Prognose: „Ich sage Ihnen, dass wir unsere Kinder in einen globalen Schulbus hineinschieben, der mit 98 % Wahrscheinlichkeit tödlich verunglückt." SOS!

Wie konnte es dazu kommen?

Die Frage nach Ursachen ist entscheidend, sofern wir an die Restwahrscheinlichkeit glauben wollen, dass es noch Hoffnung gibt. Ich sehe die Ursachen vor allem in einem kranken Wertesystem ohne spirituelle Wurzeln, das zu der Hybris führt, mit der wir Menschen Gott spielen.

Das gefährlichste Virus auf der Erde ist der selbsternannte Homo sapiens – so würden es wohl fast alle anderen Lebewesen sehen. Historisch setzte die zerstörerische

Entwicklung mit dem Beginn der modernen Naturwissenschaften ein. Die Natur wurde nicht mehr als heilig respektiert, sondern nur noch als ein Ding gesehen, das wir gewissenlos ausbeuten können. Seit mehr als 50 Jahren sind die natürlichen Grenzen des Wachstums bekannt, und trotz zahlreicher Klimakonferenzen hat sich die Umweltzerstörung seither potenziert. Die Hälfte des Kohlendioxids, das die Menschheit bisher verpulvert hat, wurde sogar erst seit den 1990er-Jahren, also mit Beginn der Globalisierung, produziert. Wenn wir so weitermachen wie bisher, werden weite Teile der Erde unbewohnbar, was zu gigantischen Flüchtlingsbewegungen führen wird – mit immer weniger Orten, zu denen es sich zu flüchten lohnt. Die Erde hat schon heute hohes Fieber, und spätestens dann, wenn ihre Gradzahl unsere Körpertemperatur übersteigt, drohen wir Menschen zu kollabieren. Ein Jahr mit Temperaturrekorden jagt das nächste, doch wir fliegen immer weiter. Verzicht gilt als Tabu. Die tiefere Ursache liegt also in unserem grenzenlosen Größenwahn. Zwar gab es diese Krankheit schon in der Antike, doch damals konnte der Mensch noch nicht ganz so viel anrichten.

Was tun?

Wie wir anders leben müssen, wenn uns nachfolgende Generationen nicht gleichgültig sind, ist allseits bekannt, auch wenn wir es nicht gerne hören: Radikale Veränderungen in unserem Lebensstil! Besonders wirksam wären eine Energiewende – weg von fossilen hin zu regenerativen Energiequellen; eine Ernährungswende – weg vom Fleischkonsum hin zu einer pflanzlichen Ernährung, die viel gesünder ist, sowie eine Mobilitätswende – weg vom Auto- und Flugverkehr hin zu Bahn, Fahrrad und sich zu Fuß weiterbewegen. – Also Entschleunigung, quasi „back to the roots" und zu einer natürlichen Lebensweise. Das ist gar nicht so utopisch wie es scheint, denn während der Corona-Pandemie kam der Flugverkehr fast zum Erliegen und 2020 sanken die Emissionen weltweit um 7 %. Würden wir das jedes Jahr schaffen, wären unsere Klimaziele noch zu erreichen. Auch Autofahren ist „heilbar".

Warum setzen wir nicht um, was wir wissen?

Diese Frage sollte sich jeder Mensch stellen – ob Politiker, Manager oder Bürger. Nach meinen eigenen Forschungen fehlt es noch immer am Ernstfallbewusstsein, um ein ökologisches Gewissen als wichtigste Schlüsselkompetenz des 21. Jahrhunderts entwickeln zu können. Dann würden wir vielleicht Urlaub an der Nord- und Ostsee statt in der Südsee machen. Entscheidend für alle praktischen Lebensentscheidungen wäre eine neue Ehrfurcht vor dem Leben, wie sie einst Albert Schweitzer postulierte.

Ist das nicht letztlich auch eine moralische Frage?

Absolut! Wir verhalten uns unmoralisch gegenwartsbesessen und zukunftsvergessen. Wer hier aber mahnt, macht sich natürlich unbeliebt. Dabei ginge ein natürliches Leben – im Einklang mit der Natur – sogar mit einem erhöhten Wohlbefinden einher, was die Positive Psychologie bestätigen kann. Dass das Thema in den letzten Jahren – zumindest temporär – überhaupt wieder auf der politischen Agenda stand, verdanken wir allen voran Greta Thunberg, einem Teenager. Dafür erhielt sie Morddrohungen. Gott sei Dank ließ sie sich davon weder einschüchtern noch abhalten, uns den Spiegel vorzuhalten. Auch die Protestaktionen der „Letzten Generation" sind ein stummer Schrei, vor dem ich großen Respekt habe, denn sie machen sich freiwillig bei vielen Autofahrern unbeliebt, die sehr wütend werden, wenn sie entschleunigen, bremsen und nachdenken müssen.

Warum brauchen wir auch spirituelle Schlüsselkompetenzen zum Überleben?

Wir haben gesehen, dass unsere modernen Ersatzreligionen höchst problematisch sind. Zu ihnen gehörten im 20. Jahrhundert der Nationalsozialismus und der Kommunismus. Im 21. Jahrhundert sind es die Religion des Selbst, die um das eigene Ego kreist; die Religion des Geldes, die zu Geiz und Gier führt; die Religion der Gesundheit, die im Zweifel auch Lebensmittel vom anderen Ende der Welt bevorzugt, sofern sie „Bio" sind, um den Körper und die Figur und nicht die Seele und die Erde zu retten; oder die Religion der Technik, die immer inhumaner und zerstörerischer wirkt, ohne dass wir es merken. Traditionelle Religionen hingegen vergessen wir hier immer mehr.

Ist es nach den Missbrauchsskandalen der letzten Jahre verwunderlich, dass immer mehr Menschen aus der Kirche austreten?

Nein, es ist jedoch nicht der einzige Grund. Der moderne Mensch glaubt immer öfter, Gott nicht mehr zu brauchen. Aber damit verliert er leider auch seinen Halt im Leben, was er oft erst merkt, wenn die Todesstunde naht. Doch dieses Phänomen ist eher ein Problem unserer reichen Überflussgesellschaften, denn weltweit glauben die meisten Menschen und auch viele Philosophen eher an Gott als an die Technik oder sich selbst.

Wie kann uns der Glaube helfen, in der Welt von heute zu leben?

Er kann uns die Orientierung geben, die wir brauchen. Er erinnert uns daran, dass wir uns nicht selbst geschaffen haben. Er öffnet die Augen für das Wunder des Lebens und unsere Aufgabe, die Schöpfung zu bewahren. Letztlich macht er uns bewusst, dass wir sterbliche Wesen sind. Im „memento mori" liegt für mich der Schlüssel, um anders zu leben. Wenn ich daran glaube, dass ich mich eines Tages für mein Leben verantworten muss, dann folge ich meinem Gewissen, um entsprechend zu leben – in der Hoffnung und im guten Glauben, dass es eine Kraft gibt, die uns transzendiert. Zu der Antwort komme ich jedenfalls, wenn ich die Bibel lese. Und wenn wir uns dann die Welt von heute anschauen, können wir erahnen, dass wir möglicherweise in der Endzeit leben, die dort vor über 2.000 Jahren prophezeit wurde, denn alles können wir heute erleben.

Zum Beispiel?

Zum Beispiel Kriege, Hunger, Erdbeben, Sturmfluten, Überschwemmungen, Seuchen, Pandemien, Terror, Verfolgung, Dekadenz, Selbstsucht und ein Abfall vom Glauben.

Sind das Themen der Positiven Psychologie?

Positiv heißt, sehen, was ist, statt es mittels einer rosaroten Brille zu verdrängen.

Sind die Entwicklungen nicht erschreckend?

Sie machen mich sehr traurig. Gleichzeitig denke ich, dass uns diese Prophezeiungen für die wirklich wichtigen Dinge im Leben sensibilisieren – allen voran für die Liebe. Mit seiner Bergpredigt hat uns Jesus eine Ethik hinterlassen und sie selbst vorgelebt.

Was kann Life Coaching in diesem Sinne bedeuten?

Life Coaching heißt in der Praxis: Wir stehen täglich vor neuen Herausforderungen und müssen Entscheidungen treffen. Ich persönlich erlebe Gott als besten Coach aller Zeiten.

Was ist deine finale Botschaft, um anders zu leben?

Lebe dankbar, kritisch, liebevoll, nachhaltig, sozial, verantwortungsvoll und weise – im Wissen, dass das Leben auf der Erde endlich ist. Tanze jeden Tag so, als wenn es dein letzter wäre. Und spüre den Segen, auf alles Überflüssige verzichten zu können.

Zum Schluss stellt sich noch die praktische Frage: Was tust du, um anders zu leben?

Ich rauche nicht, trinke keinen Alkohol und bin Vegetarier. Ich habe kein Auto und meinen Führerschein schon vor vielen Jahrzehnten entsorgt. Und ich lebe glücklich ohne Handy und Smartphone. Ich liebe es, mich in der Natur zu bewegen sowie mit Menschen von Angesicht zu Angesicht zu kommunizieren, um gemeinsam leuchten und lieben zu können.

5.2 Epilog der Autorin

> *„Willst du dein Land verändern, verändere deine Stadt!*
> *Willst du deine Stadt verändern, verändere deine Straße!*
> *Willst du deine Straße verändern, verändere dein Haus!*
> *Willst du dein Haus verändern, verändere dich selbst!"*
> (Arabisches Sprichwort)

Lassen sich Life Coaching, Achtsamkeit und Positive Psychologie zu einer Synthese vereinen?

Der zeitliche Dreiklang, mit dem Vergangenheitsfokus der Positiven Psychologie, dem Gegenwartsfokus der Achtsamkeit und mit dem Life Coaching als zukunftsweisende und zum Anders-leben anleitende Disziplin, ist eine gelungene Synthese. In ihr werden die essenziellen Lehren zusammengeführt und können doch unabhängig voneinander im zeitlichen Hintereinander existieren.

Ist es nötig, Buddhist zu sein, um Achtsamkeit zu praktizieren?

Das befreiende an der Achtsamkeitsphilosophie ist ihre Toleranz. Um achtsam zu leben ist es nicht erforderlich, irgendeiner Glaubensgemeinschaft anzugehören. Skeptiker, Agnostiker und Atheisten sind ebenso willkommen wie Gläubige aller Religionen. Achtsamkeit erfordert keinen Glauben, da ihre Prinzipien rein logisch-naturwissenschaftlich aufgebaut und ihre Gleichnisse so einfach beschrieben sind, dass die meisten Menschen sie verstehen können.

Ist Achtsamkeit gebunden an die Lehren des Morgenlandes?

Da die Achtsamkeitsphilosophie auf vedischen Schriften gründet, werden häufig Zitate Buddhas herangezogen, um die Prinzipien der Achtsamkeit zu veranschaulichen. Bei genauerem Hinsehen lassen sich diese Prinzipien zugleich weltweit und über geschichtliche Epochen hinweg wiederfinden. Allein die Worte, die zur Beschreibung der Achtsamkeitsprinzipien gewählt wurden, unterscheiden sich. Sie reflektieren die Persönlichkeit und den Zeitgeist ihrer Verfasser.

Erst kürzlich machte mich mein Sohn, zu dessen Lieblingsfächern auch die Philosophie gehört, darauf aufmerksam, dass eine These des Heraklits im Grunde eine andere Beschreibung für die Vergänglichkeit und Einzigartigkeit eines jeden Augenblicks sei. Aus seiner Sicht sei sie deshalb eng mit der Achtsamkeitslehre verwandt.

Am Tempel von Delphi soll Heraklit gesagt haben, dass es unmöglich sei, zweimal in denselben Fluss zu steigen oder eine vergängliche Substanz, die ihrer Beschaffenheit nach dieselbe bleibt, zweimal zu berühren. Sie werde mit ungestümer Schnelligkeit zerstreut und vereinige sich wieder; sie komme und gehe.

Tatsächlich kann diese abendländische Perspektive als direkte Parallele zu den morgenländischen Lehren der Achtsamkeit verstanden werden. Hier findet sich ebenfalls die Argumentation, dass jeder Moment einzigartig und vergänglich ist, genauso wie jeder Kuss. Das gilt selbst dann, wenn dieselben Menschen einander am selben Ort binnen Millisekunden mehrmals küssen.

Das Morgenland erhebt keinen Exklusivanspruch auf die Lehren der Achtsamkeit. Ihre Erkenntnisse waren wahrscheinlich zu allen Zeiten und überall vorzufinden, wenngleich viele Quellen inzwischen nicht mehr existieren und die Lehren, die überliefert worden sind, zeit- und ortsabhängig sprachlich variieren.

Dieser klare Schulterschluss zwischen morgenländischer und – siehe das Beispiel Heraklit – abendländischer Achtsamkeit verdeutlicht auch, wie hervorragend die philosophische Unterdisziplin des Life Coachings zur Prinzipienwelt der Achtsamkeit passt.

Meine ersten Achtsamkeitstrainings habe ich übrigens mehrere Jahre lang am Erfurter Augustinerkloster gegeben, dem Kloster, in dem Martin Luther zum Mönch geweiht wurde. Mein persönlicher Supervisor in Oxford war Prof. Mark Williams, der nicht nur Klinischer Psychologe und einer der führenden Koryphäen der westlichen Achtsamkeitsbewegung ist, sondern zugleich ordinierter Priester der Church of England. Diese Beispiele verdeutlichen, dass Christentum und buddhistische Achtsamkeitsphilosophie sehr gut miteinander vereinbar sind. Analoge Beispiele gibt es für die Vereinbarkeit von Achtsamkeit mit anderen Weltreligionen, nicht glaubensgebundener Spiritualität und einer rein naturwissenschaftlichen Weltsicht.

Ist Achtsamkeit selbstgenügsam?

Die Achtsamkeit benötigt weder Vergangenheit noch Zukunft, sondern lebt von Moment zu Moment des Jetzt. Sie genügt sich selbst. Sie hadert sogar mit der übertrieben positivistischen Auslegung der Positiven Psychologie, die sich in den letzten Jahren immer mehr durchsetzt. Mit den Augen der Achtsamkeitspsychologie betrachtet bleiben Schicksalsschläge, Kriege und Krankheiten schmerzhafte Lebenserfahrungen. Der achtsame Umgang mit ihnen und die Fähigkeit loszulassen lindern den Schmerz und fördern ihre Erträglichkeit, ohne Schmerz und Leid schön zu reden, wie es sich die moderne Positive Psychologie immer häufiger anschickt.

Als ressourcenorientierte Psychologin betone ich selbstverständlich, wie es die Positivpsychologen tun, den Wert eines Lernens aus der Krise und den Nutzen von Bewältigungsstrategien, sogenannten Coping-Skills, die Menschen erlernt haben, indem sie in belastenden Phasen ihres Lebens Fähigkeiten der Distanzierung und Psychohygiene kultivierten. Mir liegt es jedoch fern, die emotionale Wucht belastender Lebenskrisen zu glorifizieren oder zu bagatellisieren.

Nicht perfekt sein, Egozentrizität sowie Furcht vor Veränderung und Risiko gehören zum Menschsein dazu. Und trotz allem können wir zum Messias werden, indem wir anders leben?

Ich befürworte den Weg der kleinen Schritte. Zu einem Messias zu werden ist eine viel zu große Herausforderung. Jesus ist für mich auch weniger ein zum Menschen gewordener Gott mit Superkräften, sondern er steht stellvertretend für all die Menschen, die für Gutes einstehen und positive Zeichen der Menschlichkeit setzen. Das kann jeder auf die eine oder andere Art, manche mit einer größeren, andere mit einer geringeren Risikobereitschaft. In der Summe zählt jeder noch so kleine Beitrag.

Es gibt Menschen, die ihr Leben riskieren, wie der 25-Jährige, der am 27. August 2022 ausgerechnet in der „bunten" Studentenstadt Münster beim Christopher Street Day zu Tode kam, als er bei einer Anfeindung schlichten wollte. Andere tragen mit weniger Risiko zu Veränderungen bei, indem sie Eltern zur Rede stellen, die ihre Kinder auf der Straße ohrfeigen; Mitschülern oder Kollegen beistehen, die in der Schule oder bei der Arbeit gemobbt werden oder anzeigen, wenn Tiere gequält oder im Nachbarhaus Menschen geschlagen werden.

Seinen Nächsten zu lieben und auch den, der am weitesten von einem entfernt ist, ist ebenso eine Kernbotschaft der Achtsamkeitsphilosophie, wie es die Liebe zu Gott ist. Nur wird Gott nicht als richtende Eminenz gesehen, sondern als das Göttliche in Form einer universellen Kraft, die in jedem Wesen lebt, egal ob Mensch, Tier oder Pflanze.

Selbstverständlich fällt es leichter, Nächstenliebe und selbstlose Achtsamkeit gegenüber Mitmenschen zu praktizieren, solange das eigene Ich nichts entbehren muss. Kürzlich wollte ich im Stadion ein besonderes Fußballspiel sehen und auf dem Weg dorthin staute sich der Verkehr. An den Schals war zu erkennen, welche Fahrer zu welchem Verein gehörten, und die meisten erlaubten ihren Mitfans zunächst großmütig und mit einem Lächeln der Verbundenheit, vor ihnen in die Spur zu wechseln – als noch genügend Zeit bis Spielbeginn verblieb. Ohne Ankündigung waren jedoch mehrere große Parkplätze gesperrt worden und deshalb gab es immer noch Staus, als das Spiel bereits begonnen hatte. Plötzlich wandelte sich das Verhalten und dieselben, eben noch freundlichen Fans mutierten zu hupenden, schimpfenden Wutfans, die sich so platzierten, dass ihre Mitfans keine Chance hatten, sich einzureihen, da klar war, dass es nicht ausreichend Parkplätze für alle gab. Das ist die menschliche Natur.

So wie Gärten, unsere achtsamkeitsbasierte Hauptmetapher, zunächst mit kaum sichtbaren Samen bepflanzt werden, aus denen Größeres erwachsen kann, kannst auch du mit kleinen Mikromomenten der Achtsamkeit beginnen und damit erste Samen säen. Das wurde mir neulich in einem ganz unscheinbaren Moment bewusst. Ich fuhr früh morgens aus dem siebten Untergeschoss eines betongrauen Parkhauses in Schlangenbewegungen aufwärts, bis ich endlich den Ausgang und das natürliche Licht des Morgens sehen konnte. Ich senkte mein Fenster, um die Parkkarte an den Sensor der Ausgangsschranke zu halten. Zeitgleich fuhr ein Mann auf der Gegenseite in die Tiefgarage und zog parallel sein Ticket. Wir kannten uns nicht. Es war kein Flirt. Ich könnte ihn nicht in Gänze beschreiben, nur den Ausdruck des Lächelns, das sein gesamtes Gesicht überstrahlte, als sich unsere Augen trafen und wir einander einen kurzen, intensiven Moment menschlicher, kontaktloser Berührung schenkten. Wann möchtest du das nächste Mal einem Fremden ein Lächeln schenken?

Wie könnte ein „Anders leben light!" aussehen?

In der weiten Welt der Achtsamkeit gibt es selbstverständlich viele Menschen, die ihrem bisherigen Leben abgeschworen und sich vollends auf einen spirituellen Pfad begeben haben, auf dem sie weniger von den Eitelkeiten der materiellen Welt abgelenkt werden. Buddhistische und hinduistische Mönche, die zölibatär und zurückgezogen in der Natur leben, ohne Auto, ohne ein Streben nach beruflichem Erfolg, einer Weitervererbung ihrer Gene oder dem Wunsch nach einem gestylten Zuhause oder einem vollen Kleiderschrank, leben gänzlich anders als der Mainstream unserer Gesellschaft.

Doch ist es wirklich erforderlich, diesen großen Lebenswandel zu vollziehen oder genügt es auch, im Kleinen das eigene Leben neu zu justieren?

Ich wohne in einem schönen Zuhause, sogar in einem der, wie ich finde, schönsten Häuser des Dorfes. Es ist meine Passion, es individuell zu dekorieren und ihm eine persönliche Note zu verleihen. Ich fahre – soweit es die Verkehrslage erlaubt, gern schnell – Auto (sogar mehrere), jedoch nie ziellos. Geflogen bin ich seit einigen Jahren nicht mehr. Ist der Verkehr sicher, genieße ich es, Fahrrad zu fahren, besonders in der Natur. Am liebsten bewege ich mich auf dem Rücken der Pferde fort.

Meine Gene habe ich an zwei Kinder weitergegeben, denen ich versuche, Überlebensskills in einer Ellenbogengesellschaft und zugleich eine Sensibilität für Menschlichkeit und Nächstenliebe mit auf den Lebensweg zu geben.

Mein Kleiderschrank ist übervoll mit schöner Kleidung. Wahrscheinlich habe ich sogar mehr Schuhe als Carry Bradshaw in *Sex and the City*. Hieran erfreue ich mich, und gleichzeitig weiß ich, dass es eine vorübergehende, unbedeutende Freude ist, nichts Wesentliches. Die bunten Kleidungsstücke verleihen regnerischen Tagen Farbe. Die Hälfte davon hing vorher ungenutzt oder vorgebraucht in fremden Schränken. So freuen sich die vorherigen Eigentümer über etwas Geld im Portemonnaie und ich biete ungeliebten Einzelstücken eine neue Verwendung, ohne dass für mich neu produziert werden muss.

An meinen Wänden hingen nie, hängen auch jetzt nicht und werden auch in Zukunft nicht Poster von Greta Thunberg hängen und ich habe noch nie an einer Demonstration teilgenommen. Zugleich sind mir Ehrlichkeit und eine klare, authentische Haltung wichtig, weshalb ich mich wiederholt, auch zum eigenen Nachteil, für Gerechtigkeit eingesetzt habe. Obwohl – oder gerade – weil ich Halbinderin bin, pflege ich auch keinen Personenkult um Gandhi, der als Friedenspropagandist verehrt, jedoch aufgrund seines Beitrags zur Teilung Indiens nicht nur idealisiert wird. Nichtsdestotrotz liebe ich die Natur und treffe deshalb jede Entscheidung abwägend und achtsam im Sinne von Ökologie und Weltfrieden.

Um ethisch zu leben, benötige ich weder eine Kirche noch einen Tempel, wobei ich beide gern besuche. Stattdessen bin ich bemüht, einen Hauch von Spiritualität in jeden Lebensmoment einfließen zu lassen, jede Lebensentscheidung daraufhin zu prüfen, was sie beim abendlichen Blick in den Spiegel auslösen wird.

Da wir nicht alle Vorzeigebuddhisten oder Vorzeigechristen sein können, ist es für mich tolerabel, beruflichen Erfolg als untergeordnetes Lebensziel anzustreben, solange dieser Erfolg nicht auf Kosten anderer geht, sondern zeitgleich Gutes bewirkt – insbesondere für diejenigen, die bedürftig oder chancenloser sind. Deshalb bin ich Psychologin geworden. Als Psychotherapeutin und Traumatologin konnte ich Menschen dabei begleiten, ihre Traumata zu bewältigen. Als Managing Consultant kann ich Führungskräfte rekrutieren, die neben wirtschaftswissenschaftlichen Kenntnissen auch über Soft- und People-Skills verfügen, um gesunde Unternehmen im Sinne einer positive governance zu führen. Als Matchmakerin kann ich Menschen zusammenführen, die auch innerlich schön sind und einander positiv inspirieren.

Da für meinen Genuss andere Wesen nicht leiden sollen, bin ich seit dem sechzehnten Lebensjahr – ich war damals mehrere Stunden auf einer Fähre neben einem Viehtransporter eingepfercht – überzeugte Vegetarierin. Dabei gab es damals noch keine vegetarischen Alternativen auf den Speisekarten der Restaurants oder Unterabteilungen für fleischlose Lebensmittel in den Supermärkten. Für andere bereite ich Fleisch zu, solange es eine gute Haltungsstufe ausweist. Ich setzte mich für Tierwohl ein und gehöre zu den wenigen Menschen, die noch anhalten, wenn ich auf der Straße ein angefahrenes Tier sehe, während andere daran vorbei- oder sogar darüberfahren.

Ich meide Fastfood, kaufe regionale Lebensmittel und esse die Ernte des eigenen Biogartens. Wenn mir danach ist, trinke ich einen Signature Drink wie Aperol Spritz, Lillet Wild Berry oder in der kalten Winterzeit einen staubtrockenen französischen Rotwein, jedoch nie so viel, dass der Alkohol meine Sinne beeinträchtigen würde.

Mit den Worten der Achtsamkeit gesprochen ist es sinnvoller, überhaupt einen eigenen Garten zu kultivieren, als ihn entweder perfektionieren zu wollen oder ihn einfach sich selbst und unkontrollierten Wucherungsprozessen zu überlassen. Wäre die Achtsamkeit eine Person, ginge sie insofern auch mit einer ernst gemeinten Lightversion d'accord.

Dass meine „Anders-leben-Lightversion" der richtige Lebensweg ist, maße ich mir nicht an. Es ist mein Weg und es liegt an dir, deinen ganz persönlichen Lebensweg zu finden, ob light, medium oder rigoros!

6. | Finale im Dialog

Sven: Hallo Alina, wie geht es dir am heutigen 3. Oktober, dem „Tag der Einheit"?

Alina: *Guten Morgen Sven. Ich bin heute mit drei zentralen Fragen aufgewacht.*
1. *Wie viele Menschen in Deutschland feiern tatsächlich die Wiedervereinigung Deutschlands und wie viele freuen sich nur über einen arbeitsfreien Tag?*
2. *Weshalb wird medial hauptsächlich auf die Unterschiede zwischen den alten und den neuen Bundesländern abgestellt und damit gespalten, anstatt Gemeinsames zu betonen und die Individualität von Menschen über Landes- und Bundesgrenzen hinaus? Jeder Mensch ist einzigartig, auch dann, wenn Menschen in demselben Bundesland leben.*
3. *Dabei reflektiere ich, dass ich 1989 zum Zeitpunkt der Wiedervereinigung Schülerin war, die keinerlei Interesse an den neuen Bundesländern hatte, weil ich dort keine Verwandten, aber dafür einige gesellschaftlich induzierte Vorurteile hatte. Nachdem ich schicksalhaft selbst für 16 Jahre zur Wahl-Erfurterin wurde, hat sich durch das tatsächliche Erleben einiges in meiner Perspektive gewandelt. Ich gehöre zu beiden Welten. So beschäftige ich mich gerade mit der Frage, wie ich den heutigen Tag als „Wossi" anders erlebe als die, die ich gewesen wäre ohne meine Lebenserfahrung in Thüringen.*

Was bedeutet der heutige Tag für dich als Berliner?

Sven: Vielen Dank für deine spannenden Reflexionen. Ich finde es bemerkenswert, welchen Gedankenreichtum meine Eingangsfrage bei dir auslöst. Obwohl wir heute als wiedervereintes Land schon unseren 32. Geburtstag feiern, trage ich als Berliner meine Erinnerung an die Geburt noch sehr lebendig in mir. Ich war im Herbst 1989 junger Psychologiestudent und wunderte mich am 9. November, dass ich fast der einzige Gast auf einer Studentenparty war, zu der normalerweise Hunderte kamen. Internet gab es damals noch nicht und so ging ich an dem Abend früh schlafen. Erst am nächsten Morgen hörte ich, dass die Menschen auf der Mauer tanzten und radelte in die Stadt. Es waren für mich bewegende Szenen, obwohl ich als „Wessi" noch keinen „Ossi" kannte. Das änderte sich sehr schnell, auch durch gemeinsame Projekte wie die Forschungsstudie „Jugend im vereinten Berlin", wo sich Wissenschaftler aus Ost und West begegneten und wir Schüler aus beiden Teilen der Stadt befragten. So begann für beide Seiten durch das Verstehen der anderen Sicht ein neues Leben mit einer erweiterten Perspektive. So ähnlich nehme ich auch unseren Austausch wahr.

Auch jedes Coaching-Gespräch beginne ich mit der Frage „Wie geht's?", jedoch nicht im weitverbreiteten Cocktail-Party-Stil als rhetorische Frage mit der auch in manchen PP-Kreisen vorprogrammierten Antwort „Dir geht's großartig und mir natürlich auch". Mir geht es um eine ehrliche Antwort. Und die ist heute eigentlich immer ambivalent: Einerseits geht es mir sehr gut, wenn ich gesund bin und in einer Gesellschaft mit dem höchsten Lebensstandard aller Zeiten lebe, mit gefühlt 20 Apfelsorten im Supermarkt. Andererseits bin ich auch ein sensibler Mensch, der mit offenen Augen die Welt sieht, in der wir leben. Und dann werde ich sehr melancholisch, weil ich mich frage, was für eine Welt wir unseren Kindern hinterlassen. Ganz aktuell erlebe ich auch einen geistig offenbar kranken und kriminellen Massenmörder am Atomknopf, der unsere Welt in die Luft zu sprengen droht. Wenn er den Knopf jetzt drücken würde, dann wäre auch das wiedervereinigte Berlin in 106 Sekunden Geschichte. Das finde ich beunruhigend.

ALINA: *Dein Empfinden bezüglich der Frage „Wie geht es dir?" kann ich gut nachvollziehen, gehe aber anders damit um. Gerade weil sie zu einer rhetorischen Frage mutiert ist und die fragende Person in der Regel gar nicht wirklich wissen will, wie es der befragten Person geht, habe ich diese floskelhafte Frage komplett aus meinem Sprachrepertoire gestrichen. Eine Zeit lang habe ich ein kleines Reaktionsexperiment betrieben und anstatt des erwarteten „Mir geht es gut und dir?" tatsächlich tiefgründiger und differenzierter auf die Frage geantwortet und dabei beobachtet, dass die meisten Fragenden völlig überfordert waren mit einer genuinen Antwort.*

*Die grammatikalische Konstruktion der Frage ist schon merkwürdig. Was ist das **Es** in „Wie geht es dir"? Aus einer achtsamen Perspektive heraus wäre es sinnvoller zu fragen: „Wie gehst du gerade?" und hierdurch die andere Person daran zu erinnern, im Hier und Jetzt achtsam zu gehen und achtsam zu SEIN.*

Wie gehe ich aktuell durchs Leben in dem Bewusstsein, dass ein unberechenbarer Mensch jederzeit den Dritten Weltkrieg auslösen könnte? Ich gehe weiter, so lange ich gehen kann, in dem Bewusstsein, dass jeder Schritt mein letzter sein könnte. Ich wundere mich, wie rein politisch-taktisch entschieden wird, ohne die Psychologie als hier wichtigste Disziplin heranzuziehen. Ob und wann der Atomknopf gedrückt wird, beruht letztendlich auf einer menschlichen Entscheidung und ist damit primär psychologisch. Wie der Machthabende denkt, kognitiv bewertet, in welcher Stimmung er ist und welche Emotionen welche Handlungen bei ihm triggern, das ist entscheidend. Handelt es sich um einen Menschen, der als der Mächtigste in die Geschichte eingehen möchte, dem alters- oder krankheits-

bedingt wenig Lebenszeit bleibt und der sich selbst problemlos irgendwo in Sicherheit bringen kann, erhöht sich das Risiko. Als ich meinen Kindern vom Kalten Krieg erzählte, weil sie hierzu an ihrem Gymnasium kaum etwas erfuhren, hätte ich niemals erwartet, dass sie selbst Teil dieser Geschichtsfortsetzung sein würden und aktuell von der globalen Erwärmung des Kalten Krieges bedroht sind. Was ist jetzt richtig? Was ist weise? Soll ich mit meiner Familie nach Indien auswandern, das wahrscheinlich nicht als erstes beschossen würde, oder, wie die meisten, die reale Akutgefahr verdrängen, indem ich meinen Pflichten und Zerstreuungen des Alltags weiter nachgehe?

Wie gehst du mit deiner Unruhe um? Schließlich ist sie real und keine irrationale Angst, die man verhaltenstherapeutisch bewältigen könnte!

SVEN: Danke für die offenen und persönlichen Ausführungen. Dein Bewusstsein, dass jeder Schritt der letzte sein könnte, teile ich, auch unabhängig vom aktuellen Krieg in Europa. Mir hilft die Weisheit: „Heute ist der erste Tag vom Rest deines Lebens!" Dabei spüre ich einerseits die Bereitschaft, jederzeit zu gehen, als die einzige Sicherheit unseres Lebens, andererseits aber auch eine Aufbruchstimmung, mich auf jeden Tag meines Lebens zu freuen, weil er mir vielleicht auch etwas sagen möchte.

Ich wundere mich immer wieder darüber, wie wenig sich viele Menschen mit Dingen beschäftigen, die über ihr eigenes Leben hinauszugehen scheinen, bzw. wie sprachlos wir oft über solch elementare Ereignisse sind. Vor kurzem habe ich zum Beispiel an über 100 Studierende einen längeren Bericht über einen Teenager aus der Ukraine gemailt, der seine gesamte Familie im Krieg verloren hat, und meine Betroffenheit darüber mitgeteilt. Es gab lediglich eine Studentin, die darauf reagierte, da sie die Lektüre stark bewegte. Lesen scheint sowieso nicht mehr „in" zu sein. Manche Studenten beschweren sich mit dem Satz: „Wenn ich für ein Studium Geld zahle, will ich keine Texte lesen müssen."

Andere Studentinnen beschweren sich, wenn sie in Prüfungen die Note „gut" erhalten. Mündigkeit ist bei einigen Menschen nur spürbar, wenn sie um das eigene Ego kreist. Ähnliche Sprachlosigkeiten, gepaart mit einer unpolitischen Grundhaltung, erlebe ich auch bei anderen Themen wie der Klimakatastrophe, für die Studierende früher auf die Straße gingen. Heute begegnet uns dort vor allem die Generation der Kinder. Dagegen wirken viele Erwachsene – laut dem Philosophen Anders – wie emotionale Analphabeten.

Woher kommt die heute verbreitete Sprach- und Emotionslosigkeit? Eine mögliche Ursache kam mir beim nochmaligen Nachdenken über einige Texte in unserem Buch in den Sinn: Die Digitalisierung stumpft uns ab. Würdest du das ähnlich formulieren? Und falls ja, was können wir dagegen tun?

ALINA: *Lieber Sven, wenngleich es Unterschiede in unseren Perspektiven gibt, treffen sich beim Thema Digitalisierung unsere Sichtweisen. Ich sehe das größte Problem im Suchtcharakter der Digitalisierung und der „ankonditionierten" Abstumpfung. Die meisten von uns sind schon aus schulischen oder beruflichen Gründen dazu „gezwungen", an der Digitalisierung teilzunehmen. Hierdurch strömen so viele Informationen auf uns ein, dass wir nunmehr gezwungen sind, zu selektieren. Die Psyche filtert gnadenlos aus und lässt nur Informationen passieren, die direkt mit dem Empfänger zu tun haben oder spektakulär sind. Internetsuchmaschinen sorgen dafür, dass uns genau das digital zugestellt wird, worauf wir anspringen, aufgearbeitet in einer Art und Weise, dass unsere Wahrnehmung unmittelbar darauf reagiert, ohne dass eine Auswahl durch Reflexion stattfinden kann. Selbst das, was nach dieser Vorauswahl an unser Bewusstsein weitergeleitet wird, ist so überwältigend viel, dass wir nur noch im Scanmodus lesen oder es uns von einer Computerstimme vorlesen lassen. Tiefe und eine Auseinandersetzung mit ego-entfernteren Inhalten wird hierdurch unmöglich. Reales Sozial- und Bindungsverhalten wird verlernt oder gar nicht erst erlernt. Manche Jugendliche kommunizieren über die Sozialen Medien miteinander, sind aber nicht mehr in der Lage, sich auf der Straße zu grüßen, wenn sie sich in vivo begegnen. Die Mediensucht hat neue Diagnosen hervorgebracht und einen ganz neuen Wirtschaftszweig für den Gesundheitsmarkt.*

Die Digitalisierung hat zu einer globalen Sucht geführt und wir sind so abhängig, dass die meisten von uns aus Furcht vor Entzugserscheinungen die psychischen Risiken der Digitalisierung banalisieren oder, wie für Süchtige typisch, darauf verweisen, dann eben später, z.B. im nächsten Urlaub, digital zu detoxen.

In modernen Firmen ist Multitasking eine Tugend. Ich kenne Firmen, in denen jeder mindestens drei technische Geräte zeitgleich bedienen soll. Digital Heros sind dort das Aushängeschild und es wird auf ungefähr 40 verschiedenen Themenkanälen zeitgleich kommuniziert. Wer nicht spätestens binnen einer Stunde antwortet, wird hierfür ermahnt. Die Folge: 24 Stunden online sein, parallel zur eigentlichen Arbeit immer sofort antworten, auf mehreren Kanälen gleichzeitig. Das ist unsere schöne neue Welt im „achtsamkeitskillenden" Multi-Modus!

Es wäre wirklich interessant, wenn Menschen einen typischen Tag auswählen und alles erneut durchlesen würden, was sie an diesem Tag in Chats, auf WhatsApp, in E-Mails und anderen Medien geschrieben und gepostet haben. Wenn sie rückblickend bewerten würden, was hiervon tatsächlich wesentlich und was unnötiger Wortmüll war, überwiegt wahrscheinlich Letzterer. Neben dem vielen Müll, den unsere Gesellschaft in Form von Plastik und Co. produziert, generieren wir massenweise Wort- und Informationsmüll und verlieren den Blick für das Essentielle. Hierdurch mutieren wir zu einer oberflächlichen, egozentrischen Wegwerfgesellschaft. Diese Entwicklung ist so weit fortgeschritten, die Digitalsucht dermaßen globalisiert, dass sie unumkehrbar scheint. Erst dann, wenn die Menschheit daran zu Grunde geht, wird es eine Chance zur Umkehr geben. Erst wenn „analog" kein Schimpfwort mehr sein wird, können sich zukünftige Generationen zurückbesinnen auf ein genuines SEIN – wenn diese Fähigkeit bis dahin evolutionspsychologisch noch nicht ausgestorben sein sollte.

Ich habe herausgelesen, dass du dich nicht nur um den Frieden auf der Welt und den Einfluss der rasant fortschreitenden Globalisierung sorgst, sondern auch darum, wie sich die Positive Psychologie entwickelt. Erzähle mir bitte mehr über diese Sorge!

SVEN: Danke für deine Medienanalyse, der ich grundsätzlich folgen kann. Ich sehe die Positive Psychologie als Chance, für konstruktive Veränderungen zu sensibilisieren – das setzt jedoch ein vertieftes Problembewusstsein voraus, welches ich oft vermisse. Ich kann das gerne an einigen gesellschaftlichen Herausforderungen verdeutlichen.

Das Thema Medien ist, wie gesagt, ein gutes Beispiel. Erst wenn ich die Problematik der Digitalisierung erkenne, kann ich nach Lösungen suchen. Ich werde oft gefragt, wie ich ohne Handy und Smartphone leben kann. Ich kann nicht nur gut ohne diese Geräte leben, es geht mir sogar sehr gut mit dieser Form der Abstinenz. Natürlich muss jeder für sich entscheiden, wie weit er gehen kann. Allerdings ist es mit individualisierten Minimallösungen wie einer digitalen Kurzzeitdiät nicht getan. Wenn es darum geht, unsere Schulen zu verändern, nennen Politiker die Digitalisierung quasi als Allheilmittel. Doch brauchen wir noch mehr Technik? Oder eher neue Fächer – z.B. Achtsamkeit, Medienkompetenz oder Medienfasten – sowie Lehrende, die nachhaltige Werte für die Zukunft vorleben?

Das Thema Vorbilder führt mich auch von der Politik über die Bildung zur Erziehung. Wir brauchen wieder viel mehr positive Vorbilder – Menschen, die für positive Werte stehen und sie auch leben. Menschen, die den Mut haben, ihren Mund aufzumachen – nicht nur anonym in virtuellen Welten und ohne zu kalkulieren, ob sie opportun sind. Ich finde es sehr erschreckend, dass heute in Deutschland die Mehrheit der Menschen das Gefühl hat, ihre Meinung nicht mehr frei äußern zu können, ohne Angst zu haben, dafür Probleme zu bekommen. Eine große Mehrheit will beispielsweise nicht gendern. Sicher war ich auch nicht der einzige Fan von Winnetou, der heute ein Tabu sein soll. Poppers Warnung vor den Feinden einer offenen Gesellschaft sollten wir ernstnehmen.

Die Ausbildung von zukunftsfähigen Persönlichkeiten beginnt letztlich in der Familie. Mütter und Väter sollten Vorbilder sein – ich glaube, dass nicht nur wir beide das als eine intensive Herausforderung in diesen wirren Zeiten erleben. So geht es auch hier erstmal darum, die heutigen Lebenswelten von Kindern zu verstehen, bevor wir über Positive Education nachdenken. Wären Kinder unsere Chefs, würden viele ihre

Eltern möglicherweise feuern, weil diese immer weniger Zeit für ihre Kinder haben. Wir leben in einem Land, in dem Kinder in der öffentlichen Diskussion vor allem als „Karrierekiller" oder „Armutsrisiko" betrachtet werden. Vom größten Geschenk auf Erden und wichtigsten Beruf für unsere Zukunft höre ich in Deutschland selten etwas. So bewundere ich übrigens Eltern, die, wie ihr, schon lange zusammen sind. Bindung vorzuleben verdient das Bundesverdienstkreuz! Denn was wünschen sich Kinder mehr als die Präsenz beider Eltern? Häufig wird sie durch Scheidung stark eingeschränkt. Bekanntlich gehören zur Paarung zwei Personen, zur Trennung jedoch nur eine, wenn nämlich ein Part beschließt, eigene Wege zu gehen. An Kinder denken Erwachsene oft zuletzt, wenn sie vor allem mit sich selbst beschäftigt sind. So wählte ich notgedrungen den Weg als quasi alleinerziehender Vater im Wechselmodell, um für zwei Kleinkinder weiterhin zu 50 % präsent zu sein. Für die Konsequenz, die berufliche Karriere auf einen Halbtagsjob zu beschränken, wurde ich als Mann vielerorts verspottet. Doch heute darf ich eine tiefe Beziehung zu meinen fast erwachsenen Kindern genießen.

Als letztes Beispiel für viel Luft nach oben seitens der Positiven Psychologie möchte ich noch mein „Lieblingsthema" Klima nennen, welches ich auch sehr lehrreich finde. Als Zukunftsforscher sehe ich, anders als der Mainstream, „anders leben" nicht als eine schöngeistige Option, sondern als zwingend existenzielle Notwendigkeit, falls wir ein Gewissen haben. „Lebe anders!" ist für mich der wichtigste Imperativ der Gegenwart. Denn da wir gerade dabei sind, die Erde abzufackeln, sollten wir dringend umkehren. Ist Homo sapiens zu blöd, um das zu verstehen? Oder lebt er mit einer „Nach uns die Sintflut"-Mentalität, ohne Rücksicht auf unsere Kinder? Am Abgrund ist Rückschritt ein Fortschritt. Stattdessen rasen wir auf der Titanic ohne Tempolimit mit Vollgas ins Verderben. Warum hetzen wir unserem Tod entgegen? Minimalistische Lebensstile im Sinne von „weniger ist mehr" – weniger außen, mehr innen – könnten uns glücklicher machen, wenn wir erkennen, was wir zum Leben brauchen. Wie denkst du darüber?

ALINA: *Vieles von dem, was du ansprichst, kann ich nachvollziehen. Als sich in Erfurt der Schulmassenmord – umgangssprachlich Amoklauf – ereignete und dringend eine Traumatherapeutin vor Ort gesucht wurde, war mein erster Sohn wenige Tage alt. Mit dem zweiten Sohn im Bauch stand ich in Jena vor den prüfenden Professoren für den Vortrag im Rahmen meiner Doktorarbeit. Da ich früher 24/7 arbeitete, versprach ich meinen Kindern, eine Auszeit zu nehmen, in der ich zu 100 % exklusiv für sie als Mutter da sein würde, in einer für sie besonders sensiblen Phase. Dieses Versprechen habe ich eingelöst und die Mutterzeit während der Pubertät meiner Kinder war mindestens ebenso wertvoll wie die vielen Jahre, in denen ich andere Menschen und werdende Psy-*

chologie-Professionals begleitet habe. Später wurde ich immer wieder verwundert und ungläubig danach gefragt, wie es sein kann, dass ich mein äußeres Engagement von 200 auf 0 reduziert und NUR meine Kinder begleitet habe. Diese invasiven Nachfragen muteten so an, als sei die Entscheidung, Qualitätszeit mit den eigenen Kindern zu verbringen, ein Beispiel für eine ungenügende oder nicht erfüllende Beschäftigung.

Für mich steht eine Balance im Vordergrund. Je mehr Digitalisierung, desto mehr Achtsamkeit und Naturgebundenheit sollten auf den Stundenplänen stehen. Je mehr Wissensvermittlung, desto mehr Herzensbildung sollte an Orten des Lernens vorgelebt werden. Eine ausbalancierte Synthese steht für mich im Vordergrund, kein Entweder-Oder. Wäre der Wille vorhanden, könnte die Digitalisierung sogar als eins von verschiedenen Medien zur Vermittlung von Achtsamkeit genutzt werden, wenngleich das auf den ersten Blick paradox erscheint.

Apropos vorleben, hierzu werden, wie du anmerkst, die selbstkritischsten und achtsamsten Persönlichkeiten benötigt. Das sind allerdings oft genügsame Menschen ohne wettbewerbsorientierte Leitungsambitionen und sie hätten deshalb auch wenig Erfolg dabei, sich gegen führungsorientierte Bildungspolitiker und Schul- und Hochschuldirektoren durchzusetzen. Wie im Tierreich werden die sensibleren als vermeintlich Schwächere „weggebissen". Deshalb ist es umso wichtiger, dass Kinder und Jugendliche stabile Elternhäuser oder alternative, tragfähige Bindungen erleben, die die Einseitigkeit der Bildung kompensieren. Doch auch für Eltern in gesunden Beziehungen ist der Erziehungsauftrag eine Herausforderung. Sollen wir unsere Kinder so erziehen, dass sie in der Welt, in der sie leben, überleben können oder sollen wir sie zu ethischen Menschen erziehen, die dann aber an der heutigen Gesellschaft zerbrechen?! Moralisch verantwortungsbewusste Eltern versuchen oft, dieses Dilemma durch einen Mittelweg, eine Zwischenvariante aufzulösen in dem Bewusstsein, dass es lediglich ein hinkender Versuch in Form einer unbefriedigenden Mogelpackung ist.

Was das **Sollen** betrifft, merke ich an dieser Stelle an, dass wir sehr lange über den Buchtitel diskutiert haben. Obwohl „besser leben" aus Marketingsicht der erfolgversprechendste Titel wäre, haben wir uns ganz bewusst dagegen entschieden, da wir uns nicht anmaßen möchten, anderen Menschen zu diktieren, was „besser" ist. Die Inversion von „anders leben" in Form von „lebe anders!" ist nicht als Imperativ, sondern eher als wohlwollende Aufforderung zur aktiven Veränderung entlang eigener Reflexionen gemeint. Aus meiner Sicht soll und darf jeder Leser für sich entscheiden, wie konkret eine andere Lebensart aussehen könnte.

Am Beispiel des Genderns festgemacht, habe ich für mich entschieden, dass ich Menschen gleich behandele, nicht aufgrund ihrer Geschlechter. Boshafte Diskriminierung toleriere ich nicht, wobei es für mich persönlich keine Bedeutung hat, ob an jedes Substantiv ein „in" gehängt und eine ohnehin schwer zu erlernende Sprache weiter verkompliziert wird.

Ich persönlich fühle mich als Frau auch dann angesprochen, wenn eine Rede mit „Liebe Kollegen" beginnt. Den Unterschied macht wohl eher die Intonation (Betonung). Eine mit Ironie ausgesprochene „in-Form" kann weitaus diskriminierender sein als eine wohlwollend oder neutral ausgesprochene Grundform. Prinzipielles Gendern empfinde ich als sinnlos und überflüssig. Zugleich passe ich mich an, wenn es ein gesellschaftlicher Kontext erfordert, da es zwar lächerlich sein mag, aber niemanden verletzt.

Sprachvergleichend ist schon bemerkenswert, dass englischsprachige Länder sich mit dem linguistischen Gendern überhaupt nicht beschäftigen müssen. Aufgrund der andersartigen Grammatik besteht gar keine Notwendigkeit hierzu. Französischsprachige Länder müssten – rein theoretisch – ihre gesamte Grammatik verändern, um sich gendergerecht zu transformieren. Wird das Pluralpronomen gebildet, ist es nämlich aktuell noch männlich, selbst dann, wenn damit eine Gruppe von Menschen bezeichnet wird, die aus einer Millionen Frauen und einem Mann besteht!

Wie du bin auch ich christlich getauft und konfirmiert. Jedoch sehe ich keine Notwendigkeit, mich für eine Glaubensrichtung entscheiden zu müssen. Die Achtsamkeit, die übrigens keine neue, sondern in ihrem vedischen Ursprung eine uralte Disziplin ist, umarmt alle Religionen, solange sie auf eine friedfertige und nächstenliebende Art und Weise gelebt werden. Mein indischer Vater war beispielsweise Hindu und zugleich geschätztes Mitglied im Männerverein der evangelischen Kirche, er praktizierte buddhistische Achtsamkeitsmeditation, lehrte Sanskrit und schrieb Programme für Großcomputer, um deutschen Stahl zu produzieren.

Die vielen Gottheiten im Hinduismus sind übrigens auch nicht so zu verstehen, dass irgendwo im Orbit ein mehrarmiger Gott oder ein Elefantengott über die Menschen wacht. Es sind eher Gleichnisse und Darstellungen, um auch kognitiv einfach strukturierten Menschen eine visuelle Orientierung zu geben, so wie Bilder von Jesus am Kreuz eindrücklicher sind als die unbebilderte Botschaft. Für Hindus und Buddhisten ist der Tod ebenso eine Erlösung. Wie die meisten Menschen fürchten sich auch einige Buddhisten und Hinduisten vor dem Sterben. Den Tod jedoch fürchten sie nicht. Er erlöst vom Dukkha-Rad des Lebens und wird als Weg gesehen, um zu transzendieren und endlich selbstlos mit dem universell Göttlichen verschmelzen zu können.

Diskutiert haben wir beide, lieber Sven, nicht nur über den Buchtitel und verschiedene spirituell-religiöse Perspektiven, sondern auch über die Inklusion von Expertenstimmen in unser Non-Lehrbuch, was ja nur selektiv geschehen kann. Obwohl du, Sven, und ich einander sehr wertschätzend gewogen und menschlich nah sind, durften wir uns an dieser Frage für einige Tage reiben. Wie kann es sein, dass zwei Menschen, die einander prinzipiell positiv begegnen, sich dann doch so merklich an einzelnen Themenfeldern reiben? Die Antwort ist wohl, dass auch wir trotz Achtsamkeit, Introspektionsfähigkeit und Empathiewillen menschlich sind, mit allen persönlichen Empfindsamkeiten und persönlichen Überzeugungen, die zum Menschsein dazu gehören. Anders zu leben bedeutet, auch dies selbstkritisch zu erkennen und konstruktiv-lösungsorientiert damit umzugehen.

Glücklicherweise haben wir einen gemeinsamen Weg der Toleranz gefunden, der beide Herangehensweisen und Überzeugungen akzeptiert. Genau so sollten verschiedene Arten zu leben tolerant nebeneinander existieren dürfen, solange jeder Verantwortung für die eigene Lebensweise übernimmt.

Das Schönste für mich ist, dass es uns trotz unserer Verschiedenartigkeit und Diversität in vielen Fragen gelungen ist, den gemeinsamen Weg unseres Buchprojekts versöhnlich zu gehen und wir dadurch anders mit Meinungsvielfalt umgehen konnten, als die meisten Menschen es leben. Unser gedrucktes Gemeinschaftsbuch ist hierfür der beste Beweis!

SVEN: Ja, mein Respekt für deinen vollen Einsatz, sowohl im Job wie als Mutter. Selbst wenn es vielleicht nicht immer so aussehen mag, strebe auch ich eine gute Balance an. Dabei ist nach meiner Erfahrung ein versöhnlicher Weg mit uns selbst und mit anderen wichtig. Deine Erinnerung an unseren Konflikt zur Zitation ist in dem Sinne ein gutes Beispiel, weil beiden Seiten die Dimensionen von Ethik und Plagiat am Herzen lagen.

Ein anderes Beispiel: Aus ökologischen Gründen bin ich bewusst zehn Jahre lang nicht mehr geflogen, und dann leistete ich mir einen Urlaub in Griechenland – die Wiege Europas, der ich geistig viel verdanke und die ich auch mit meinen Kindern teilen wollte. Man kann den Stein „Wasser predigen, Wein trinken" werfen – oder noch weniger fliegen.

Trotzdem glaube ich, dass Life Coaching uns auch immer wieder in Entweder-Oder-Szenarien begleiten sollte, um herauszufinden, wo wir stehen und was wir wollen. Manchmal können wir im Leben nicht zwei entgegengesetzte Wege zugleich gehen.

Was meine ich, wenn ich nach wie vor ökologisches Ernstfallbewusstsein vermisse? Im Frühling 2022 kettete sich der Harvard-Physiker und NASA-Klimawissenschaftler Peter Kalmus in Los Angeles an die Glastüren einer Bank mit einem Banner, auf dem zu lesen war: „1.5 Grad ist tot!" Mit seinem zivilen Ungehorsam wollte er aus Angst um seine Kinder und die Menschheit darauf aufmerksam machen, dass es leider eine Lüge sei, wenn Politiker so tun, als könnten wir das Pariser Klimaabkommen noch erfüllen, wenn wir weiter tatenlos bleiben. Immerhin hat das auch das Bundesverfassungsgericht angemahnt, indem es die Bundespolitik als unverantwortlich delegitimierte. Peter Kalmus wurde sofort von der Polizei in Handschellen abgeführt. Dabei sagte er nur die Wahrheit.

Tatsächlich sind sich Experten einig, dass wir vier essenzielle Kipppunkt-Elemente nun überschreiten: die kritische Schwelle für Korallenriffe, für das Grönlandeisschild, das westantarktische Eisschild und die borealen Permafrostböden. Das bedeutet, dass keine Technologie dieser Welt mehr etwas daran ändern kann. Das ist keine politische Fiktion eines Worst-Case-Szenarios, sondern physikalische Realität unserer Zukunft. Mit unserem heutigen Lebensstil verursachen wir irreversible Teufelskreisläufe, mit denen unsere Kinder und Kindeskinder leben müssen bzw., die sie nicht überleben. Können wir uns noch im Spiegel anschauen und einfach weitermachen wie bisher?

Das Klima findet nicht nur irgendwo in der Atmosphäre statt – die Klimakatastrophe sind wir selbst. Deshalb brauchen wir einen Klimawandel in uns. Und hierbei geht es letztlich um eine spirituelle Frage, mit der ich den Dialog inhaltlich beschließen will.

Wir beide haben uns dem Life Coaching mit Achtsamkeit und Positiver Psychologie aus unterschiedlichen Perspektiven genähert – du als Therapeutin, Frau und Mutter, ich als Coach, Mann und Vater. Spirituell gesehen treffen mit uns auch Morgenland und Abendland zusammen, insbesondere Buddhismus und Christentum.

Meine Sozialisation wurde durch ein humanistisch-evangelisches Gymnasium geprägt. Der Humanismus zeigt sich u.a. in der Tradition antiker Philosophie im Life Coaching. Und mein Wertesystem der Positiven Psychologie prägt die christliche Nächstenliebe.

Die Frage, wie wir leben sollen, ist letztlich immer auch eine spirituelle Entscheidung. Folgerichtig finden sich in deinem Kapitel über Achtsamkeit sehr viele Buddha-Zitate.

Achtsamkeit wird in vielen Kulturen auf allen Kontinenten gelebt, und sowohl im Buddhismus wie auch in christlichen Klöstern existieren Traditionen, von denen wir lernen können.

Achtsamkeit bedeutet für mich, die Welt bewusst wahrzunehmen – nicht nur das Gute, sondern auch das Böse zu erkennen, um es nicht in toxischer Positivität schönzureden. Das Leben ist von Anfang bis Ende eine Lektion der Achtsamkeit. Ich hatte das Glück, sowohl bei der Geburt meiner Kinder als auch in einer mehrjährigen Sterbebegleitung live dabei zu sein. Diese intensiven Erfahrungen sind Geschenke für das ganze Leben.

Die Nähe zum Buddhismus kann ich auch bei vielen meiner Studierenden beobachten. Ich glaube jedoch an einen persönlichen und liebenden Gott. Für mich ist der Buddhismus als atheistische, gottlose Religion ziemlich hoffnungslos. Angesichts des

Nihilismus, der sich aus dem Nirvana ergibt, ist es vielleicht auch kein Zufall, dass gerade buddhistische Mönche den Tod mehr als andere Gläubige fürchten.

Glauben heißt für mich, meinem Schöpfer und seiner Schöpfung mit großem Respekt und einer tiefen Ehrfurcht vor dem Leben zu begegnen, da ich weiß, dass ich mich für mein Leben verantworten muss. Beten ist hören. Dafür bin ich jeden Tag sehr dankbar. Mein Glaube gibt mir die Kraft, unsere kranke Welt auch mit einem Lächeln zu sehen, in Vorfreude auf ein anderes Leben. Dafür lohnt es sich zu kämpfen, solange ich lebe.

Wie schnell unser Leben enden kann, wurde mir erst gerade auf schmerzhafte Art und Weise bewusst, denn ganz unvermittelt wurde ich mit einer vermeintlich infausten Diagnose konfrontiert. Zu Hause angekommen las ich die Google-Prognose, nach der ich noch „ein halbes bis ein ganzes Jahr" zu leben habe. Angesichts des Schocks vergoss ich einige Tränen und handelte dann intuitiv hilfreich: Ich nahm einen Termin mit meinem Walk & Talk-Coach wahr und wanderte im Sonnenlicht um einen schönen See. Zufällig kannte mein Coach persönlich einen Chefarzt, der auf dieses Gebiet spezialisiert war und den ich zeitnah aufsuchen konnte. Die neue Diagnose war zwar auch nicht viel besser, doch sie war anders und hoffnungsvoller. Ein Unruheherd, der offenbar „über sehr viele Jahre" und vor allem wegen starken privaten Stresserlebens gewachsen war, konnte vollständig aus meinem Körper eliminiert werden. Mit Nachwirkungen werde ich wahrscheinlich nachhaltig zu kämpfen haben. Summa summarum hat mich aber auch diese Lektion meines Lebens gelehrt, jeden Tag dankbar zu sein und bereit zum Abtreten. Ob uns der Fahrstuhl des Lebens dann nach unten oder nach oben bringen wird, liegt nach meinem Glauben nicht in menschlicher, sondern in göttlicher Hand. Das finde ich – ehrlich gesagt – tiefenentspannend!

Auch wenn Buddhisten und Christen auf unterschiedlichen Wegen unterwegs sind, können sie sich gegenseitig respektieren, um ihre Werte für ein alternatives Leben gemeinsam in die Welt zu tragen. Für mich ist das eine hoffnungsvolle Botschaft.

Herzlichen Dank für das reichhaltige Gespräch – und noch einen schönen Feiertag!

Literatur

ANDERS, G. (1956): *Die Antiquiertheit des Menschen.* München: Beck.
ARON, E. (2005): *Sind Sie hochsensibel?* München: mvg.
AUHAGEN, E. (1991): *Freundschaft im Alltag.* Bern: Huber.
AUHAGEN, A.E. (1999): *Die Realität der Verantwortung.* Göttingen: Hogrefe.
AUHAGEN, A.E. (2004): *Positive Psychologie.* Weinheim: Beltz.
AUHAGEN, A.E. (2006): *Positive Kommunikation.* Gütersloh: Gütersloher Verlagshaus.
BALTES, P. (1990): Entwicklungspsychologie der Lebensspanne. Theoretische Leitsätze. *Psychologische Rundschau* 41, S. 1–24.
BECKER, P. (1982): *Psychologie der seelischen Gesundheit.* Göttingen: Hogrefe.
BISWAS-DIENER, R. (2010): *Practicing Positive Psychology Coaching.* Hoboken: Wiley.
BLICKHAN, D. (2015): *Positive Psychologie. Ein Handbuch für die Praxis.* Paderborn: Junfermann.
BLICKHAN, D. (2021): *Positive Psychologie und Coaching. Von der Lösungs- zur Wachstumsorientierung.* Paderborn: Junfermann.
BLOCH, E. (1967): *Das Prinzip Hoffnung.* Frankfurt a.M.: Suhrkamp.
BOWLBY, J. (1969): *Frühe Bindung und kindliche Entwicklung.* München: Reinhardt.
BRANDSTÄTTER, J. (2011): *Positive Entwicklung. Zur Psychologie gelingender Lebensführung.* Heidelberg: Spektrum.
BRINKMANN, S. (2018): *Pfeif drauf! Schluss mit dem Selbstoptimierungswahn.* München: Knaur.
BROCKERT, S. (2001): *Positive Psychologie. Gesund und glücklich durch emotionale Fitness.* Stuttgart: Kreuz.
BRONFENBRENNER, U. (1981): *Die Ökologie der menschlichen Entwicklung.* Stuttgart: Klett-Cotta.
BRÜMMERHOFF, A. (2022): Walk and Talk – funktioniert eine Psychotherapie an frischer Luft? Interview in der *Berliner Zeitung*, 6.4.2022.
BUCHER, A. (2014): *Psychologie der Spiritualität.* Weinheim: Beltz.
BUGENTAL, J.F.T. (1964): The Third Force in Psychology. *Journal of Humanistic Psychology* 1, S. 19–26.
BUROW, O. (2011): *Positive Pädagogik. Sieben Wege zu Lernfreude und Schulglück.* Weinheim: Beltz.
CAMERON, K. (2013): *Positive Leadership.* San Francisco: Berrett-Koehler.
CANABIS, E. & ILLOUZ, E. (2019): *Das Glücksdiktat und wie es unser Leben beherrscht.* Berlin: Suhrkamp.
CANACAKIS, J. (1990): *Ich begleite dich durch deine Trauer.* Stuttgart: Kreuz.
CHAPMAN, R. (1992): *The Five Love Languages.* Chicago: Northfield Publishing.
CHAMBERLAIN, D. (1990): *Woran Babys sich erinnern. Die Anfänge unseres Bewusstseins im Mutterleib.* München: Kösel.
CHOZEN BAYS, J. (2009): *Achtsam essen.* Freiburg: Arbor.
CIARAMICOLI, A. (2001): *Der Empathie-Faktor.* München: dtv.
CSÍKSZENTMIHÁLYI, M. (1993): *Das Flow-Erlebnis.* Stuttgart: Klett-Cotta.
DÁVILA, N.G. (1987): *Einsamkeiten.* Wien: Karolinger.
DREWERMANN, E. (1991): *Der tödliche Fortschritt.* Freiburg: Herder.

Ebner, M. (2019): *Positive Leadership*. Wien: facultas.
Erikson, E. (1973): *Identität und Lebenszyklus*. Frankfurt a.M.: Suhrkamp.
Feyerabend, P. (1976): *Wider den Methodenzwang*. Frankfurt a.M.: Suhrkamp.
Fogelman, E. (1994): *Conscience and Courage*. New York: Anchor Books.
Frankl, V. (1972): *Der Mensch auf der Suche nach Sinn*. Stuttgart: Hippokrates.
Frankl, V. (1977): *… trotzdem Ja zum Leben sagen. Ein Psychologe erlebt das Konzentrationslager*. München: dtv.
Fredrickson, B. (2011): *Die Macht der guten Gefühle*. Frankfurt a.M.: Campus.
Freud, S. (1900): *Die Traumdeutung*. Wien: Deuticke.
Frey, D. (2013): *Philosophie der Führung*. Berlin: Springer.
Frey, D. (2016): *Psychologie der Werte*. Berlin: Springer.
Fromm, E. (1959): *Die Kunst des Liebens*. Frankfurt a.M.: Ullstein.
Gardner, H. (1991): *Abschied vom IQ*. Stuttgart: Klett-Cotta.
Gardner, H. (1996): *So genial wie Einstein. Schlüssel zum kreativen Denken*. Stuttgart: Klett-Cotta.
Glasl, F. (2020): *Konfliktfähigkeit*. Dornach: Verlag am Goetheanum.
Goleman, D. (2002): *Emotionale Führung*. München: Econ.
Gottman, J. (2014): *Die 7 Geheimnisse der glücklichen Ehe*. Berlin: Ullstein.
Grawe, K. et al. (2000): *Psychotherapie im Wandel*. Göttingen: Hogrefe.
Günther, L. (2019): *Emotionale Intelligenz als Schlüssel erfolgreicher Führung*. Berlin: DHGS (Wissenschaftliche Qualifikationsarbeit).
Gutland, S. (2020): *Hochsensibilität – Störung oder Stärke?* Berlin: DHGS (Wissenschaftliche Qualifikationsarbeit).
Haan, G. (Hrsg.) (1995): *Umweltbewusstsein und Massenmedien*. Berlin: Akademie-Verlag.
Hevekerl, M. (2021): *Auswirkungen veganer Ernährung auf Hobby- und Profisportler. Analyse von ergolytischen und ergogenen Effekten*. Berlin: DHGS (Wissenschaftliche Qualifikationsarbeit).
Hessel, S. (2011): *Empört Euch!* Berlin: Ullstein.
Hill, J. (2000): *Die Botschaft der Baumfrau*. München: Riemann.
Hill, S. (2019): *Günther Anders – Philosophie, mal anders*. Berlin: DHGS (Wissenschaftliche Qualifikationsarbeit).
Hösle, V. (1991): *Philosophie der ökologischen Krise*. München: Beck.
Hofert, S. (2011): *Das Slow-Grow-Prinzip. Lieber langsam wachsen als schnell untergehen*. Offenbach: GABAL.
Hoth, M. (2021): *Gesunde Erzieher für gesunde Kinder*. Berlin: DHGS (Wissenschaftliche Qualifikationsarbeit).
Huber, L. (2021): *Self Love. Zur Wirkung erotischer Selbstliebe*. Berlin: DHGS (Wissenschaftliche Qualifikationsarbeit).
Illuoz, E. (2019): Glück wurde zu einer Ware. *Spiegel* 44, S. 104–106.
Jonas. H. (1979): *Das Prinzip Verantwortung*. Frankfurt a.M.: Suhrkamp
Joseph, S. (2017): *Authentizität*. München: Kailash.
Jüttemann, G. (2000): *Die Seele. Ihre Geschichte im Abendland*. Köln: Parkland.
Jungk, R. & Müllert, N. (1981): *Zukunftswerkstätten*. Hamburg: Hoffman und Campe.
Juul, J. (2014): *Eltern-Coaching. Gelassen erziehen*. Weinheim: Beltz.
Kant, I. (1784): „Was ist Aufklärung?" *Berlinische Monatszeitschrift* 12, S. 481–494.
Kastner, M. (2004): Ethische Kommunikation. In A. Auhagen, *Positive Psychologie*, S. 114–135, Weinheim: Beltz.

KEYES, R. (2006): *The Quote Verifier. Who said What, Where and When*. New York: St. Martin's Press.
KLEVE, H. (2011): *Aufgestellte Unterschiede: Systemische Aufstellung und Tetralemma in der Sozialen Arbeit*. Heidelberg: Carl-Auer-Verlag.
KÖRBER, C. (2022): *Präsenzbasiertes Coaching*. Norderstedt: BoD.
KOHLBERG, L. (1996): *Die Psychologie der Moralentwicklung*. Frankfurt a.M.: Suhrkamp.
KRAFT, A. & Walker, A. (2018): *Positive Psychologie der Hoffnung*. Berlin: Springer.
KREIBICH, R. & Sohr, S. (2002): *Visiotopia. Bürger entwerfen die Zukunft der Gesellschaft*. Baden-Baden: Nomos.
KÜBLER-ROSS, E. (1971): *Interviews mit Sterbenden*. Stuttgart: Kreuz.
KÜNG, H. (1996): *Das Projekt „Welt-Ethos"*. Frankfurt.
KUHN, T. (1962): *The structure of scientific revolutions*. Chicago: University of Chicago Press.
LAKEFIELD, V. (2019): *Positive Psychologie. Der Schlüssel zu Optimismus, Selbstliebe und Energie!* Barsinghausen: Eigenverlag.
LANGE, F.A. (1866): *Geschichte des Materialismus und Kritik seiner Bedeutung in der Gegenwart*. Leipzig: Baedeker.
LANGE, J. (2019): *Feel Good Management. Anforderungen und Aufgabengebiete*. Berlin: Springer.
LEE, J.A. (1973): *Colours of Love – an exploration on the ways of loving*. Toronto.
LEWIN, K. (1953): *Die Lösung sozialer Konflikte*. Bad Nauheim: Christian Verlag.
LINDEN, M. (2017): *Verbitterung und posttraumatische Verbitterungsstörung*. Göttingen: Hogrefe.
LINSLER, S. (2021): *Eltern-Coaching. Herausforderungen und Chancen auf dem Weg von der Partnerschaft zur Elternschaft*. Berlin: DHGS (Wissenschaftliche Qualifikationsarbeit).
LISTL, V. (2022): *Natur-Coaching*. Berlin: DHGS (Wissenschaftliche Qualifikationsarbeit).
LUHMANN, N. (1986): *Ökologische Kommunikation*. Opladen: Westdeutscher Verlag.
LUTHER, T. (2021): *Mit Rhetorik begeistern*. Visp / Schweiz.
LÜTZ, M. (2013): *Lebenslust*. München: Knaur.
LUTZ, L. (2022): *Essen mit emotionaler Intelligenz*. Berlin: DHGS (Wissenschaftliche Qualifikationsarbeit).
MANGELSDORF, J. (2020): *Positive Psychologie im Coaching*. Berlin: Springer.
MASLOW, A. (1954): *Motivation and Personality*. New York: Harper.
MATTHEWS, G. (1995): *Philosophie der Kindheit*. Weinheim: Beltz.
MAYRING, P. (2012): Kritik der Positiven Psychologie. *Psychologie und Gesellschaftskritik*, 36, S. 45–61.
MERSCHKA, G. (2019): *Die Folgen von Smartphone und Social Media*. Berlin: DHGS (Wissenschaftliche Qualifikationsarbeit).
MERTENS, D. (1974): Schlüsselqualifikationen. Thesen zur Schulung für eine moderne Gesellschaft. *Mitteilungen aus Arbeitsmarkt- und Berufsforschung*, 7, S. 36–43.
MIEDANER, T. (2002): *Coach dich selbst, sonst coacht dich keiner!* München: mvg.
MILGRAM, S. (1974): *Das Milgram-Experiment*. Reinbek: Rowohlt.
MILLER, A. (1983): *Am Anfang war Erziehung*. Frankfurt a.M.: Suhrkamp
MIRIVEL, J. (2014): *The Art of Positive Communication*. New York: Peter Lang.
MISCHEL, W. (2016): *Der Marshmallow-Effekt*. München: Pantheon.
MIYALZAKI, Y. (2018): *Heilsames Waldbaden*. München: Irisana.
MOGRITZ, H. (2022): *Sich seiner Selbst bewusst sein*. Berlin: DHGS (Wissenschaftliche Qualifikationsarbeit).

NEWBERG, A, & WALDMAN, M.R. (2013): *Die Kraft der mitfühlenden Kommunikation.* München: Kailash.
NEFF, C. (2012): *Selbstmitgefühl.* München: Kailash.
NICHOLS, M. (2000): *Die Kunst des Zuhörens.* Stuttgart: Klett-Cotta.
NIEMIEC, R. (2019): *Charakterstärken.* Göttingen: Hogrefe.
OIKONOMOU, E. (2020): *Thanatos und Trauer.* Berlin: DHGS (Wissenschaftliche Qualifikationsarbeit).
O'HANLON, B. (2015): *Solution-Oriented Spirituality.* New York: W.W. Norton.
OLLERT, S. (2021): *Athletik und Persönlichkeitscoaching als neue Individualbegleitung im Leistungsfußball.* Berlin: DHGS (Wissenschaftliche Qualifikationsarbeit).
PANKONIN, S. (2022): *Entwicklung emotionaler Reife.* Berlin: DHGS (Wissenschaftliche Qualifikationsarbeit).
PENNEBAKER, J. (2010): *Heilung durch Schreiben.* Bern: Huber.
PERSICKE, M. (2020): *Mindful Eating.* Berlin: DHGS (Wissenschaftliche Qualifikationsarbeit).
PETERSON, C. & Seligman, M. (2004): *Character strengths and virtues. A handbook and classification.* New York: Oxford University Press.
PETRI, H. (1992): *Umweltzerstörung und die seelische Entwicklung unserer Kinder.* Zürich: Kreuz.
POHLE, R. (2019): *Barefoot-Mindset – Barfußlaufen als Chance zur achtsamen Interaktion mit sich und der Umwelt?* Berlin: DHGS (Wissenschaftliche Qualifikationsarbeit).
POPPER, K. (1935): *Logik der Forschung.* Wien: Springer.
POPPER, K. (1957): *Die offene Gesellschaft und ihre Feinde.* Bern: Francke.
PRECHT, R.D. (2016): *Tiere denken. Vom Recht der Tiere und den Grenzen des Menschen.* München: Goldmann.
RACHOW, R. (2016): Stärken für alle. *Praxis Kommunikation,* 5, S. 58–59.
RAUEN, C. (2003): *Coaching.* Göttingen: Hogrefe.
REICHEL, T. (2020): *365 Zitate des Dalai Lama: Buddhistische Lebensweisheiten und inspirierende Sprüche.* Aachen: Studienscheiss Verlag.
RENNEBERG, B. & HAMMELSTEIN, P. (Hrsg.) (2006): *Gesundheitspsychologie.* Berlin: Springer.
RIEMANN, F. (1973): *Grundformen der Angst.* München: Reinhardt.
RITTENAU, N. (2018). *Vegan-Klischee ade! Wissenschaftliche Antworten auf kritische Fragen zu veganer Ernährung.* Mainz: Ventil Verlag.
ROGERS, C. (1973): *Entwicklung der Persönlichkeit.* Stuttgart: Klett.
ROSA, H. (2022): *Demokratie braucht Religion.* München: Kösel.
ROSE, N. (2019): *Arbeit besser machen.* Freiburg: Haufe.
ROSE, N. (2020): *Führen mit Sinn.* Freiburg: Haufe.
ROSENBERG, M. (2001): *Gewaltfreie Kommunikation.* Paderborn: Junfermann.
ROSZAK, T. (1994): *Ökopsychologie.* Stuttgart: Kreuz.
SAFRAN FOER, J. (2012): *Tiere essen.* Frankfurt a.M.: Fischer.
SATIR, V. (1975): *Selbstwert und Kommunikation.* München: Pfeiffer.
SCHARMER, O. (2019): *Essentials der Theorie U.* Heidelberg: Carl-Auer-Verlag.
SCHORR, B. (2011): *Hochsensibilität.* Holzgerlingen: SCM Hänssler.
SCHMID, W. (2019): *Von der Kraft der Berührung.* Berlin: Insel.
SCHMIDT-TANGER, M. (2009): *Charisma-Coaching.* Paderborn: Junfermann.
SCHUBERT, E.-F. (2008): *Schulfach Glück.* Freiburg: Herder.
SCHULZ VON THUN, F. (1981): *Miteinander Reden.* Reinbek: Rowohlt.

SCHWARZ-SCHILLING, A. & MÜLLER, C. (2006): *Zu zweit. Beziehungscoaching für Singles und Paare.* Berlin: Orlanda.
SCHWEITZER, A. (1962): *Die Ehrfurcht vor dem Leben.* Berlin: VOB Union Verlag.
SCHWIER, M. & SOHR, S. (2021): *Mit einem Lächeln. 100 Übungen zur Positiven Psychologie.* Paderborn: Junfermann.
SELIGMAN, M. (1993): *What you can change and what you can't.* London.
SELIGMAN, M. (2001): *Pessimisten küsst man nicht – Optimismus kann man lernen.* München: Droemer Knaur.
SELIGMAN, M. (2005): *Der Glücksfaktor. Warum Optimisten länger leben.* Bergisch Gladbach: Bastei Lübbe.
SELIGMAN, M. (2007): Coaching and Positive Psychology. *Australian Psychologist* 42, 4, S. 266–267.
SELIGMAN, M. (2012): *Flourish – wie Menschen aufblühen.* München: Kösel.
SELIGMAN, M. (2017): *Mein Fazit als Forscher. Keynote auf der 5. Weltkonferenz zur Positiven Psychologie in Montreal.* ↗ www.inntal-institut.de/blog/martin-seligman-mein-fazit-als-forscher (abgerufen am 1.3.2023).
SELYE, H. (1978): *The Stress of Life.* New York: McGraw-Hill.
SKUPY, H.H. (2013): *Das große Handbuch der Zitate: 25.000 Aussprüche & Sprichwörter von der Antike bis zur Gegenwart.* München: Bassermann.
SLOTERDIJK, P. (2009): *Du musst dein Leben ändern.* Frankfurt a.M.: Suhrkamp
SNOWDON, D. (2001): *Aging with Grace. What the Nun Study Teaches Us About Leading Longer, Healthier and More Meaningful Lives.* New York: Bantam.
SNYDER, C.R. (2000): *Handbook of Hope.* San Diego: Academic Press.
SOHR, S. (2000): *Ökologisches Gewissen. Die Zukunft der Erde aus der Perspektive von Kindern, Jugendlichen und anderen Experten.* Baden-Baden: Nomos.
SOHR, S. (2006): *100 soziale Entdeckungen der modernen Psychologie. Eine alternative Einführung in die Wissenschaft der Seele.* Berlin: Verlag Über den Wolken.
SOHR, S. (2006): *Zukunfts-Coaching. Träume Dein Leben und lebe Deinen Traum!* Berlin: Selbstverlag.
SOHR, S. (2008): *Alles Rogers? Hommage für den Vater der Humanistischen Psychologie.* Berlin: Verlag Über den Wolken.
SOHR, S. (2010): *Göttliche Rhetorik. Brillant berühren mit gutem Gewissen.* Berlin: Verlag Über den Wolken.
SOHR, S. (2012): *Prüfungs-Coaching. Wie wir die großen Herausforderungen des Lebens meistern.* Berlin: Selbstverlag.
SOHR, S. (2013): *Charisma-Coaching. Leuchten mit Weisheit und positiver Rhetorik.* Berlin: Selbstverlag.
SOHR, S. (2014): *Danke! Mit positiver Rhetorik die Welt verändern.* Berlin: Selbstverlag.
SOHR, S. (2014): *Die Kunst der Kreativität.* Berlin: Selbstverlag.
SOHR, S. (2015): *40 Philosophen. Auf der Suche nach Weisheit.* Berlin: Selbstverlag.
SOHR, S. (2015): *Weisheit der Weltreligionen. Gemeinsamkeiten und Unterschiede.* Berlin: Selbstverlag.
SOHR, S. (2018): Alles Rogers? Persönlichkeitsentwicklung von Coaches aus der Perspektive Positiver Psychologie. *Praxis Kommunikation* 5, S. 8–11.
SOHR, S. (2019): Zwischen Himmel und Erde. Wohin Life-Coaching mithilfe von Philosophie, Psychologie und Spiritualität führen kann. *Praxis Kommunikation* 6, S. 8–11.

Sohr, S. (2020): Anflug von Demut. Von der Tiefen- zur Höhenpsychologie – Visionen für die Positive Psychologie. *Praxis Kommunikation* 6, S. 8–12.
Sohr, S. & Abbattista, T. (2020): *Stressreduktion durch Bergwandern.* München: DAV.
Sohr, S. & Bonse-Rohmann, M. (2005): *Schlüsselkompetenzen für Gesundheitsberufe.* Gamburg: Verlag für Gesundheitsförderung.
Sohr, S.; Gutjahr, N.; Perschke, R. & Zimmermann, G. (2006): *Die Kunst der Kommunikation. Ein ganzheitliches Lehrbuch mit 100 Übungen und Lösungen.* Bielefeld: Roter-Faden-Verlag.
Sohr, S. & Perschke, R. (2008): *Liebe Deine Feinde! Die Kunst des kreativen Konfliktmanagements – eine Reise mit Jesus, Gandhi, Luther-King, Mandela, Gorbatschow und dem Dalai Lama.* Berlin: Verlag Über den Wolken.
Sohr, S. & Rösler, S. (2009): *Feel good! Eine Reise mit der Positiven Psychologie.* Berlin: Verlag Über den Wolken.
Sohr, S.; Perschke, R. & Heithecker, K. (2014): *Unendlich reich? Vom Zeitmanagement zum Zeitwohlstand.* Berlin: Selbstverlag.
Spitzer, M. (2012): *Digitale Demenz.* München: Droemer Knaur.
Spitzer, M. (2018): *Die Smartphone-Epidemie.* Stuttgart: Klett-Cotta.
Steinebach, C.; Jungo, D. & Zihlmann, R. (Hrsg.) (2012): *Positive Psychologie in der Praxis.* Weinheim: Beltz.
Steinmeyer, G. (2018): *Die Gedanken sind nicht frei. Coaching – eine Kritik.* Berlin: Lukas Verlag.
Streb, L. (2022): *Achtsam sich und andere führen.* Berlin: DHGS (Wissenschaftliche Qualifikationsarbeit).
Swiatkowski, F. (2022): *Ursachen, Wirkungen und Coping von Stress bei Polizistinnen und Polizisten.* Berlin: DHGS (Wissenschaftliche Qualifikationsarbeit).
Szczepanska, E. (2020): *Dankbarkeits-Coaching.* Berlin: DHGS (Wissenschaftliche Qualifikationsarbeit).
Thich Nhat Hanh (2022): *Die Lehre des Buddha über die Liebe.* München: O.W. Barth.
Thiele, C. (2021): *Positiv führen.* Freiburg: Haufe.
Thunberg, G. (2019): *Ich will, dass ihr in Panik geratet!* Frankfurt a.M.: Fischer.
Tomasulo, D. (2020): *Learned Hopefulness.* Oakland: New Harbinger.
Tomoff, M. (2015): *Positive Psychologie in Unternehmen.* Wiesbaden: Springer.
Tomoff, M. (2017): *Positive Psychologie – Erfolgsgarant oder Schönmalerei?* Berlin: Springer.
Tomoff, M. (2017): *Positive Psychologie in der Erziehung.* Wiesbaden: Springer.
Tsiafouli, E. & Sohr, S. (2007): *Die Kunst des Trauerns. Ein Lehrbuch mit 20 Übungen zum Umgang mit Tod und Sterben.* Bielefeld: Roter-Faden-Verlag.
Tschumi, P. (1980): *Umweltbiologie.* Frankfurt a.M.: Sauerländer.
Utsch, M. (2004): Religiosität und Spiritualität. In: A. Auhagen, *Positive Psychologie*, S. 77–97.
Vorholt, L. (2022): *Gesundes Führen. Ein Coaching-Konzept für Führungskräfte.* Berlin: DHGS (Wissenschaftliche Qualifikationsarbeit).
Waldinger, R. (2023): *The Good Life and how to live it. Lessons from the World's Longest Study of Happiness.* London: Rider.
Wallerstein, J. (2002): *Scheidungsfolgen – die Kinder tragen die Last. Eine Langzeitstudie über 25 Jahre.* Münster: Votum.
Watzlawick, P.; Bavelas, J.B & Jackson, D.D. (1969): *Menschliche Kommunikation.* Bern: Huber.
Wetz, F.J. (1994): *Hans Jonas zur Einführung.* Hamburg: Junius.

WHITMORE, J. (2014): *Coaching for Performance.* Paderborn: Junfermann.
WICKE, L. (1982): *Umweltökonomie.* München: Vahlen.
WILLBERG, H.-A. (2018): *Dankbarkeit – Grundprinzip der Menschlichkeit.* Berlin: Springer.
WONG, P. (2011): Positive Psychology 2.0. Towards a balanced interactive model of the good life. *Canadian Psychology* 52, S. 69–81.
ZIEGLER, J. (2012): *Wir lassen sie verhungern. Die Massenvernichtung der Dritten Welt.* München: Bertelsmann.
ZILLER, E. (2022): *Gesundheitsförderung durch Naturwandern. Entwicklung eines „Walk & Talk" Coaching-Konzepts.* Berlin: DHGS (Wissenschaftliche Qualifikationsarbeit).
ZIMBARDO, P. (2004): *Psychologie.* München: Pearson, 16. Aufl.
ZSCHÖRNIG, M. (2021): *Philosophische Perspektiven im Life Coaching.* Berlin: DHGS (Wissenschaftliche Qualifikationsarbeit).

Die Autoren

Sven Sohr, geb. 1967 in Berlin, Abitur am *Evangelisch-Humanistischen Gymnasium zum Grauen Kloster*, studierte nach kaufmännischer Ausbildung Psychologie (Diplom) und Philosophie (Magister) an der *Freien Universität Berlin*. Er promovierte in Soziologie an der *TU Chemnitz* summa cum laude über „Ökologisches Gewissen von Kindern und Jugendlichen". Anschließend war er als Ausbilder in der Medizinpsychologie, Projektleiter am *Institut für Zukunftsforschung* in Gelsenkirchen und als Professor für psychologische und sozialwissenschaftliche Grundlagen an der *FH Bielefeld* tätig, bevor er sich mit dem *Institut*  *für Zukunfts-Coaching und Positive Psychologie* über zehn Jahre lang selbstständig machte. Seit 2017 ist er Professor für Life Coaching und Positive Psychologie an der *Deutschen Hochschule für Gesundheit und Sport* in Berlin. Er hat zahlreiche Bücher geschrieben, u.a. „Mit einem Lächeln – 100 Übungen zur Positiven Psychologie", ist seit über 30 Jahren bei *Greenpeace* engagiert und Vater zweier Kinder.

Indrani Alina Wilms studierte Psychologie mit drei internationalen Masterabschlüssen. Nach der Approbation als Psychologische Psychotherapeutin qualifizierte sie sich als Supervisorin, Trauma- und Lehrtherapeutin. Sie promovierte an der *FSU Jena* und wurde zur Professorin für Angewandte Psychologie berufen und zur Dekanin gewählt. Als 360-Grad-Psychologin ist ihr Expertenprofil geprägt von internationalen Leitungserfahrungen in klinisch-therapeutischer, forensischer, politischer und in Business-Psychologie. Bekannt ist sie für den Aufbau einer innovativen NHS-Abteilung in London, die Etablierung  der Stabsabteilung der Eickelborner Forensik, die Nachsorgeleitung des Amoklaufs am Erfurter *Gutenberggymnasium*, als erste an der *University of Oxford* qualifizierte deutsche Achtsamkeitstrainerin sowie für zahlreiche mediale Expertisen. Aktuell vereint sie diese Qualifikationen und beruflichen Erfahrungen in ihren Tätigkeiten als 360-Grad-Life-Coach und Autorin über Fokusthemen zur Achtsamkeit.